Estudos Aplicados de Direito Empresarial

Estudos Aplicados de Direito Empresarial

SOCIETÁRIO

2021

Coordenação:
Ana Cristina Kleindienst
Gabriel Buschinelli

ALMEDINA

ESTUDOS APLICADOS DE DIREITO EMPRESARIAL
SOCIETÁRIO

COORDENAÇÃO: Ana Cristina Kleindienst e Gabriel Buschinelli
AUTORES: Lucas Manzoli de Almeida, Luiz Fernando Lockmann e Souza, Pedro Moura de Almeida, Verena Reverdy Lemos e Vinicius Cavarzani

DIRETOR ALMEDINA BRASIL: Rodrigo Mentz
EDITORA JURÍDICA: Manuella Santos de Castro
EDITOR DE DESENVOLVIMENTO: Aurélio Cesar Nogueira
ASSISTENTES EDITORIAIS: Isabela Leite e Larissa Nogueira

DIAGRAMAÇÃO: Almedina
DESIGN DE CAPA: FBA

ISBN: 9786556274256
Dezembro, 2021

Dados Internacionais de Catalogação na Publicação (CIP)
(Câmara Brasileira do Livro, SP, Brasil)

Estudos aplicados de direito empresarial :
societário / coordenação Ana Cristina Kleindienst,
Gabriel Buschinelli. -- São Paulo : Almedina,
2021.
Vários autores.

Bibliografia.
ISBN 978-65-5627-425-6

1. Direito empresarial - Brasil 2. Direito
societário - Brasil I. Kleindienst, Ana Cristina.
II. Buschinelli, Gabriel.

21-89061 CDU-34:338(81)-338(81)

Índices para catálogo sistemático:

1. Brasil : Direito empresarial 34:338(81)
2. Brasil : Direito societário 338(81)

Cibele Maria Dias – Bibliotecária – CRB-8/9427

Este livro segue as regras do novo Acordo Ortográfico da Língua Portuguesa (1990).

EDITORA: Almedina Brasil
Rua José Maria Lisboa, 860, Conj.131 e 132, Jardim Paulista | 01423-001 São Paulo | Brasil
editora@almedina.com.br
www.almedina.com.br

APRESENTAÇÃO

> Acima de tudo sê fiel a ti mesmo,
> Disso se segue, como a noite ao dia,
> Que não podes ser falso com ninguém.
> *Hamlet – W. Shakespeare*

Com 22 anos de história no mercado jurídico, o Insper Direito reitera o seu legado pela excelente produção científica de seus alunos e professores. Trabalhos científicos de grande aplicação prática-profissional e já reconhecidos pelo mercado.

Na nova coleção "Estudos Aplicados de Direito Empresarial", que tive a honra de ser um dos idealizadores e coordenador em conjunto com o Prof. Dr. André Antunes Soares de Camargo, apresenta os seus novos volumes com ênfase em direito empresarial, direito dos contratos, societário e mercados financeiro e de capitais.

A publicação desta nova coleção comprova a excelência acadêmica dos discentes-autores e de seus respectivos professores orientadores.

Cabe aqui o nosso sempre agradecimento à Editora Almedina Brasil, que rapidamente abraçou a ideia desta coleção e vêm brindando os alunos e orientadores com suas publicações por anos seguidos, hoje, a coleção já conta com centenas de artigos e obras monográficas que são referências em seus segmentos.

A coleção "Estudos Aplicados de Direito Empresarial" foi originalmente pensada para ocorrer em uma edição por ano, sempre próximo ao encerramento do ano letivo. Projetamos o lançamento fiéis a qualidade que pauta nossas atividades e a própria Editora Almedina, referência jurídica em toda a comunidade lusófona.

O leitor terá a oportunidade de conferir as mais diversas abordagens para temas novos, ou com novas leituras de questões já existentes, sempre fiel a qualidade e rigor científico para o enfrentamento de questões concretas e complexas. Como uma escola de negócios, os textos que aqui são apresentados trazem luz para as mais variadas dificuldades do dia-a-dia do jurídico empresarial estratégico.

A coleção sempre traz ao público artigos altamente qualificados de nossas alunas e alunos e cada um dos volumes desta nova edição apresenta mais cinco novos artigos (com exceção de direito tributário que excepcionalmente conta com dez artigos), marca realmente expressiva para uma publicação tão jovem no cenário jurídico nacional.

Foram desenvolvidos os seguintes trabalhos que convido todas e todos a sua leitura e aprendizagem.

Direito Empresarial – "O uso da jurimetria pelos departamentos jurídicos: criação de indicadores financeiros e de eficiência operacional" do autor Erik Telles Maeda; "O consentimento informado como autorizador para o tratamento de dados sensíveis de saúde obtidos por meio de dispositivos eletrônicos cotidianos " do autor Felipe Vanderlinde Schiavon; "A intergeracionalidade como prática de responsabilidade social corporativa das empresas do setor de telecomunicações" da autora Gabriela Brocadello Junqueira; "Uma análise dos arranjos jurídicos para avaliação da existência e eficácia de programas de compliance" da autora Gabriela Revoredo Pereira da Costa; e, "Trabalho em plataformas digitais: análise do regime jurídico atual e perspectivas futuras" da autora Tatiane Neves Alves.

Direito dos Contratos – temáticas sempre relevantes e que impactam todo o sistema jurídico e seus aplicações, temos igualmente cinco excelentes artigos, composto por "Os contratos de afiliadas no setor de telecomunicação e os contratos de franquia" da autora Alexandra Cappellazzo de Oliveira Lima; "Uma breve análise sobre o papel da limitação de responsabilidade em contratos empresariais de computação em nuvem" do aluno André Julius Pellicano Granado; "Linguagem contratual: a simplicidade eficaz como ferramenta de segurança jurídica" do autor Antonio Alves de Oliveira Neto; "Uso da inteligência artificial: uma análise de seus possíveis reflexos jurídicos e a possibilidade de criação de contratos por instrumento autônomo" do autor Bruno Veridiano Geraldini; e, "A cláusula de exclusividade nos contratos de distribuição" da autora Karina Magalhães Soares

Direito dos Mercados Financeiro e de Capitais – programa mais tradicional do Insper, consta com os seguintes artigos, "Constituição de ônus e gravames sobre ativos financeiros" da autora Ana Paula de Oliveira Missias; "Responsabilidade civil ambiental das instituições intermediárias de ofertas públicas de valores mobiliários" do autor Henrique Takeda Kamoi; "Smart contracts e derivativos" da autora Larissa Marques Lima; "Responsabilização dos administradores: uma análise econômica e jurídica da aplicação dos deveres fiduciários" do autor Luiz Ferrua Neto; e, "Desafios jurídicos do sistema financeiro aberto (open banking)" do autor Kaike Augusto Machado.

Direito Societário – produziu os seguintes artigos: "Reflexões acerca de instrumentos híbridos" do autor Lucas Manzoli de Almeida; "O direito de voto das ações gravadas com usufruto" do autor Luiz Fernando Lockmann e Souza; "Alienação fiduciária de ações em garantia e suas consequências sobre direitos do acionista fiduciante" do autor Pedro Moura de Almeida; "Transformação de associações em sociedades" da autora Verena Reverdy Lemos; e, "Convenção extraprocessual em sociedades limitadas: uma tentativa de racionalização do processo societário" do autor Vinicius Cavarzani.

Direito Tributário – finalmente o programa de direito tributário produziu os seguintes artigos: "O parcelamento do débito tributário e a possibilidade de liberação da garantia prestada em execução fiscal" da autora Amanda Krummenauer Pahim de Souza; "Natureza jurídica dos aportes extraordinários patronais em plano de previdência privada aberta, à luz da jurisprudência do conselho administrativo de recursos fiscais – CARF" da autora Carolina Evangelista Silva Coimbra; "Aspectos tributários envolvendo a importação de bens e serviços por entidades do terceiro setor" da autora Gabriella Fernanda Nunes Braga; "A eficácia da restrição sobre a compensação antes do trânsito em julgado nos casos com exame repetitivo" da autora Karla Alves de Carvalho; "A tributação das Fintechs: estudo sobre as controvérsias tributárias aplicáveis às instituições de pagamento" do autor Otávio Batista de Carvalho Júnior; "Provas: impactos do novo Código de Processo Civil no processo administrativo tributário" do autor Paulo Antonio Balduino Filho; "A aplicação da teoria dos sistemas na resolução de demandas jurídicas-tributárias sobre o ágio" do autor Pedro Cavalcanti Amarante; "Imposto sobre a renda da pessoa jurídica: aplicabilidade do benefício fiscal da depreciação integral previsto no artigo 6º da medida provisória nº 2.159-70/01 para bens classificados como ativo biológico, especialmente cana-de-açúcar e eucalipto" do autor Renato Sguerri Fernandes; "Tributação dos rendimentos auferidos no exterior em sociedades, fundos de investimento e trusts por residentes fiscais no Brasil" da autora Samara Azevedo Fagundes; e, "Consequências jurídicas da não realização do fato gerador presumido do ICMS-ST e do direito ao indébito tributário correspondente" autoria de Vanderlei de Souza Júnior.

Deixo aqui o meu muito obrigado à todas e todos que colaboraram para a produção de mais uma coleção Insper Almedina e Coleção Estudos Aplicados de Direito Empresarial.

Boa leitura a todos!

Prof. Dr. Rodrigo Fernandes Rebouças

PREFÁCIO

Este 7º volume da coleção "Estudos Aplicados de Direito Empresarial – Societário" reúne artigos escritos por profissionais que cursaram, em nível de pós-graduação, o LL.M em Direito Societário no Insper.

Pautado pela preocupação em reunir reflexões teóricas sobre temas com aplicabilidade prática, os trabalhos de conclusão de curso elaborado pelos alunos do Insper, sob nossa orientação, vêm repetidamente demonstrando aptidão para preencher um espaço vazio, infelizmente deixado pela dogmática brasileira. Diferente da maioria dos trabalhos normalmente publicados nos periódicos nacionais, que, ou são extremamente especulativos, sem demonstrar familiaridade do autor com os problemas concretos que se impõem quanto ao tema; ou são extremamente descritivos de problemas da praxis, sem lograr conectar tais aqueles problemas práticos a questões de fundo que lhe são pertinentes, os trabalhos aqui incluídos reúnem teoria e prática de forma a encontrar novas perspectivas para problemas conhecidos da prática. É o que se encontra neste volume.

Sob o ponto de vista financeiro, um determinante do financiamento empresarial é sempre a escolha entre a obtenção de recursos por meio da injeção de capital pelos acionistas (*equity*) ou por meio da contratação de instrumentos de dívida (*debt*). Há distinções contábeis, societárias e tributárias de relevo associadas a cada uma dessas opções. Mas, como não poderia deixar de ser no âmbito da atividade empresarial, a realidade se mostra mais dinâmica do que a teoria, e, há alguns anos, se impôs no Brasil a prática da utilização de instrumentos híbridos de financiamento: títulos que formalmente criam um direito de crédito para o seu titular, mas conferem uma exposição econômica similar à que adviria de um título de participação; ou, pelo contrário, títulos que formalmente geram a titularidade acionária, mas que economicamente podem ser compreendidos como títulos de dívida. É nessa intersecção entre direito societário e contabilidade que se situa o tema escolhido por **Lucas Manzoli de Almeida**, ao analisar, à luz do princípio da representação verdadeira e apropriada (*true and fair view*) o enquadramento de títulos como ações preferenciais resgatáveis, mútuos conversíveis, adiantamentos para futuros aumentos de capital (AFAC), debêntures perpétuas e participativas. O estudo é complementado com a avaliação dos principais julgados da Comissão de Valores Mobiliários sobre o assunto, oferecendo tanto a acadêmicos quanto a profissionais um mapa para a aproximação do tema.

Nos últimos anos, provavelmente por conta dos planejamentos sucessórios, tem sido verificado um uso cada vez mais frequente do usufruto acionário. Mas, motivado por razões tributárias, e inserido geralmente em contextos familiares, fato é que o instrumento diz respeito ao direito societário e, em uma hipótese de conflito familiar, devem ser discutidos os limites do usufruto de ações. Insere-se, nesse contexto, a discussão quanto ao que seria usar e fruir de um título acionário, e o que seria dele dispor. Com qual extensão poderá o direito de voto ser exercido pelo usufrutuário nessa situação? Em quais hipóteses o direito de voto caberá ao nu-proprietário? Essas e outras questões foram enfrentadas por **Luiz Fernando Lockmann e Souza** em seu estudo sobre o direito de voto das ações gravadas com usufruto.

Em vista do enquadramento dos créditos garantidos com alienação fiduciária como extraconcursais, não é surpresa que essa forma de garantia tenha sido cada vez mais utilizada. E, importando práticas oriundas do *project finance* em outros países, tornou-se comum que financiadores exijam um pacote de garantias que inclui não somente a garantia sobre ativos da sociedade financiada, como, por parte do acionista controlador, a cessão fiduciária em garantia das próprias ações. Embora tenha se tornado, portanto, um instituto de utilização cada vez mais frequente, dúvidas remanescem quanto a questões fundamentais relativas ao seu enquadramento jurídico. A alienação fiduciária é regida pelas disposições do Código Civil ou da legislação especial? Quais os requisitos para sua constituição? Como opera sua excussão? Qual o regime do exercício do direito de voto e de outros direitos (por exemplo, *tag along* acionário) durante a vigência da alienação fiduciária? Essas e outras questões são enfrentadas por **Pedro Moura de Almeida** em seu estudo que, ao final, analisa o rumoroso caso recente envolvendo a *Atvos Industrial S.A.*, julgado pelo Tribunal de Justiça do Estado de São Paulo, em que acesos debates se instauraram em torno da alienação fiduciária de ações.

Associações são constituídas pela união de pessoas para fins não econômicos. Sociedades, por outro lado, destinam-se ao exercício de atividade econômica com vistas à partilha, entre os sócios, dos resultados. Fins diversos polarizam estruturas jurídicas também diversas. Não são aplicáveis à associação institutos jurídicos tipicamente societários, como a distribuição de lucros por meio da destinação de dividendos. E, em caso de dissolução e liquidação de uma associação, o acervo associativo não é destinado aos associados, mas à entidade de fins não econômicos designada no estatuto, ou, omisso este, por deliberação dos associados, à instituição municipal, estadual ou federal, de fins idênticos ou semelhantes. Mas, o que dizer da transformação de uma associação em sociedade, instituto que importa a transformação de um tipo em outro sem dissolução ou liquidação? Seria lícita? Buscando não somente um posicionamento teórico sobre o assunto, **Verena Reverdy Lemos** esquadrinha os dispositivos normativos, instruções e principais manifestações jurisprudenciais e administrativas sobre o assunto, oferecendo um completo e atualizado quadro da matéria.

O volume se encerra com o estudo de **Vinicius Cavarzani** sobre um tema na intersecção entre o direito societário o direito processual: a utilização de convenções extraprocessuais em contratos sociais de sociedades limitadas, e de que forma este instrumento previsto pelo Código de Processo Civil de 2015 pode ser empregado para evitar que se incorram em discussões que marcam o contencioso societário.

São estudos que certamente contribuirão com o desenvolvimento das respectivas temáticas.

ANA CRISTINA VON GUSSECK KLEINDIENST
GABRIEL SAAD KIK BUSCHINELLI
Professores Orientadores do LL.M. em Direito Societário do Insper

SUMÁRIO

REFLEXÕES ACERCA DE INSTRUMENTOS HÍBRIDOS

LUCAS MANZOLI DE ALMEIDA

Introdução

O desenvolvimento das atividades econômica e empresarial é permeado pela evolução das diferentes formas de financiamento disponíveis. As fontes de capital de empresas podem ser internas (recursos gerados com o desenvolvimento da atividade empresarial, como lucros) e externas (cuja fonte é o patrimônio de outras pessoas), sendo que as fontes externas podem ser de capital próprio[1] (mediante transferências de recursos com finalidade de formação de capital social) e de terceiros (recursos captados junto a terceiros geralmente na forma de títulos representativos de dívidas, que deverão ser pagos juntamente com uma remuneração).

As fontes de capital de terceiros advêm de transações em mercados financeiros onde ocorrem trocas de moeda (mercados

1 "São fontes externas de capital próprio da companhia os subscritores de ações do capital social, as pessoas que lhe fazem doações ou concedem subvenções para investimento, ou que subscrevem outros valores de sua emissão – partes beneficiárias, bônus de subscrição, ou debêntures colocadas por valor superior ao nominal." LAMY FILHO, Alfredo; PEDREIRA, José Luiz Bulhões (coords.). Et. Al. **Direito das companhias.** Rio de Janeiro: Forense, 2017. p. 982.

monetários, onde há transferência, por curto prazo, de poder de compra conferido pela moeda) e de capital (mercados de capital, onde há transferência de poupanças, por prazos médio ou longo ou permanente).

Conforme explica José Luiz Bulhões Pedreira[2], em ambos os mercados, a grande maioria das trocas envolve moeda e instrumentos financeiros. Instrumentos financeiros são os bens (valores mobiliários) trocados por moedas nos mercados financeiros.

Com a evolução das atividades econômicas e a busca por recursos financeiros para o melhor desenvolvimento da atividade empresarial, parte relevante do processo decisório de empresas e agentes econômicos é a escolha das fontes de capital mais adequadas, na busca por uma estrutura de capital (oriunda das fontes de capital utilizadas) ótima. Referida estrutura é definida pela relação quantitativa entre o montante empregado de capital próprio ou capital de terceiros, sendo que a definição da estrutura de capital desejada, considerando os diversos aspectos envolvidos nesta decisão (incluindo a governança desejada, o custo de captação de recursos e a perspectiva de retorno em eventual alienação de participação societária) é componente central da estratégia de financiamento de uma empresa.

No contexto de construção dessa estrutura de capital surgem como alternativa de financiamento os instrumentos híbridos. Referidos instrumentos conjugam elementos de patrimônio

[2] "Na grande maioria das trocas de ambos os mercados, um dos objetos trocados é moeda e outro é instrumento financeiro. Excepcionalmente, os dois objetos trocados são instrumentos financeiros, como ocorre na oferta pública de aquisição de controle mediante permute de valores mobiliários.
As trocas nos mercados financeiros podem ter por objeto moedas de diferentes economias nacionais ou instrumentos financeiros com valores expressos em diferentes moedas, e os mercados que organizam essas trocas são designados cambiais, ou de câmbio." LAMY FILHO, Alfredo; PEDREIRA, José Luiz Bulhões (coords.). Et. Al. **Direito das companhias.** Rio de Janeiro: Forense, 2017. p. 986.

(*equity*) com elementos de dívida (*debt*), formatados conforme a conveniência das partes, diante da autonomia privada e liberdade contratual.

Este estudo analisará a temática de instrumentos híbridos, buscando conceitua-los, descrever exemplos de instrumentos híbridos utilizados nos mercados e, finalmente, apresentar discussões práticas e posicionamentos jurisprudenciais sobre o tema.

O estudo será dividido conforme segue: (i) a presente introdução; (ii) uma conceituação de instrumentos híbridos; (iii) descrição de espécies de instrumentos; (iv) estudos de casos; e (v) conclusão.

1. Instrumentos híbridos

1.1. Estrutura de capital

Conforme descrito na Introdução, a temática de fundo dos instrumentos híbridos permeia essencialmente as estruturas de capitalização de uma sociedade empresária, considerando as respectivas fontes de capital. Referida estrutura é definida pela relação quantitativa entre o montante empregado de capital próprio e de capital de terceiros.

A estrutura de capital mais eficiente para a companhia será a que conjugar as características das diferentes fontes de financiamento (e seus respectivos custos), para atingir o equilíbrio ideal considerando as características da companhia[3]. José Luiz Bulhões Pedreira explica que, preferencialmente, o capital fixo (investimentos de longo prazo da companhia) é financiado com capital próprio, enquanto o capital circulante (investimentos relacionados produtividade da companhia) é normalmente financiado por capital de terceiros[4].

[3] BARBOSA, Henrique; BROTEL, Sergio; (coords.). Et. Al. **Finanças Corporativas; aspectos jurídicos e estratégicos.** 1ª ed. Rio de Janeiro: Atlas, 2016. p. 236.

[4] PEDREIRA, José Luiz Bulhões. **Finanças e demonstrações financeiras da companhia: conceitos fundamentais**. Rio de Janeiro: Forense, 1989.p. 410.

É possível verificar o montante do capital próprio e do capital de terceiros em uma companhia analisando seu balanço patrimonial, sendo que, via de regra, (i) o patrimônio líquido corresponde ao capital próprio; e (ii) o passivo exigível corresponderá ao capital de terceiros[5].

Ensina José Luiz Bulhões Pedreira que o capital em um patrimônio de uma companhia pode ser deslocado para outro mediante fluxo de duas espécies: (a) de transferência de capital de terceiros: o titular do patrimônio que recebe a transferência adquire o poder de usar e fruir do capital, mas não o de dele dispor gratuitamente, porque simultaneamente com a transferência nasce a obrigação de sua restituição; e (b) de transferência de capital próprio: o titular do patrimônio que o recebe adquire os poderes de usar, fruir e dispor gratuitamente do capital porque da transferência não nasce obrigação de restituição[6].

A captação de recursos por uma pessoa jurídica junto a fontes externas ocorre, em geral, utilizando-se de fontes de capital próprio e de terceiros, por meio de títulos representativos de dívidas ou títulos patrimoniais destinados à formação do capital social (como é o investimento em ações). Em apertada síntese, o investimento em ações confere ao titular participação societária na sociedade e o retorno financeiro advém de dividendos, enquanto os títulos de dívida tornam os titulares dos mesmos credores da sociedade, que são remunerados por juros.

Compilamos, abaixo, algumas vantagens e desvantagens da utilização de capital próprio e de terceiros na estrutura de capital de uma companhia.

[5] BARBOSA, Henrique; BROTEL, Sergio; (coords.). Et. Al. **Finanças Corporativas; aspectos jurídicos e estratégicos.** 1ª ed. Rio de Janeiro: Atlas, 2016. p. 236.

[6] LAMY FILHO, Alfredo; PEDREIRA, José Luiz Bulhões (coords.). Et. Al. **Direito das companhias.** Rio de Janeiro: Forense, 2017. p. 964.

	Capital Próprio	Capital de Terceiros
Vantagens	• Estabilidade quanto à exigibilidade de pagamento. • Preservada a possibilidade de contratação futura de endividamento. • Maior eficiência administrativa (na medida em que administradores podem dedicar-se às atividades produtivas ao invés de gestão de passivos financeiros).	• Não há diluições dos acionistas, ficando preservada a posição societária. • Não há interferência direta na administração, uma vez que credores, via de regra, não interferem na gestão da companhia. • Disponibilidade de recursos elevada (haja vista acesso a mercados financeiros e de capitais). • Dedutibilidade de juros financeiros.
Desvantagens	• Novas captações implicam em diluição da participação dos acionistas. • Retorno financeiro aos investidores é imprevisível, na medida em que retornos estão atrelados aos resultados da companhia. • Não dedutibilidade do retorno (dividendos) aos investidores (em comparação à dedutibilidade dos juros financeiros. • Instabilidade do controle da companhia, na medida em que ocorre diluição a cada captação.	• Comprometimento da capacidade financeira (haja vista pagamentos futuros de principal e juros). • Redução da capacidade futura de endividamento. • Aumento do custo futuro de endividamento (quanto mais alavancada a companhia, mais elevados os custos futuros de captação). • Risco de falência (crise da empresa).

Para concluir estas breves considerações sobre estrutura de capital, contamos com o relato de Alfredo Lamy Filho e José Luiz Bulhões Pedreira sobre a captação de recursos sob a ótica dos acionistas:

A observação das práticas usuais nas companhias confirma essa opinião sobre a importância do aumento de capital: a subscrição de novas ações e sempre considerada o último recurso a utilizar e é limitada ao mínimo indispensável aos negócios sociais. Essa orientação traduz o reconhecimento de que: (a) os acionistas se associam na companhia para auferir renda do capital investido nas ações que adquirem; (b) qualquer aumento do capital social é novo sacrifício exigido dos sócios que, na operação, têm ameaçada a posição política, o que os obriga ao reexame de conveniência de "recontratar" a sociedade; (c) o esforço de capitalização pedido aos acionistas é ônus que não se distribui igualmente por todos, pois varia com a capacidade individual de acompanhar o aumento; e (d) frequentemente o acionista, que não subscreve o aumento na proporção das ações que possui, sofre prejuízo, pois a redução da porcentagem da participação em regra importa perda de valor econômico do investimento[7].

1.2. Instrumentos híbridos

O cerne da estrutura de capital de uma companhia pode ser resumido, portanto, na distinção entre patrimônio (capital próprio) e dívida (capital de terceiros). Entretanto, a diferença entre patrimônio e dívida não é tão simples em determinados instrumentos denominados híbridos[8].

Com a evolução da busca por novas fontes de financiamento e das diferentes formas de financiamento (inovações financeiras) disponíveis o desenvolvimento das atividades econômica e empresarial passa a ter alternativas criativas para a estrutura

[7] LAMY FILHO, Alfredo; PEDREIRA, José Luiz Bulhões. **A lei das S.A.: (pressupostos, elaboração, aplicação).** Rio de Janeiro: Renovar, 1996. vol. II. p. 247.

[8] BARBOSA, Henrique; BROTEL, Sergio; (coords.). Et. Al. **Finanças Corporativas; aspectos jurídicos e estratégicos.** 1ª ed. Rio de Janeiro: Atlas, 2016. p. 460.

de capital, incluindo a utilização de instrumentos híbridos[9], que são instrumentos que conjugam elementos de patrimônio (*equity*) com elementos de dívida (*debt*), livremente formatados entre as partes envolvidas, com fundamento na autonomia privada e liberdade contratual.

A utilização de instrumentos híbridos proporciona à companhia a possibilidade de buscar maior eficiência na construção de sua estrutura de capital, podendo ser fonte de financiamento de menor custo e reduzir sua alavancagem.[10]

A classificação de um instrumento como patrimonial ou financeiro definirá sua contabilização (bem como dos seus componentes, como dividendos e juros). Entretanto, os instrumentos híbridos estão posicionados justamente entre as definições de dívida e patrimônio tradicionalmente utilizadas na contabilidade. Antes do surgimento dos instrumentos híbridos a contabilidade não tinha grandes dificuldades em classificar transações patrimoniais e de dívida nos mercados de capitais, mas agora enfrenta as complexidades de instrumentos que conjugam elementos de ambas as espécies[11].

O direito ao recebimento de dividendos resulta de participação na sociedade e é considerado retorno residual (após o pagamento de todos os custos, despesas e absorção de eventuais prejuízos acumulados), enquanto o direito ao recebimento de juros resulta de operação creditícia e é preferencial aos acionistas, inclusive no caso de liquidação da companhia[12]. A diferença

[9] BARBOSA, Henrique; BROTEL, Sergio; (coords.). Et. Al. **Novos temas de Direito e Corporate Finance.** 1ª ed. São Paulo: Quartier Latin, 2019. p. 328

[10] BARBOSA, Henrique; BROTEL, Sergio; (coords.). Et. Al. **Novos temas de Direito e Corporate Finance.** 1ª ed. São Paulo: Quartier Latin, 2019. p. 345.

[11] BARBOSA, Henrique; BROTEL, Sergio; (coords.). Et. Al. **Novos temas de Direito e Corporate Finance.** 1ª ed. São Paulo: Quartier Latin, 2019. p. 345.

[12] COELHO, Renato; e STANLEY, Renato. **Instrumentos Híbridos.** Disponível em <https://capitalaberto.com.br/temas/captacao-de-recursos/instrumentos-hibridos/> acesso em 10 de setembro de 2020.

entre dividendos e juros é basicamente essa: o credor torna-se titular de quantia líquida, certa e exigível, enquanto o sócio é titular apenas de uma expectativa rendimento de frutos oriundos da participação societária[13].

Em breve descrição, instrumentos essencialmente patrimoniais pressupõem que os respectivos titulares compartilham dos riscos e benefícios da atividade empresarial, de modo que o titular não teria retorno em caso de resultados negativos da sociedade. Da mesma forma, o titular participa nos retornos positivos da empresa de forma superior à participação de credores.

Trata-se de aplicação de risco, considerada como de "renda variável", na medida em que o titular depende do sucesso do investimento, podendo deixar de receber a remuneração pretendida, bem como, em casos extremos, perder inclusive o capital investido. Em um investimento em renda variável o retorno é desconhecido e está sujeito a fatores aleatórios e alheios ao controle do investidor, de modo que o investidor não consegue auferir, no momento da contratação da operação, a remuneração ou perda a ser experimentada.

Por outro lado, investimentos de renda fixa asseguram ao investidor relativa segurança e uma remuneração predeterminada, ainda que referida remuneração eventualmente seja com base em algum índice variável. Enquanto o investimento em renda variável tem como principal característica a incerteza de um retorno (podendo, inclusive, culminar na perda do capital investido), o investimento em renda fixa é mais seguro e permite ao investidor projetar de antemão o retorno do montante investido.[14]

[13] MOSQUERA, Roberto Quiroga; LOPES, Alexsandro BROEDEL (coords.). **Controvérsias jurídico-contábeis: aproximações e distanciamentos.** São Paulo: Dialética, 2012. p. 201.

[14] BIFANO, Elidie Palma. **O Mercado Financeiro e o Imposto sobre a Renda.** São Paulo: Quartier Latin, 2011, p. 282-283.

Instrumentos de dívida são, também em apertada síntese, instrumentos de renda fixa, em que uma relação creditícia é estabelecida, não estando o credor sujeito aos riscos da atividade empresarial. O retorno do credor ocorrerá em montantes pré-estabelecidos que deverão ser pagos independente dos resultados e antes do pagamento aos acionistas[15].

A tabela a seguir compila, sob a ótica financeira, algumas das principais diferenças – via de regra – de instrumentos de dívida e instrumentos patrimoniais:[16]

	Instrumento Patrimonial	Instrumento de Dívida
Participação societária	Sim	Não
Direito de voto do titular	Sim	Não
Dedutibilidade financeira da remuneração	Não	Sim
Obrigatoriedade de pagamento do principal	Não	Sim
Obrigatoriedade de pagamento de remuneração independente do resultado	Não	Sim

Em que pese o tema de instrumentos híbridos ganhar maior relevância em tempos atuais, José Luiz Bulhões Pedreira já utilizou o termo em sua obra "Finanças e demonstrações financeiras da companhia: conceitos fundamentais"[17]:

[15] Asseis, Pedro Augusto do Amaral Abujamra. **Instrumentos Financeiros Híbridos: A Teoria da "Substância sobre a Forma" na Perspectiva da Comissão de Valores Mobiliários**. Revista de Direito Empresarial. vol. 8/2015. p. 89-107.

[16] Barbosa, Henrique; Brotel, Sergio; (coords.). Et. Al. **Finanças Corporativas; aspectos jurídicos e estratégicos.** 1ª ed. Rio de Janeiro: Atlas, 2016. p. 480.

[17] Pedreira, José Luiz Bulhões. **Finanças e demonstrações financeiras da companhia: conceitos fundamentais**. Rio de Janeiro: Forense, 1989.p. 401.

> a lei assegura à companhia ampla liberdade para adaptar esses valores mobiliários [ações, partes beneficiárias, bônus de subscrição e debêntures] às condições dos mercados ou de negócios singulares, admitindo cláusulas que permitem a criação de verdadeiros títulos híbridos, porque combinam características de tipos diferentes.

Instrumentos híbridos não possuem definição acadêmica consolidada, nem rol exaustivo de espécies, justamente pelo número elevado de possíveis instrumentos. Referidos instrumentos, por conjugarem elementos de dívida e de patrimônio, tornam a conceituação dos mesmos complexa, sem que seja possível fazê-lo munido de análise meramente superficial[18].

A preponderância das características dos instrumentos determinará o seu reconhecimento, independentemente do nome que lhe é atribuído. A identificação da preponderância de cada característica influenciará o reconhecimento contábil do instrumento, consequentemente impactando direta e instantaneamente na estrutura de capital da empresa[19].

A normativa aplicável, descrita no item "1.3 – Normas e Regulações Aplicáveis" abaixo, descreve que a classificação de instrumentos como passivos depende da verificação de uma obrigação presente de entregar recursos (entregar caixa ou outro ativo financeiro a uma entidade ou trocar ativos financeiros ou passivos financeiros com outra entidade sob condições que são potencialmente desfavoráveis para a entidade) a terceiros como resultado de eventos passados. Por outro lado, a classificação

[18] FLORES, Eduardo da Silva. **Os efeitos do registro patrimonial de instrumentos financeiros híbridos: uma análise internacional**. 2016. 197 p. Tese (Doutorado), Universidade de São Paulo, São Paulo, 2016.

[19] BARBOSA, Henrique; BROTEL, Sergio; (coords.). Et. Al. **Finanças Corporativas; aspectos jurídicos e estratégicos.** 1ª ed. Rio de Janeiro: Atlas, 2016. p. 229.

de instrumentos como instrumentos patrimoniais depende da natureza residual da participação do titular do instrumento nos ativos de uma sociedade, após a dedução de todos os passivos.

A controvérsia com relação a instrumentos híbridos está em sua contabilização pelas partes envolvidas[20], mas a matéria ainda é recente nos ambientes de regulação e acadêmico brasileiros, havendo quantidade limitada de literatura relacionada e de números de casos práticos avaliados por reguladores[21]. O item "4 – Estudos de Casos" deste estudo ilustra os posicionamentos relacionados a referida controvérsia.

O *International Accounting Standards Board – IASB* dedica atenção especial ao tema de instrumentos híbridos, sendo objeto de uma série de publicações, conforme descrito no item "1.3 – Normas e Regulações Aplicáveis" abaixo. O IASB é a organização internacional responsável pela publicação e atualização das *International Financial Reporting Standards – IFRS*, que são as normas contábeis adotadas por países da União Europeia (e outros países) em 2003, com o objetivo de harmonizar as demonstrações financeiras consolidadas publicadas por companhias abertas. A padronização de práticas contábeis internacionalmente contribui para o fortalecimento do ambiente de negócios e desenvolvimento dos mercados de capitais, uma vez que reduz custos de transação e proporciona maior comparabilidade entre empresas e setores.

O IASB apresenta duas abordagens para distinguir os elementos patrimoniais e de dívida de um instrumento financeiro:

[20] COSTA JUNIOR, Jorge Vieira da. Instrumentos Financeiros Compostos e Híbridos: Aspectos societários e tributários. Disponível em <https://www.researchgate.net/publication/313747581> acesso em 10 de setembro de 2020.

[21] COSTA JUNIOR, Jorge Vieira da. Instrumentos Financeiros Compostos e Híbridos: Aspectos societários e tributários. Disponível em <https://www.researchgate.net/publication/313747581> acesso em 10 de setembro de 2020.

o *narrow equity approach (NEA)* e a *strict obligation approach (SOA)*, conforme descritas no quadro abaixo.[22]

Narrow equity approach (NEA)	*Strict Obligation Approach (SOA)*
a) Classificação, como patrimônio, apenas dos instrumentos patrimoniais da classe mais residual existente de instrumentos patrimoniais emitidos pela empresa.	a) Classificação como passivo apenas da obrigação de entregar caixa. Assim, o balanço mostraria os recursos econômicos da entidade e suas obrigações de entregar recursos econômicos. A DRE e Outros Resultados Abrangentes mostrariam mudanças nesses recursos e obrigações econômicas.
b) Classificação como passivo de todos os outros instrumentos financeiros, tais como: i) instrumentos que criam a obrigação de transferir ativos; ii) participação de não controladores e iii) forwards e opções sobre instrumentos patrimonais classificados como patrimônio, devido ao item (a).	b) Classificação como patrimônio de todas as reivindicações de patrimônio, quer sejam primárias (direito atual de participar das distribuições do patrimônio líquido – PL), quer sejam secundárias (direito ou obrigações atuais de receber ou entregar reivindicações patrimoniais).
c) reconhecimento, na DRE, de ganhos ou perdas (incluindo, se for o caso, as despesas de juros) em todos os instrumentos classificados como passivos financeiros (DP, 5.30).	c) Realocação da riqueza dentro do PL, atualizando as medidas de todas as reivindicações de patrimônio. Assim: i) seção do PL no balanço patrimonial mostraria como todas as reivindicações de patrimônio afetam outras reivindicações de patrimônio e ii) a demonstração das mutações do patrimônio líquido mostraria transferências de riqueza entre as diferentes classes de reivindicações patrimoniais (DP, 5.34).

[22] Costa Junior, Jorge Vieira da. Silva, Andrea Bispo da. **Abordagens para a classificação contábil de instrumentos financeiros híbridos e/ou compostos: um estudo de caso com uma companhia aberta brasileira**. Disponível em <https://www.researchgate.net/publication/313741490> acesso em 10 de setembro de 2020.

Assim, é notável a ausência de clareza quanto à conceituação de instrumentos híbridos, principalmente quanto à sua classificação contábil. Como será possível observar na seção "Estudos de Casos" deste estudo, o tema é objeto de debate pela CVM, tendo a autarquia modificado seu entendimento ao longo do tempo.

1.3. Normas e regulações aplicáveis

A característica de diversidade dos instrumentos híbridos, ao conjugarem diferentes elementos também é ilustrada na procedência das normativas e regulações aplicáveis. Há normas e regulações tanto de natureza jurídica quanto contábil que abordam a temática dos instrumentos híbridos, conforme será exposto a seguir.

A modelagem da captação de recursos financeiros ocorre por meio de instrumentos contratuais, sujeitos às normas jurídicas aplicáveis, sendo que a mensuração, classificação e divulgação dos recursos nas demonstrações financeiras observam normas jurídico-contábeis, incluindo a Lei das Sociedades Anônimas, o Código Civil e normas infra legais originadas de manifestações do Comitê de Pronunciamentos Contábeis - CPC após aprovadas pelo Conselho Federal de Contabilidade - CFC e pela Comissão de Valores Mobiliários - CVM[23].

Será possível notar na seção "Estudos de Casos" deste estudo que as discussões no Brasil acerca das classificações de instrumentos híbridos apoiam-se, principalmente, em Pronunciamentos Técnicos do CPC. O CPC, criado em 2005, foi uma iniciativa conjunta da Associação Brasileira das Companhias Abertas (ABRASCA), Associação dos Analistas e Profissionais de Investimento do Mercado de Capitais (APIMEC), B3 (antiga Bolsa

[23] BARBOSA, Henrique; BROTEL, Sergio; (coords.). Et. Al. **Finanças Corporativas; aspectos jurídicos e estratégicos.** 1ª ed. Rio de Janeiro: Atlas, 2016. p. 216.

de Valores de São Paulo – BM&FBOVESPA), Conselho Federal de Contabilidade – CFC, Instituto dos Auditores Independentes do Brasil – Ibracon e Fundação Instituto de Pesquisas Contábeis, Atuariais e Financeiras (FIPECAFI). Os objetivos do CPC são o estudo, o preparo e emissão de Pronunciamentos Técnicos, suas interpretações e orientações sobre procedimentos de contabilidade societária e a divulgação de informações dessa natureza, para permitir a emissão de normas pelas entidades reguladoras brasileiras, visando à uniformização do seu processo de produção, levando sempre em conta a convergência da contabilidade brasileira aos padrões internacionais[24].

Passaremos, então, a descrever o histórico da normativa aplicável a instrumentos híbridos. Antes de 2005, com a emissão do Comunicado Técnico nº 1 – CT 1/05 do Ibracon, não havia norma específica sobre instrumentos híbridos no Brasil. O CT 1/05 (revogado em 2012) discorria sobre a forma de contabilização dos instrumentos denominados "Bônus Perpétuos", que, na opinião do Ibracon, possuíam natureza de passivo financeiro.

Em 2007, a CVM publicou a Instrução CVM nº 457, de 13 de julho de 2007, determinando que companhias abertas deveriam, a partir de 2010, apresentar as suas demonstrações financeiras consolidadas adotando o padrão contábil internacional, de acordo com os pronunciamentos emitidos pelo IASB. Na sequência, em 28 de dezembro de 2007, a Lei nº 11.638 alterou determinadas disposições da Lei das Sociedades Anônimas, para recepcionar o IFRS, inclusive quanto ao reconhecimento de instrumentos financeiros. Referida lei e instrução da CVM são resultado dos esforços no sentido de que as práticas contábeis brasileiras sejam convergentes com as práticas contábeis internacionais.

[24] Disponível em <https://cfc.org.br/tecnica/grupos-de-trabalho/cpc/> acesso em 3 de outubro de 2020.

Em 2008, o CPC editou o CPC 14, que introduzia conceitos de determinadas normativas internacionais relevantes que abordam o tema de instrumentos financeiros, incluindo a IAS 32, a IAS 39 e o IFRS 7.

Em 2009 ocorreu um desmembramento do CPC 14 nos Pronunciamentos Técnicos nº 38, 39 e 40. Como será possível notar nos estudos de caso, o CPC 39 é o pronunciamento técnico de maior relevância para a temática dos instrumentos financeiros híbridos, abordando o reconhecimento e mensuração, da apresentação e da evidenciação de instrumentos financeiros. A CVM aprovou a adoção do CPC 39 na forma da Deliberação CVM nº 604, de 19 de novembro de 2009.

O objetivo CPC 39 é "estabelecer princípios para a apresentação de instrumentos financeiros como passivo ou patrimônio líquido e para compensação de ativos financeiros e passivos financeiros. Aplica-se à classificação de instrumentos financeiros, na perspectiva do emitente, em ativos financeiros, passivos financeiros e instrumentos patrimoniais; a classificação de juros respectivos, dividendos, perdas e ganhos; e as circunstâncias em que ativos financeiros e passivos financeiros devem ser compensados"[25].

As seguintes definições do CPC 39[26] são alguns pilares dos debates existentes sobre instrumentos financeiros híbridos:

[25] Comitê de Pronunciamentos Contábeis – Pronunciamento Técnico CPC 39. Instrumentos Financeiros: Apresentação. Correlação às Normas Internacionais de Contabilidade – IAS 32.

[26] Item 11 do CPC 39.

Definição	Conteúdo
Instrumento financeiro	Qualquer contrato que dê origem a um ativo financeiro para a entidade e a um passivo financeiro ou instrumento patrimonial para outra entidade.
Ativo financeiro	Qualquer ativo que seja: (a) caixa; (b) instrumento patrimonial de outra entidade; (c) direito contratual: (i) de receber caixa ou outro ativo financeiro de outra entidade; ou (ii) de troca de ativos financeiros ou passivos financeiros com outra entidade sob condições potencialmente favoráveis para a entidade; (d) um contrato que seja ou possa vir a ser liquidado por instrumentos patrimoniais da própria entidade, e que: (i) não é um derivativo no qual a entidade é ou pode ser obrigada a receber um número variável de instrumentos patrimoniais da própria entidade; ou (ii) um derivativo que será ou poderá ser liquidado de outra forma que não pela troca de um montante fixo de caixa ou outro ativo financeiro, por número fixo de instrumentos patrimoniais da própria entidade. Para esse propósito, os instrumentos patrimoniais da própria entidade não incluem os instrumentos financeiros com opção de venda classificados como instrumentos patrimoniais de acordo com os itens 16A e 16B, os instrumentos que imponham a obrigação a uma entidade de entregar à outra parte um pro rata como parte dos ativos líquidos da entidade apenas na liquidação e são classificados como instrumentos patrimoniais de acordo com os itens 16C e 16D, ou os instrumentos que são contratos para futuro recebimento ou entrega de instrumentos patrimoniais da entidade.

Passivo financeiro	Qualquer passivo que seja: (a) uma obrigação contratual de: (i) entregar caixa ou outro ativo financeiro a uma entidade; ou (ii) trocar ativos financeiros ou passivos financeiros com outra entidade sob condições que são potencialmente desfavoráveis para a entidade; ou (b) contrato que será ou poderá ser liquidado por instrumentos patrimoniais da própria entidade, e seja: (i) um não derivativo no qual a entidade é ou pode ser obrigada a entregar um número variável de instrumentos patrimoniais da entidade; ou (ii) um derivativo que será ou poderá ser liquidado de outra forma que não pela troca de um montante fixo em caixa, ou outro ativo financeiro, por um número fixo de instrumentos patrimoniais da própria entidade. Para esse propósito, os instrumentos patrimoniais da entidade não incluem instrumentos financeiros com opção de venda que são classificados como instrumentos patrimoniais de acordo com os itens 16A e 16B, instrumentos que imponham à entidade a obrigação de entregar à outra parte um pro rata de parte dos ativos líquidos da entidade apenas na liquidação e são classificados como instrumentos patrimoniais de acordo com os itens 16C e 16D, ou instrumentos que são contratos para futuro recebimento ou entrega de instrumentos patrimoniais da própria entidade. Como uma exceção, um instrumento que satisfaça a definição de passivo financeiro é classificado como instrumento patrimonial se tiver todas as características e reunir as condições dos itens 16A e 16B ou dos itens 16C e 16D.
Instrumento patrimonial	Qualquer contrato que evidencie uma participação nos ativos de uma entidade após a dedução de todos os seus passivos.

O CPC 39 menciona expressamente o tratamento a ser conferido a instrumentos híbridos ao dizer, na definição de "Passivo Financeiro", que um instrumento que reúna características de passivo financeiro poderá ser classificado como instrumento patrimonial se referido instrumento atender ao disposto em outros itens[27] do CPC 39.

O item 16 do CPC 39 aborda justamente a classificação de um instrumento financeiro como instrumento patrimonial ao invés de passivo financeiro, dizendo que isso só poderá ocorrer, essencialmente[28], se referido instrumento não possuir obrigação contratual de: (i) entregar caixa ou outro ativo financeiro à outra entidade; ou (ii) trocar ativos financeiros ou passivos financeiros com outra entidade sob condições potencialmente desfavoráveis ao emissor.

De acordo com o CPC 39, um aspecto essencial a ser observado na diferenciação de passivo financeiro e instrumento patrimonial é a "existência de obrigação contratual de uma parte do instrumento financeiro (emitente) para entregar caixa ou outro ativo financeiro para outra parte (titular) ou trocar ativos financeiros ou passivos financeiros com o titular sob condições que são potencialmente desfavoráveis ao emitente. Apesar de o titular de um instrumento patrimonial poder ter o direito de receber uma parte pro rata de quaisquer dividendos ou outras distribuições de capital, o emitente não tem obrigação contratual de fazer tais distribuições, uma vez que não pode ser obrigado a entregar caixa ou outro ativo financeiro à outra parte"[29].

[27] Itens 16A e 16B ou 16C e 16D do CPC 39.

[28] Há outra condição a ser satisfeita, relacionada a liquidação do instrumento e a natureza de derivativos, entretanto, nas principais discussões acerca de instrumentos híbridos referida condição não apresenta relevância, de modo que este estudo optou por não conceder ênfase a esta condição adicional. Para maiores informações, recomenda-se consultar o texto do CPC 39.

[29] Item 17 do CPC 39.

O item 18 do CPC 39 aborda o tema de eventual descasamento entre a essência e a forma de instrumentos financeiros, reconhecendo ser possível que alguns instrumentos financeiros assumam a forma legal de instrumentos patrimoniais, mas que sejam em sua essência passivos, da mesma forma que outros instrumentos possam combinar características associadas a instrumentos patrimoniais e características associadas a passivos financeiros. Este item menciona, de forma exemplificativa, ações preferenciais com resgate mandatório por quantia fixa ou determinável seriam passivos financeiros.

O CPC então aborda instrumentos financeiros híbridos (ou "compostos", para utilizar a nomenclatura do CPC 39), determinando que o emissor de instrumentos financeiros avalie se estes possuem características de passivo e instrumento patrimonial e, então, classifique estas características separadamente como passivos financeiros ou instrumentos patrimoniais.

Segundo Roberto Quiroga Mosquera e Matheus Bertholo Piconez, um "princípio fundamental do IAS 32 é que um instrumento financeiro deve ser classificado como ativo ou passivo financeiro, ou como um instrumento patrimonial. Essa classificação deve levar em consideração a essência do acordo contratual, e não a sua forma legal, bem como as definições de passivo financeiro, ativo financeiro e instrumento patrimonial."[30].

Em 2011, a CVM emitiu o Parecer CVM 37, que determinou a recepção dos conceitos de representação verdadeira e apropriada (*true and fair view*) e da primazia da essência sobre a forma no ordenamento contábil brasileiro, com o intuito de produzir demonstrações financeiras mais úteis aos investidores e aos demais usuários externos em seus processos de alo-

[30] MOSQUERA, Roberto Quiroga; LOPES, Alexsandro BROEDEL (coords.). **Controvérsias jurídico-contábeis: aproximações e distanciamentos**. São Paulo: Dialética, 2012. vol. 1-5.

cação de recursos, melhorando a infraestrutura informacional do mercado de capitais nacional e reduzindo assimetrias[31]. A CVM indicou que para que a representação apropriada (*true and fair view*) possa ser alcançada, seria importante observar a primazia da essência econômica sobre a forma jurídica dos eventos econômicos.

No texto do Parecer CVM 37, a CVM constata que as normas contábeis devem ser subordinadas aos princípios da representação verdadeira e apropriada (*true and fair view*) e da primazia da essência sobre a forma e, portanto, não apenas os efeitos econômicos devem prevalecer sobre a forma, independentemente do tratamento jurídico, mas também deve a representação da realidade econômica ser verdadeira e apropriada. Nos termos de referido parecer, a representação adequada deve preponderar, mesmo no caso de conflito com as normas emitidas. O Parecer CVM 37 menciona ainda, expressamente, a classificação de instrumentos financeiros "como passivos ou instrumentos de capital na representação da realidade econômica das companhias abertas. Neste tópico, atenção especial deve ser dada à essência desses instrumentos vis-à-vis as consequências extremamente indesejáveis que a contabilização inadequada pode gerar para investidores, credores e demais interessados no desempenho das companhias".

Em 2016 a CVM publicou Ofício-Circular/CVM/SNC/SEP/nº 01/2016 abordando alguns temas visando a melhor orientar a elaboração de demonstrações contábeis com o intuito de salvaguardar a qualidade das informações disseminadas no mercado. Em referido ofício, a CVM expressou que suas áreas técnicas possuíam "grande preocupação" com o tema da "compulsão econômica" para fins de concluir se determinado instrumento financeiro deveria ser enquadrado como passivo ou patrimô-

[31] Parecer de Orientação CVM nº 37, de 22 de setembro de 2011.

nio líquido, sobretudo considerando a criatividade, qualidade e sofisticação de novos produtos financeiros. A CVM notou existir um ambiente propício para que empresas pratiquem "o já denominado "gerenciamento de estrutura de capital", procedimento considerado irregular"[32]. A CVM não se aprofundou nos conceitos, mas deixou clara a preocupação com o tema de instrumentos financeiros híbridos.

O Pronunciamento Técnico CPC 00 (R2) do CPC, aprovado em 1 de novembro de 2019, apresentou nova Estrutura Conceitual, abordando os conceitos de ativo, passivo e patrimônio líquido. A Estrutura Conceitual veio substituir a Antiga Estrutura Conceitual, que é mencionada nos estudos de casos apresentados neste estudo.

A Estrutura Conceitual indica que os elementos das demonstrações contábeis que se referem à posição financeira de uma entidade são o ativo, o passivo e o patrimônio líquido. Nos termos da Estrutura Conceitual[33], (i) um ativo é "um recurso econômico presente controlado pela entidade como resultado de eventos passados"; (ii) um passivo é "uma obrigação presente da entidade de transferir um recurso econômico como resultado de eventos passados"; e (iii) patrimônio líquido é "a participação residual nos ativos da entidade após a dedução de todos os seus passivos".

Assim, compilamos abaixo as principais disposições acerca da conceituação de instrumentos como ativos, passivos e patrimônio líquido na normativa aplicável.

[32] Ofício-Circular/CVM/SNC/SEP/nº 01/2016.

[33] CPC 00 (R2) – Estrutura Conceitual para Relatório Financeiro.

Definição	CPC 39[34]	Antiga Estrutura Conceitual	Estrutura Conceitual
Instrumento financeiro	Qualquer contrato que dê origem a um ativo financeiro para a entidade e a um passivo financeiro ou instrumento patrimonial para outra entidade.	–	–
Ativo financeiro	Qualquer ativo que seja: (a) caixa; (b) instrumento patrimonial de outra entidade; (c) direito contratual: (i) de receber caixa ou outro ativo financeiro de outra entidade; ou (ii) de troca de ativos financeiros ou passivos financeiros com outra entidade sob condições potencialmente favoráveis para a entidade.	Recurso controlado pela entidade como resultado de eventos passados e do qual se espera que resultem futuros benefícios econômicos para a entidade.	Recurso econômico presente controlado pela entidade como resultado de eventos passados.
Passivo financeiro	Qualquer passivo que seja: (a) uma obrigação contratual de: (i) entregar caixa ou outro ativo financeiro a uma entidade; ou (ii) trocar ativos financeiros ou passivos financeiros com outra entidade sob condições que são potencialmente desfavoráveis para a entidade.	Obrigação presente da entidade, derivada de eventos já ocorridos, cuja liquidação se espera que resulte em saída de recursos capazes de gerar benefícios econômicos.	Obrigação presente da entidade de transferir um recurso econômico como resultado de eventos passados.
Instrumento patrimonial	Qualquer contrato que evidencie uma participação nos ativos de uma entidade após a dedução de todos os seus passivos.	Valor residual dos ativos da entidade depois de deduzidos todos os seus passivos.	Participação residual nos ativos da entidade após a dedução de todos os seus passivos.

[34] Não foram incluídos abaixo requisitos relacionados à natureza de derivativos do instrumento. Para maiores informações, recomenda-se consultar o texto do CPC 39.

Com relação à classificação de instrumentos como passivos, os elementos predominantes na análise são uma obrigação presente de entregar recursos (entregar caixa ou outro ativo financeiro a uma entidade ou trocar ativos financeiros ou passivos financeiros com outra entidade sob condições que são potencialmente desfavoráveis para a entidade) a terceiros como resultado de eventos passados.

Já no tocante à definição de instrumentos patrimoniais, o principal aspecto observado é a natureza residual da participação do titular do instrumento nos ativos de uma sociedade, após a dedução de todos os passivos. Entretanto, a norma silencia quanto a natureza residual de um instrumento ser reconhecida caso o instrumento seja, de fato, residual com relação a todos os demais credores da sociedade, mas prefira aos acionistas. Como se observará nos "Estudos de Casos" deste estudo, este tema é seguidamente abordado pela CVM na análise dos casos concretos.

2. Instrumentos híbridos – aplicação prática

Há, atualmente, uma variedade de instrumentos híbridos utilizados com maior e menor frequência. Esta seção busca apresentar e descreve alguns dos instrumentos híbridos mais utilizados, incluindo instrumentos que foram objeto de debate pela CVM.

Entretanto, a diversidade de espécies de instrumentos híbridos está relacionada à criatividade dos agentes de mercado, de modo que é possível que novos instrumentos sejam desenvolvidos e passem a ser utilizados.

2.1. Ações preferenciais resgatáveis

As ações preferenciais são reguladas no artigo 17[35] e seguintes da Lei das Sociedades Anônimas. A emissão de ações pre-

[35] Art. 17. As preferências ou vantagens das ações preferenciais podem consistir: I – em prioridade na distribuição de dividendo, fixo ou mínimo; II – em prioridade

ferenciais deve estar prevista no estatuto social da sociedade anônima, o qual estabelecerá, de forma detalhada e precisa,

no reembolso do capital, com prêmio ou sem ele; ou III – na acumulação das preferências e vantagens de que tratam os incisos I e II.
§ lo Independentemente do direito de receber ou não o valor de reembolso do capital com prêmio ou sem ele, as ações preferenciais sem direito de voto ou com restrição ao exercício deste direito, somente serão admitidas à negociação no mercado de valores mobiliários se a elas for atribuída pelo menos uma das seguintes preferências ou vantagens:
I – direito de participar do dividendo a ser distribuído, correspondente a, pelo menos, 25% (vinte e cinco por cento) do lucro líquido do exercício, calculado na forma do art. 202, de acordo com o seguinte critério: a) prioridade no recebimento dos dividendos mencionados neste inciso correspondente a, no mínimo, 3% (três por cento) do valor do patrimônio líquido da ação; e b) direito de participar dos lucros distribuídos em igualdade de condições com as ordinárias, depois de a estas assegurado dividendo igual ao mínimo prioritário estabelecido em conformidade com a alínea a; ou II – direito ao recebimento de dividendo, por ação preferencial, pelo menos 10% (dez por cento) maior do que o atribuído a cada ação ordinária; ou III – direito de serem incluídas na oferta pública de alienação de controle, nas condições previstas no art. 254-A, assegurado o dividendo pelo menos igual ao das ações ordinárias.
§ 2º Deverão constar do estatuto, com precisão e minúcia, outras preferências ou vantagens que sejam atribuídas aos acionistas sem direito a voto, ou com voto restrito, além das previstas neste artigo.
§ 3º Os dividendos, ainda que fixos ou cumulativos, não poderão ser distribuídos em prejuízo do capital social, salvo quando, em caso de liquidação da companhia, essa vantagem tiver sido expressamente assegurada.
§ 4º Salvo disposição em contrário no estatuto, o dividendo prioritário não é cumulativo, a ação com dividendo fixo não participa dos lucros remanescentes e a ação com dividendo mínimo participa dos lucros distribuídos em igualdade de condições com as ordinárias, depois de a estas assegurado dividendo igual ao mínimo.
§ 5º Salvo no caso de ações com dividendo fixo, o estatuto não pode excluir ou restringir o direito das ações preferenciais de participar dos aumentos de capital decorrentes da capitalização de reservas ou lucros (art. 169).
§ 6º O estatuto pode conferir às ações preferenciais com prioridade na distribuição de dividendo cumulativo, o direito de recebê-lo, no exercício em que o lucro for insuficiente, à conta das reservas de capital de que trata o § 1º do art. 182.

de acordo com o artigo 19 da Lei das Sociedades Anônimas, as vantagens ou preferencias atribuídas a tal espécie de ações, bem como as restrições eventuais (a exemplo de ações preferenciais sem direito a voto), podendo ser as ações preferenciais resgatáveis ou não.

> Art. 19. O estatuto da companhia com ações preferenciais declarará as vantagens ou preferências atribuídas a cada classe dessas ações e as restrições a que ficarão sujeitas, e poderá prever o resgate ou a amortização, a conversão de ações de uma classe em ações de outra e em ações ordinárias, e destas em preferenciais, fixando as respectivas condições.

As ações preferenciais resgatáveis não são novidade no ordenamento jurídico brasileiro (e internacional), sendo descritas por Alfredo Lamy e José Luiz Bulhões Pedreira, como:

> A possibilidade da extinção por resgate é uma das limitações usuais das ações preferenciais: a companhia, ao criar a ação, reserva-se expressamente o direito de resgatá-la, a fim de que os privilégios por ela conferidos tenham duração limitada, restabelecendo-se, com sua extinção, a aplicação a todas as ações do princípio da igualdade dos direitos dos acionistas.
>
> (...) A função econômica dos valores mobiliários privilegiados, seja na forma de ações preferenciais. seja de obrigações. é assegurar a seus titulares um modo de garantia do capital e um modo de segurança de alguma renda dos seus investimentos. Em geral seus titulares deixam para outros "talentosos" – o papel de assumir os encargos da administração e de procurar sua recom-

§ 7º Nas companhias objeto de desestatização poderá ser criada ação preferencial de classe especial, de propriedade exclusiva do ente desestatizante, à qual o estatuto social poderá conferir os poderes que especificar, inclusive o poder de veto às deliberações da assembleia geral nas matérias que especificar.

pensa através de dividendos e do aumento eventual no valor das ações subordinadas -tipicamente as ações ordinárias. Justamente por isso, na medida em que a empresa cresce e prospera, o capital privilegiado pode não ser mais necessário, ou pode ser substituído em condições mais vantajosas. com taxa menor de juros ou de dividendos preferenciais. No reconhecimento desse fato, é usual que os valores mobiliários privilegiados sejam "recuperáveis" ou "resgatáveis" à opção da companhia.[36]

Sobre a natureza das ações resgatáveis, Elidie Palma Bifano[37] afirma que:

> (...) a ação resgatável não é direito de crédito líquido e certo contra a sociedade, tendo ela a natureza de um capital sujeito à volatilidade (risco), representando direito de crédito eventual, uma vez que, se a sociedade não obtiver lucros, não poderá formar reserva para resgatar as ações e tampouco pagar a correspondente remuneração.

O investidor, a companhia emissora das ações e os demais acionistas podem acordar a emissão de ações preferenciais resgatáveis com cláusulas de resgate pelas quais a companhia assume o compromisso de resgatar referidas ações preferenciais resgatáveis, quando da ocorrência de determinados fatos ou transcorridos determinados prazos pré-determinados.

Em que pese não haver dúvidas quanto à natureza jurídica de participação societária de ações preferenciais resgatáveis, sob a ótica contábil a essência econômica da transação impac-

[36] LAMY FILHO, Alfredo; PEDREIRA, José Luiz Bulhões. **A lei das S.A.: (pressupostos, elaboração, aplicação).** Rio de Janeiro: Renovar, 1996. vol. II. p. 26 e 27.

[37] BIFANO, Elidie Palma. **O Mercado Financeiro e o Imposto sobre a Renda.** São Paulo: Quartier Latin, 2011, p. 282-283.

tará a classificação do instrumento como instrumento de dívida ou de capital[38].

O debate acerca das classificações de ações preferenciais resgatáveis resulta da liberdade de estruturação de referidas ações, bem como da utilização prática de referido instituto por emissores. A emissão de ações preferenciais resgatáveis pode ter aspectos que, na prática, produzam efeitos que a aproximam de um título de dívida. A título exemplificativo, uma ação preferencial resgatável com cláusulas que determinem o resgate compulsório pela companhia em determinada data, incluindo o pagamento de dividendos fixos e cumulativos periódicos poderia vir a ser comparada com um título de dívida com obrigação de pagamento na data de vencimento e juros remuneratórios a cada período.

De modo geral, investimentos em ações preferenciais resgatáveis com dividendos fixos cumulativos não representam, juridicamente, investimentos de renda fixa ou dívida. O que se faz necessário, entretanto, é analisar os elementos fáticos e contextualização de cada operação sob a análise. Muito embora, à primeira vista, possa parecer que determinadas ações preferenciais resgatáveis possuem características que poderiam justificar a sua classificação contábil como um passivo financeiro, o tratamento contábil não segue essa lógica, sendo necessário considerar outros aspectos relevantes. Isto porque, se por um lado, as ações preferenciais resgatáveis podem possuir direito previamente acordado de resgate por valor certo em situações determinadas, por outro lado, percebe-se que esta obrigação de resgate dependerá da existência de capital social ou reservas de capital/lucro suficientes para sua realização. Em outras palavras, muito embora a previsão de resgate possa existir, ela

[38] Disponível em <http://www.vbso.com.br/captacao-de-recursos-via-acoes-preferenciais-resgataveis/> acesso em 5 de outubro de 2020.

em nenhum momento está assegurada uma vez que sujeita à legislação societária aplicável, não sendo possível a execução específica de resgate no caso de descumprimento por insuficiência de capital social ou reservas de capital/lucro.

2.2. Mútuos conversíveis

O contrato de mútuo conversível em participações societárias é o acordo por meio do qual o mutuante realiza empréstimo de montantes para uma sociedade (mutuária), ficando a sociedade obrigada ao pagamento dos recursos ou à realização da conversão do crédito resultante da operação em participação societária de sua emissão. A conversão usualmente fica a critério do credor e pode estar atrelada à verificação de determinados eventos específicos.

O contrato de mútuo conversível não se enquadra no contrato de mútuo tipificado no artigo 586 do Código Civil, haja vista que a conversibilidade afasta um dos elementos essenciais do contrato de mútuo: a obrigação de restituição do recebido em coisa do mesmo gênero, qualidade e quantidade:

> Art. 586. O mútuo é o empréstimo de coisas fungíveis. O mutuário é obrigado a restituir ao mutuante o que dele recebeu em coisa do mesmo gênero, qualidade e quantidade."

Mútuos conversíveis são utilizados amplamente no setor de *venture capital*, sendo o modelo contratual mais usual para investimentos realizados por "investidores-anjo"[39-39]. O mercado de

[39] "Investidor anjo é a denominação utilizada para definir a pessoa natural que realiza investimento em startup, diretamente ou por meio de veículo de investimento. Esses indivíduos têm, em geral, alguma experiência em gestão de negócios ou no segmento específico de atuação da sociedade a ser investida. São indivíduos detentores de patrimônio relevante, com capacidade significativa de investimento, e que empregam parcela desse patrimônio em empresas que

venture capital dos Estados Unidos utiliza instrumento similar (*convertible notes*) para fins de investimentos em empresas em estágios iniciais (*startups*).

O Laboratório de Empresas Nascentes de Tecnologia da Fundação Getúlio Vargas – FGV sobre negócios de impacto social descreve contratos de mútuo conversível como um contrato híbrido e complexo, pois se caracteriza como dívida com objetivo principal de investimento em participação societária (*equity*); e (ii) estabelece provisões complexas para determinar a relação entre as partes na vida do contrato (ex. rodadas de investimento e metas a serem atingidas)[41].

O credor do mútuo possui a discricionariedade para exigir o adimplemento do mútuo em dinheiro ou em participação societária mediante a conversão. No caso da utilização em venture capital, as hipóteses de pagamento do mútuo em dinheiro são eminentemente residuais, uma vez que o objetivo primário do mútuo conversível é a concretização do investimento.

Sob a ótica do investidor de capital de risco, o mútuo conversível possui vantagens se comparado a um investimento direto em participação societária. De largada, o investidor possui a perspectiva de reaver o patrimônio investido mediante a cobrança do mútuo (sem conversão). Ademais, na qualidade de credor, possui preferência na liquidação, uma vez que concorre com os demais credores quirografários, ao passo que os sócios receberão por sua participação societária somente o que sobejar da liquidação (sendo improvável que haja qualquer montante

apresentam elevado grau de risco e elevado potencial de retorno." SILVA FILHO, Emanoel Lima da. **Contratos de Investimento em Startups: Os Riscos do Investidor-Anjo**. São Paulo: Quartier Latin, 2019. p. 123-124.

[40] SILVA FILHO, Emanoel Lima da. **Contratos de Investimento em Startups: Os Riscos do Investidor-Anjo**. São Paulo: Quartier Latin, 2019. p. 67.

[41] SILVA FILHO, Emanoel Lima da. **Contratos de Investimento em Startups: Os Riscos do Investidor-Anjo**. São Paulo: Quartier Latin, 2019. p. 68.

a ser repartido em eventual liquidação). Finalmente, o investidor também reduz sua exposição ao risco de desconsideração da personalidade jurídica da sociedade, uma vez que é credor e não sócio.

Por outro lado, o investidor de capital de risco tem desvantagens, na medida em que possuirá poder político limitado. Entretanto, não é incomum que na negociação dos termos dos contratos seja concedido ao investidor direito de declarar o vencimento antecipado do mútuo no evento da ocorrência de determinados eventos. Essa prerrogativa contratual confere ao investidor direitos que podem ter o efeito prático de impedir que a sociedade tome determinada decisão sem a anuência do investidor. Esses direitos podem se assemelhar, quanto a seus efeitos sobre a tomada de referida decisão, a um "direito de veto", ainda que tecnicamente seja impreciso e tecnicamente incorreto utilizar o termo "direito de veto", haja vista que o investidor não é sócio da sociedade devedora. Ademais, operações de mútuo financeiro estão sujeitas a tributação do IOF[42].

Nos Estados Unidos vemos a utilização de *convertible notes* é tão abrangente na indústria de capital de risco focado em estágios iniciais que uma aceleradora de startups chamada "Y Combinator" criou e disponibilizou ao público (*open source*) modelos de instrumento de aporte de capital conversível em participação societária (*SAFE – Simple Agreement for Future Equity*)[43]. A finalidade do SAFE é proporcionar um ponto de partida comum e equilibrado a investidores e empreendedores, considerando os interesses de ambas as partes. Devido à simplicidade e ganhos com redução nos custos transacionais (incluindo de assessores

[42] SILVA FILHO, Emanoel Lima da. **Contratos de Investimento em Startups: Os Riscos do Investidor-Anjo**. São Paulo: Quartier Latin, 2019. p. 72.

[43] Disponível em <https://www.ycombinator.com/documents/#safe> acesso em 8 de setembro de 2020.

legais para elaborar e rever contratos) estes instrumentos passaram a ser utilizados pelos participantes da indústria.

2.3. Adiantamentos para futuro aumento de capital (AFAC)

O adiantamento para futuro aumento de capital – AFAC não é uma figura jurídica tipificada no ordenamento jurídico brasileiro, muito embora sua utilização seja amplamente aceita pelas autoridades e tribunais.

Os AFACs são contratos atípicos por meio do qual as partes avençam operação contábil em que o investidor realiza aporte de montante em sociedade, com a finalidade exclusiva de conversão de referido aporte em participação societária (integralização de futuro aumento de capital), sendo que a característica essencial do AFAC é justamente a obrigatoriedade de sua conversão, conforme descrito abaixo.

A baixa complexidade torna o instrumento ágil, proporcionando transferência de recursos que devem compor capital social sem que seja necessário aguardar, por exemplo, a convocação e reunião dos acionistas para deliberação e subscrição do aumento de capital.

Embora não tipificado, é expediente largamente aceito e utilizado no ordenamento jurídico, inclusive no setor de capital de risco (*venture capital* e *startups*), com destaque para "investidores-anjo" na modalidade "*Family Friends and Fools*" (Família, Amigos e Tolos, em tradução livre para o português)[44]. A utilização em larga escala decorre de o instrumento ser simples e informal, sendo considerado o mais simples dentre os instrumentos conversíveis no setor de capital de risco (*venture capital* e *startups*)[45].

[44] Silva Filho, Emanoel Lima da. **Contratos de Investimento em Startups: Os Riscos do Investidor-Anjo**. São Paulo: Quartier Latin, 2019. p. 55.

[45] Silva Filho, Emanoel Lima da. **Contratos de Investimento em Startups: Os Riscos do Investidor-Anjo**. São Paulo: Quartier Latin, 2019. p. 65.

A discussão acerca da natureza jurídica do AFAC é centrada na diferenciação deste do instituto do mútuo, visto que ambos envolvem a entrega de recursos financeiros a outrem, sendo que para além da classificação contábil deste instrumento híbrido, o tema ganha relevância na medida em que operações de mútuo de recursos financeiros são fato gerador do IOF/Crédito[46].

A doutrina é pacífica quanto ao mútuo diferir do AFAC quanto à obrigação do mutuário de restituir o montante recebido (em cousa do mesmo gênero, qualidade e quantidade, como se vê do artigo 586 do Código Civil. Na definição de Arnoldo Wald, o contrato de mútuo "é a convenção pela qual uma das partes recebe coisa alheia para utilizá-la e em seguida devolvê-la ao legítimo proprietário"[47]. Já no caso do AFAC, a companhia não somente não está obrigada a devolver os valores aportados, mas na efetivamente não deve fazê-lo.

Por ser considerado um contrato atípico não regulado em lei, de modo geral não há requisito formal necessário à sua validade,[48] embora não seja raro (sendo, de fato, recomendável) que os AFACs sejam formalizados em instrumentos contratuais de AFAC.

A discussão envolvendo o AFAC como instrumento híbrido decorre de sua similaridade com contratos de mútuo. Deve a sociedade receptora do AFAC registrar referido instrumento como dívida (haja vista que recebeu recursos sem contrapartida aparente – ao menos até a efetiva capitalização) ou patrimônio (haja vista que o instrumento se destina à formação de capital social)?

[46] Artigo 13 da Lei nº 9.779, de 19 de janeiro de 1999.

[47] Citado por Paulin, Luiz Alfredo, *in* "Adiantamento para Futuro Aumento de Capital Em Face do Art. 34, IV, da Lei Bancária" – Revista dos Tribunais, agosto 1995, vol. 718, pág.23.

[48] Barbosa, Henrique; Brotel, Sergio; (coords.). Et. Al. **Finanças Corporativas; aspectos jurídicos e estratégicos.** 1ª ed. Rio de Janeiro: Atlas, 2016. p. 42.

A CVM debruçou-se sobre o tema, como se verá na seção "Estudos de Casos" deste estudo. Essencialmente, para que seja considerado patrimônio líquido, (i) o AFAC deverá ser irreversível; (ii) as condições da capitalização deverão ser estipuladas no momento da contratação do instrumento (incluindo o preço e número de ações a serem emitidas); e (iii) não devem existir estipulações típicas de empréstimos (como incidência de juros)[49].

Quanto ao primeiro requisito, o AFAC deverá ser irrevogável e a boa prática sugere que a estipulação da irrevogabilidade conste do instrumento contratual do AFAC. Ainda que não formalizado em contrato, se houver nítida intenção de capitalização, deve o instrumento ser contabilizado como patrimônio[50].

No tocante ao segundo requisito, o cerne está em estabelecer desde a contratação do AFAC as condições da capitalização do mesmo e evitar que referida estipulação comporte elemento que possa ser considerado variável (como se verá na análise do Processo Administrativo CVM nº RJ2011/7085 na seção "Estudos de Casos" adiante).

Finalmente, a inclusão de elementos de dívida (como incidência de juros) aproxima o instrumento de um mútuo e contribui para sua classificação no passivo de uma companhia.

A Receita Federal do Brasil, apesar de reconhecer a diferença entre AFAC e mútuo, estabelecia prazo máximo para a capitalização do AFAC na ocasião do primeiro ato formal da sociedade que ocorrer imediatamente após recebimento do aporte, porém sempre limitado a 120 dias. Referido prazo originava-se do Parecer Normativo do Coordenador do Sistema de Tributação nº 17/1984.

[49] BARBOSA, Henrique; BROTEL, Sergio; (coords.). Et. Al. **Finanças Corporativas; aspectos jurídicos e estratégicos.** 1ª ed. Rio de Janeiro: Atlas, 2016. p. 43.
[50] BARBOSA, Henrique; BROTEL, Sergio; (coords.). Et. Al. **Finanças Corporativas; aspectos jurídicos e estratégicos.** 1ª ed. Rio de Janeiro: Atlas, 2016. p. 44.

Entretanto, em decisões mais recentes da Receita Federal admitiu-se que o prazo não se aplica para fins de incidência de IOF/Crédito:

> Delegacia da Receita Federal de Julgamento no Rio de Janeiro 15ª Turma Acórdão nº 12-49093, de 27 de agosto de 2012. IOF. ADIANTAMENTO PARA FUTURO AUMENTO DE CAPITAL. CAPITALIZAÇÃO DOS RECURSOS APÓS O PRAZO ESTABELECIDO NO PARECER NORMATIVO CST Nº 17/1984. EQUIPARAÇÃO A NEGÓCIO DE MÚTUO. IMPOSSIBILIDADE. A legislação do IOF não prevê nenhuma hipótese em que os adiantamentos para futuro aumento de capital sejam equiparados a negócios de mútuo, por decurso de prazo para capitalização dos recursos. A fixação de um limite de 120 dias para a aprovação do aumento de capital, com base no Parecer Normativo CST nº 17/1984, é descabida, posto que o referido ato não guarda pertinência com o tributo em causa. IOF. (...). Período de apuração: 01/01/2007 a 31/12/2007, 01/01/2008 a 31/12/2008.

Deste modo, o prazo de 120 dias não é determinante para a incidência de impostos e muito menos deve o ser para a caracterização ou não de um AFAC como instrumento patrimonial ou de dívida. Por qual motivo deveria ser considerado como dívida um AFAC que é capitalizado somente 2 anos após sua contribuição? Ora, com a conversão do AFAC e observados os elementos que o caracterizam, estaria atingida a finalidade do instrumento.

Parece descabido que a um instrumento atípico fosse atribuída uma limitação temporal não definida em lei ou regulamentação.

2.5. Debêntures

Debêntures são valores mobiliários que conferem a seus titulares diretos de crédito contra a emissora, sendo consideradas valores mobiliários que incorporam "obrigação pecuniária com as características de cartularidade, literalidade, autonomia e abstração próprios dos títulos de crédito"[51].

As debêntures estão previstas na Lei das Sociedades Anônimas, na Lei 6.385/76 e na Lei 4728/65 e possibilitam às companhias emissoras captar recursos de terceiros na forma de dívidas, sendo que referidas captações podem ocorrer junto a universo limitado de investidores ou junto ao público em geral, mediante ofertas públicas e privadas de debêntures[52].

A própria etimologia da debênture indica sua natureza de dívida:

> O termo "debênture" vem do inglês debenture que, por sua vez, é derivado do verbo latino debentur (que significa "são devidos"). No inglês, a sílaba "ur" foi substituída por "ure", que significa ação, processo ou resultado de ação (Dicionário Houaiss de língua portuguesa, 1 a Ed., Rio de Janeiro, Editora Objetiva, 2001). As debêntures foram denominadas debentur porque esta era a primeira palavra que aparecia nos títulos. [53]

O surgimento das debêntures no ordenamento jurídico brasileiro ocorreu na Lei 1.083/1860, sob a denominação de "obrigações ao portador", sendo uma das formas mais antigas de captação de recursos utilizando valores mobiliários[54].

[51] Lamy Filho, Alfredo; Pedreira, José Luiz Bulhões (coords.). Et. Al. **Direito das companhias.** Rio de Janeiro: Forense, 2017. p. 422.

[52] Eizirik, Nelson et. al. **Mercado de capitais: regime jurídico**. 2. ed. Rio de Janeiro: Renovar, 2008. p. 68-69.

[53] Lamy Filho, Alfredo; Pedreira, José Luiz Bulhões (coords.). Et. Al. **Direito das companhias.** Rio de Janeiro: Forense, 2017. p. 422-423.

[54] Barbosa, Henrique; Brotel, Sergio; (coords.). Et. Al. **Finanças Corporativas; aspectos jurídicos e estratégicos.** 1ª ed. Rio de Janeiro: Atlas, 2016. p. 466.

O Diretor da CVM Gustavo Machado Gonzalez bem descreveu a relevância da devida regulação de operações com debêntures, haja vista a importância desses instrumentos na estrutura de capital de uma companhia:

> Segundo a teoria das finanças corporativas, as companhias devem buscar financias suas atividades utilizando tanto recursos próprios (equity) quanto recursos de terceiros (dívida). A relação entre capital próprio e de terceiros, bem como entre diferentes tipos de endividamento, dependerá de diversos fatores, dentre os quais o regime de tributação a que a companhia está sujeita, a sua capacidade de geração de caixa e a rentabilidade futura esperada dos seus projetos.
>
> Consequentemente, a companhia precisa ter a capacidade de gerenciar seu endividamento, a fim de ajusta-lo de acordo com as alterações nas condições de mercado. Na prática, as companhias corriqueiramente contraem novas dívidas com a finalidade de repagar dívidas anteriormente contraídas, inclusive antes de seus respectivos vencimentos. Nessa perspectiva, fica clara a importância de uma regulação das operações de amortização, resgate e recompra de debêntures que, ao mesmo tempo, proteja o público investidor e dote a companhia da flexibilidade necessária para administrar a sua exposição ao mercado e o seu padrão de endividamento.[55]

Para fins deste estudo, focaremos nas espécies de debêntures que já causaram debates quanto à classificação contábil, tratando-se se verdadeiros instrumentos híbridos devido às características atribuídas às mesmas.

[55] BARBOSA, Henrique; BROTEL, Sergio; (coords.). Et. Al. **Finanças Corporativas; aspectos jurídicos e estratégicos.** 1ª ed. Rio de Janeiro: Atlas, 2016. p. 497.

2.5.1. Debêntures conversíveis

O artigo 57 da Lei das Sociedades Anônimas prevê a possibilidade de debêntures de emissão da companhia serem conversíveis em ações de sua própria emissão. Assim, estas debêntures são, por sua natureza, um título que nasce como dívida, mas que pode ser convertido em participação societária.

O quanto o título se aproximará de dívida ou patrimônio, inclusive para fins de classificação contábil, dependerá das características verificadas no caso prático. Nos termos do artigo 57 da Lei das Sociedades Anônimas, a escritura de emissão especificará: (i) as bases da conversão, seja em número de ações em que poderá ser convertida cada debênture, seja como relação entre o valor nominal da debênture e o preço de emissão das ações; (ii) a espécie e a classe das ações em que a debênture poderá ser convertida; (iii) o prazo ou época para o exercício do direito à conversão, e (iv) as demais condições a que a conversão acaso fique sujeita.

Será assegurado aos acionistas o direito de preferência para a emissão das debêntures conversíveis, devendo ser exercido no momento da emissão das mesmas (e não quando da emissão das ações para fins da conversa das debêntures).

A debênture conversível confere a seu titular a opção de permanecer com seu investimento em título de dívida ou substituí-lo por participação societária na Companhia[56]. Ficaria assegurada ao debenturista a opção de conservar a sua debênture até seu vencimento ou de deixar de ser credor da companhia, passando a deter participação societária na mesma, mediante a conversão das debêntures em ações, de modo que, é possível enxergar nas debêntures conversíveis em ações dois direitos distintos: o de crédito e o de subscrição de ações da companhia emissora[57].

[56] LAMY FILHO, Alfredo; PEDREIRA, José Luiz Bulhões (coords.). Et. Al. **Direito das companhias.** Rio de Janeiro: Forense, 2017. p. 432.

[57] EIZIRIK, Nelson et. al. **Mercado de capitais: regime jurídico**. 2. ed. Rio de Janeiro: Renovar, 2008. p. 73-74.

As bases de conversão estarão previstas na escritura e podem ser em função de número de ações em que cada debênture será convertida ou do preço de emissão das ações (*vis-à-vis* o valor nominal das debêntures). O que a CVM já demonstrou não aceitar é que a escritura não estabeleça bases concretas para a conversão das debêntures em ações[58].

Assim, a conversibilidade será tanto mais atrativa quanto maior for o valor (i) de mercado das ações em comparação com a base de conversão constante da escritura de emissão das debêntures; e (ii) dos dividendos pagos pelas ações em comparação com os juros pagos pelas debêntures[59].

Uma utilização notória das debêntures conversíveis como instrumento híbrido classificado como patrimônio são as debêntures mandatoriamente conversíveis em ações, como nos casos Marfrig e Minerva analisados pela CVM, descritos na seção "Estudos de Casos" deste estudo. A companhia e a emissora são livres para pactuar na escritura de emissão o prazo da conversão e a espécie de ações em que as debêntures serão convertidas, podendo a escritura estipular também bases de conversão diferentes para o período de vigência das debêntures.

2.5.2. Debêntures perpétuas

Outra espécie de debênture que pode ser utilizada como instrumento híbrido são as chamadas "debêntures perpétuas".

O prazo de vencimento das debêntures deve constar da escritura de emissão, mas a Lei das Sociedades Anônimas admite as debêntures perpétuas (art. 55, § 3°). A denominação "perpétuas" decorre de o vencimento da debênture ocorrer somente se e quando ocorrer um dos casos previstos na lei, ou outros

[58] Vide casos Marfrig e Minerva analisados pela CVM, descritos na seção "Estudos de Casos" deste estudo.

[59] Lamy Filho, Alfredo; Pedreira, José Luiz Bulhões (coords.). Et. Al. **Direito das companhias.** Rio de Janeiro: Forense, 2017. p. 432.

eventos previstos no título, e geralmente asseguram à companhia emissora o direito de promover o resgate, total ou parcial, da debênture a seu exclusivo critério[60].

Via de regra, no vencimento da debênture a obrigação de remunerar os debenturistas converte-se no dever da companhia emissora de pagar quantia referente ao seu valor de principal. Entretanto, no caso da debênture perpétua os debenturistas e a emissora estão contratando operação com finalidade diversa, uma vez que o principal não será devolvido[61].

A utilização das debêntures perpétuas como instrumento híbrido pode ocorrer quando a companhia emissora buscar classifica-las como instrumentos patrimoniais em suas demonstrações financeiras. Ao emitir valores mobiliários sem prazo de pagamento (e incluir determinadas características específicas que aproximem o título de um instrumento patrimonial) a companhia poderia buscar a classificação das debêntures como patrimônio.

Entretanto, a perpetuidade das debêntures é um dos elementos que serão considerados para fins da devida classificação. O simples fato de uma dívida ser perpétua não a torna um instrumento híbrido ou patrimonial. Entretanto, Companhias utilizam a perpetuidade em conjunto com outras características (como a subordinação a todas as demais dívidas da companhia, ou pagamento de juros atrelados a resultados) para aproximar a essência econômica do título de um instrumento patrimonial.

Essa classificação já foi objeto de debate pela CVM em mais de uma ocasião, conforme será possível verificar nos processos envolvendo a Tec Toy na seção "Estudos de Casos" adiante.

[60] Lamy Filho, Alfredo; Pedreira, José Luiz Bulhões (coords.). Et. Al. **Direito das companhias.** Rio de Janeiro: Forense, 2017. p. 428-429.

[61] Eizirik, Nelson et. al. **Mercado de capitais: regime jurídico**. 2. ed. Rio de Janeiro: Renovar, 2008. p. 70.

Similares às debêntures perpétuas, as *Perpetual Notes* (Notas Perpétuas) são títulos de dívida perenes no exterior, sem data final de pagamento de principal. A utilização destes instrumentos como instrumentos híbridos assemelha-se à das debêntures perpétuas, tendo também sido objeto de debate na CVM, no caso envolvendo a Energisa.

2.5.3. Debêntures participativas

O art. 56 da Lei das Sociedades Anônimas autoriza a emissão de debêntures com participação no resultado da companhia, as chamadas "debêntures participativas": "Art. 56. A debênture poderá assegurar ao seu titular juros, fixos ou variáveis, **participação no lucro da companhia** e prêmio de reembolso" (grifo nosso).

Uma parte ou toda a remuneração das debêntures participativas está atrelada aos resultados da companhia emissora, podendo a companhia atrelar a remuneração resultados de determinados segmentos operacionais. Assim, temos um título híbrido, na medida em que parte do retorno do investidor está atrelado ao risco do negócio – podendo caracterizar título de renda variável.

As debêntures participativas são uma forma de investidores adiantarem recursos para a companhia sem adquirir participação societária imediatamente, ao passo em que capturam potenciais ganhos atrelados à performance e resultados da companhia.

As debêntures participativas não possuem ampla utilização no universo das companhias abertas, sendo notório o caso da emissão das debêntures participativas de emissão da Vale, emitidas em 1997, cuja remuneração está atrelada a determinados resultados operacionais da Vale e cujo vencimento está atrelado à extinção dos direitos minerários aos quais está atrelada a remuneração[62]. As debêntures participativas da Vale estão contabilizadas como passivo financeiro[63].

2.6. Outros

Como se depreende deste estudo, não existe na legislação ou na doutrina um rol exaustivo de instrumentos híbridos, podendo haver outros instrumentos que venham a conjugar elementos patrimoniais e de dívida dependendo das características práticas com as quais são empregadas.

Como exemplo, trazemos o exemplo recente do contrato de participação introduzido pela Lei Complementar 155/16, que alterou a Lei Complementar no 123, de 14 de dezembro de 2006. Este contrato foi introduzido no ordenamento jurídico brasileiro como modalidade de investimento em microempresas ou empresas de pequeno porte, sendo inovação voltada a investimentos em capital de risco pelos chamados "investidores-anjo".

A finalidade da Lei Complementar 155/16 é incentivar as atividades de inovação e os investimentos produtivos de sociedades de pequeno porte (presumidamente em estágio inicial, assemelhada a uma startup). Nos parece que referida norma buscou oferecer alternativa de investimento, de modo a fomentar a indústria de startups.

A Lei Complementar 155/16 prevê o aporte de capital em microempresas ou empresas de pequeno porte, sem que o montante aportado integre o capital social da sociedade investida[64].

[62] Disponível em <http://www.gdcdtvm.com.br/agente-fiduciario/CVRDA6/docs> acesso em 10 de outubro de 2020.

[63] Disponível em <http://www.vale.com/PT/investors/information-market/financial-statements/FinancialStatementsDocs/BRGAAP%202T20_FinalV3.pdf> acesso em 10 de outubro de 2020.

[64] "Art. 61-A. Para incentivar as atividades de inovação e os investimentos produtivos, a sociedade enquadrada como microempresa ou empresa de pequeno porte, nos termos desta Lei Complementar, poderá admitir o aporte de capital, que não integrará o capital social da empresa".

> Art. 61-A. Para incentivar as atividades de inovação e os investimentos produtivos, a sociedade enquadrada como microempresa ou empresa de pequeno porte, nos termos desta Lei Complementar, poderá admitir o aporte de capital, que não integrará o capital social da empresa.

A Lei Complementar 155/16 determina que o contrato de participação possui prazo para pagamento do montante investido, prevê pagamento de remuneração ao investidor e deixa claro que o investidor não será considerado sócio da investida.

> Art. 61-A. [...]
> § 4º O investidor-anjo:
> I – não será considerado sócio nem terá qualquer direito a gerência ou voto na administração da empresa;
> II – não responderá por qualquer dívida da empresa, inclusive em recuperação judicial, não se aplicando a ele o art. 50 da Lei no 10.406, de 10 de janeiro de 2002 – Código Civil;
> III – será remunerado por seus aportes, nos termos do contrato de participação, pelo prazo máximo de cinco anos.

Apesar de deixar claro que o investidor não é sócio da sociedade investida, a Lei Complementar 155/16 garantiu ao investidor direito de preferência e venda-conjunta (tag-along) no caso de alienação de participação societária. A norma aproximou o investidor de um sócio também em outros aspectos, como a possibilidade de alienação das quotas a terceiros (dependendo de aprovação dos demais se não houver autorização estatutária no contrário), bem como a remuneração atrelada aos resultados da sociedade investida.

Por outro lado, o investidor não poderá ter qualquer direito político (sendo que a Lei Complementar 155/16 veta inclusive a indicação de membros do conselho de administração). Ainda, é assegurada ao investidor a possibilidade de resgatar seu investimento antes do término do prazo do contrato de participação mediante resgate – desde que observado prazo de carência de dois anos.

Nota-se que alguns aspectos do contrato de participação são similares a um mútuo conversível (ex. não ser considerado sócio). Entretanto, o legislador criou um formato novo de investimento que, apesar de aparentemente complexo, oferece uma alternativa adicional ao ecossistema de startups – ao menos com a proteção ao investidor contra desconsideração da personalidade jurídica[65].

Apesar de alguns aspectos que assemelham a posição do investidor à de um sócio, a normativa aplicável a contratos de participação é clara no sentido de que não existe relação de sócio do investidor com a sociedade. O contrato de participação prevê ainda a obrigação de restituição do montante original ao investidor (inclusive mediante resgate mandatório), representando uma obrigação contratual de a sociedade entregar caixa a terceiro (investidor), em linha com a definição de passivo financeiro do CPC 39. Assim, o investimento via contrato de participação não confere ao investidor status de sócio e possui natureza de dívida, devendo ser contabilizado no passivo da sociedade investida[66].

3. Estudos de casos (análise jurisprudencial)

Apresentarei na sequência alguns precedentes relevantes que abordam a temática de instrumentos híbridos. O objetivo deste capítulo é oferecer exemplos de aplicação prática das discus-

[65] art. 61-A, § 4º, II. Não responderá por qualquer dívida da empresa, inclusive em recuperação judicial, não se aplicando a ele o art. 50 da Lei no 10.406, de 10 de janeiro de 2002 – Código Civil

[66] SILVA FILHO, Emanoel Lima da. **Contratos de Investimento em Startups: Os Riscos do Investidor-Anjo.** São Paulo: Quartier Latin, 2019. p. 123-124.

sões envolvendo instrumentos híbridos, bem como ilustrar o posicionamento da CVM na análise do tema.

3.1. Tectoy (Debêntures Perpétuas)

Em 2003, a Tec Toy emitiu debêntures perpétuas, subordinadas e com participação nos lucros, em três emissões e com séries diferentes. A emissão de debêntures perpétuas está prevista no parágrafo 4º do artigo 55 da Lei das Sociedades Anônimas[67].

A Tec Toy consultou a CVM em duas ocasiões (2004 e 2010) acerca da classificação contábil das debêntures perpétuas de sua emissão, obtendo resultados distintos em cada consulta, conforme descrição abaixo.

Primeira consulta: Processo Administrativo nº 2005/4105 (julgamento em 6 de dezembro de 2005)[68]

Em dezembro de 2004 a Tec Toy consultou a CVM acerca do registro no patrimônio líquido da Companhia do valor das debêntures perpétuas, uma vez que se tratavam de instrumentos híbridos, com características de dívida e de participação societária. A Tec Toy buscava, essencialmente classificar as debêntures perpétuas no patrimônio líquido (uma vez que possuíam características de instrumentos patrimoniais por não

[67] "Art. 55. A época do vencimento da debênture deverá constar da escritura de emissão e do certificado, podendo a companhia estipular amortizações parciais de cada série, criar fundos de amortização e reservar-se o direito de resgate antecipado, parcial ou total, dos títulos da mesma série. (...) § 4o A companhia poderá emitir debêntures cujo vencimento somente ocorra nos casos de inadimplência da obrigação de pagar juros e dissolução da companhia, ou de outras condições previstas no título."

[68] BRASIL. Comissão de Valores Mobiliários. Processo Administrativo CVM RJ 2005/4105. Recurso contra entendimento da SEP/SNC. Interessado: Tec Toy S.A. Relator: Wladimir Castelo Branco Castro. Rio de Janeiro, 6 de dezembro de 2005. Disponível em: <http://www.cvm.gov.br/export/sites/cvm/decisoes/anexos/0002/4785-1.pdf>. Acesso em 24 de julho.

serem exigíveis e não gerarem remunerações financeiras a seus titulares, ao garantirem apenas participação nos resultados.

A SNC entendeu que as debêntures perpétuas não deveriam ser classificadas no patrimônio líquido da Tec Toy, concluindo desta forma com fundamento, principalmente, nos argumentos de que: (i) as debêntures perpétuas não guardariam semelhanças com os demais itens do patrimônio líquido; (ii) não ficaria demonstrado o poder de governar as operações e finanças de uma empresa; e (iii) acionistas passariam a ter direito aos lucros residuais depois de paga a participação dos debenturistas, sendo diluído o poder de controle que é expresso no patrimônio líquido.

A PFE da CVM também entendeu que as debêntures perpétuas não deveriam ser registradas no patrimônio líquido da Tec Toy, alegando que (i) a Tec Toy obrigou-se a uma prestação (distribuição de lucros aos debenturistas) que deriva de relação contratual e não da posição de sócio; (ii) as debêntures perpétuas representam direito de crédito cuja exigibilidade se encontra suspensa e geram uma obrigação de a sociedade pagar uma prestação financeira (distribuição dos lucros); e (iii) referidas debêntures devem ser contabilizadas como passivo financeiro, uma vez que não configuram mero instrumento de participação, mas efetivamente estabelecem direito de crédito aos respectivo titulares, além de possibilitarem um retorno financeiro em contrapartida ao capital inicialmente investido.

A Tec Toy então interpôs recurso ao Colegiado em 28 de junho de 2005, após a SEC comunicar à Tec Toy o entendimento manifestado pela SNC e pela PFE. Na visão da recorrente, (i) a exigibilidade do crédito das debêntures é futura e incerta, na medida em que depende da ocorrência de determinadas condições futuras, dentre elas a liquidação da companhia; (ii) a participação das debêntures nos lucros de forma diferente das ações não impede a sua classificação como patrimônio líquido; (iii) a participação das debêntures perpétuas nos lucros depende de deliberação da assembleia geral da Tec Toy; (iv) a remuneração das ações também tem origem contratual (contrato plurilateral); (v) os dividendos e a participação das debêntures o dividendo das ações obedecem às mesmas regras fundamentais, variando apenas a ordem de sua dedução do lucro do exercício; (vi) a contabilização das debêntures deve refletir a situação atual da companhia, não se compadecendo essa necessária atualidade com o registro contábil de um valor não exigível como exigibilidade passiva da companhia; (vii) ao admitir as debêntures perpétuas e, ao mesmo tempo, a participação das debêntures no lucro da companhia, a lei brasileira criou instrumento de financiamento sem lhe fazer corresponder o caráter de passivo exigível, não cabendo tais debêntures na definição do art. 180 da Lei das Sociedades Anônimas, por não se classificarem nem no passivo circulante nem no passivo exigível a longo prazo; (viii) a consideração dessas debêntures como títulos similares às ações preferenciais a que mais se aproxima da realidade daqueles títulos, de forma que as debêntures em questão devem, enquanto pendente a condição suspensiva, ser, por analogia, consideradas como integrantes do patrimônio; e (ix) elementos patrimoniais podem se converter em direitos de crédito, como nas hipóteses de resgate, amortização ou reembolso de ações, ainda, na restituição aos acionistas de parte do valor das ações em social em razão da redução do capital.

A SEP solicitou então o encaminhamento do recurso ao Colegiado, cabendo a relatoria ao Diretor Wladimir Castelo Branco Castro. O relator entendeu que a essência e forma legal não estão coerentes no caso das debêntures perpétuas da Tec Toy, uma vez que o critério para distinguir um instrumento financeiro (classificado no passivo exigível) de um instrumento patrimonial (classificado no patrimônio líquido), é a existência de uma obrigação contratual entre a companhia e o titular do crédito que obrigue a companhia a entrega de caixa. A Tec Toy emitiu debêntures a obrigando (contratualmente) a destinar parte expressiva do lucro e sob condições de participação, na visão do relator, "tão leoninas que configuram uma clausula indireta de liquidação dessas debêntures".

Merece nota a menção feita pelo relator à definição do IASB (IAS 32 item 5) ao dizer que o aspecto mais relevante de em instrumento patrimonial (diferentemente do instrumento financeiro) é quanto ao fato de ser este um instrumento que evidencie um direito residual de participação na entidade, ou seja, um direito sobre os ativos após deduzido os passivos, o que não está presente no caso das debêntures de emissão da Tec Toy. Conclui afinal dizendo que entende haver dúvidas quanto à real natureza das debêntures perpétuas.

O Diretor Marcelo Fernandez Trindade acompanhou o voto do relator sem se aprofundar em considerações técnicas sobre a matéria, mas fez algumas considerações que pareceram deixar aberta a porta para eventual reexame do tema. Disse que a distinção entre títulos de dívida e de participação é menos nítida (à época da decisão), em que a emissão de valores mobiliários de maior sofisticação, com características de dívida e de participação societária, havia se tornado mais comum e ressaltou lhe parecer fundamental que a CVM inicie debate público sobre o assunto. Na visão de Marcelo Trindade, eventual compulsão econômica da Tec Toy em realizar o resgate seria motivo suficiente para as debêntures perpétuas serem contabilizadas no passivo exigível[69].

[69] "(...) Um título de participação (ações preferenciais resgatáveis) deve ser contabilizado como título de dívida não apenas se for resgatável por vontade do titular. Mesmo que a decisão contratual sobre o resgate seja exclusivamente do emissor, **quando, por razões econômicas (basicamente o custo dos dividendos assegurados às ações), torne se mandatório para o emissor exercitar a faculdade de resgate**, deve o título ser contabilizado no passivo

Merece destaque o voto divergente, da Diretora Norma Jonseen Parente, que entendeu que as debêntures perpétuas deveriam ser registradas na conta de patrimônio líquido da Tec Toy. De pronto, admite a previsão legal das debêntures perpétuas e entende que estas não podem ser consideradas "liminarmente" um passivo exigível, sendo necessário examinar a repercussão contábil desta característica. A exigibilidade das debêntures perpétuas estaria afastada, uma vez que suspensa até a ocorrência das hipóteses previstas em lei e avençadas entre as partes. Destacou ainda que o debenturista participa do risco da empresa, tal qual o acionista, de modo que o sucesso ou insucesso da atividade empresarial impacta no resultado do debenturista.

A Diretora ressaltou o princípio da essência sobre a forma, citando José Luiz Bulhões Pedreira[70], o Parecer de Orientação CVM 15/87[71] e a Deliberação CVM 29/86[72]. Em sua visão,

> embora as debêntures simples sejam por natureza enquadradas no campo do passivo, dada sua forma jurídica de instrumento financeiro, o mesmo não se configura em relação às debêntures

exigível. Em outras palavras: se o custo dos títulos de participação for muito oneroso, o seu resgate perderia o caráter de direito, convertendo se, do ponto de vista contábil, em dever".

[70] "Prevalência da substância econômica: A contabilidade adota o princípio de considerar os fatos admitindo a prevalência da substância sobre a forma jurídica. Em regra, a forma se ajusta à substância econômica, mas quando diferem, as informações fornecidas devem destacar a substância, e não a forma de fato."

[71] "... não raro a forma jurídica pode deixar de tratar a essência econômica. Nesta situação, deve a Contabilidade guiar-se pelos seus objetivos de bem informar, seguindo se for necessário, para tanto, a ESSÊNCIA ao invés da FORMA"

[72] "2º) A contabilidade possui um grande relacionamento com os aspectos jurídicos que cercam o patrimônio, mas, não raro, a forma jurídica pode deixar de retratar a essência econômica. Nessas situações, deve a Contabilidade guiar-se pelos seus objetivos de bem informar, seguindo, se for necessário para tanto, a essência ao invés da forma."

perpétuas, pois a substância econômica destas encontra sua definição consubstanciada em instrumento patrimonial.

A Diretora fez ainda analogia a disposições aplicáveis a AFACs, mencionando que o registro dos mesmos ocorre, por vezes no passivo exigível e por outras no patrimônio líquido.

Segunda consulta: Processo Administrativo nº 2010-1058 (julgamento em 30 de novembro de 2010 e em 7 de dezembro de 2010)[73]

Após a decisão de 2005, a Tec Toy decidiu consultar novamente a CVM, pedindo que a autarquia revisse sua posição anterior à luz de fatos supervenientes a referida decisão.

De acordo com a Companhia, a alegação da CVM de que haveria razão econômica compelindo a Tec Toy a realizar o resgate antecipado das debêntures já não procede, uma vez que houve emissão de ações em 2007 diluindo a participação dos debenturistas nos lucros. A participação dos debenturistas passou a ser de aproximadamente 20% do resultado, em comparação com os 75% quando da análise anterior da CVM.

A Tec Toy reforçou ainda que:

(i) o direito dos debenturistas é meramente residual, pois as debêntures são subordinadas e remuneradas exclusivamente por participação nos lucros;
(ii) o principal das debêntures só é exigível em caso de insolvência ou dissolução e o postulado contábil da continuidade impõe a premissa de que a empresa continuará suas operações normalmente;

[73] BRASIL. Comissão de Valores Mobiliários. Processo Administrativo 2010-1058. Contabilização de debêntures especiais no patrimônio líquido. Interessado: Tec Toy S.A. Relator: Marcelo Barbosa Pinto. Rio de Janeiro, 30 de novembro de 2010. Disponível em: < http://www.cvm.gov.br/export/sites/cvm/decisoes/anexos/0006/6967-1.pdf>. Acesso em 24 de julho de 2020.

(iii) os debenturistas não possuem qualquer outro direito sobre ativos ou fluxo de caixa da Companhia; e

(iv) muitas ações preferenciais têm direito a dividendos fixos e preferência para recebimento do valor residual na extinção da sociedade e nem por isso são classificadas no passivo exigível.

A SEP e a SNC foram contrárias ao pleito da companhia. A SNC mencionou que, em que pese as debêntures perpétuas da Tec Toy não enquadrarem na definição de passivo da Estrutura Conceitual do CPC, também não se enquadravam no conceito de instrumento patrimonial do CPC 39 (por não atender o disposto no item 16 da norma). Interessante notar que esta ponderação da SNC evidencia que ela própria não entende serem as debêntures passivo na forma das normas aplicáveis.

A SNC insistiu na diferença entre acionistas e debenturistas no tocante à necessidade de absorção de prejuízos para que acionistas sejam remunerados e destacou que a sequência de subordinação na insolvência é iniciada pelas debêntures e só em seguida alcança as ações, ou seja, não há divisão igualitária de ativos líquidos.

O recurso da Tec Toy foi encaminhado ao Colegiado da CVM e julgado em 30 de novembro de 2010 e 7 de dezembro de 2010, tendo como relator o Diretor Marcos Barbosa Pinto.

O relator iniciou seu voto ressaltando a complexidade do tema, em linha com Diretor Marcelo Trindade em seu voto no julgamento do recurso anterior em 2005. Expressa em seu voto ainda sua opinião de que o tema deve ser objeto de debate público promovido pela CVM:

> (...) parece-me fundamental que a CVM adote uma postura coerente e uniforme quanto ao tema, razão pela qual entendo que a CVM deve iniciar um debate público sobre o assunto, em

que possam ser examinadas as ponderações de todos os setores, sem perder-se de vista o paradigma fundamental, de que devemos seguir na linha da busca da harmonização, procurando não divergir do tratamento que internacionalmente se dê à questão.

O Diretor relator Marcos Barbosa Pinto apoiou o racional de sua decisão na substância econômica dos instrumentos financeiros prevalecendo sobre sua forma jurídica. Em sua visão, as debêntures especiais emitidas pela Tec Toy são, a despeito de sua forma jurídica, instrumentos patrimoniais, na medida em que são perpétuas, subordinadas, contingentes e remuneradas exclusivamente por meio de participação no resultado, sendo praticamente impossível distingui-las dos títulos patrimoniais típicos, como as ações e quotas de sociedades.

Na sua visão, as seguintes características deixam claro que as debêntures da Tec Toy devem ser classificadas como instrumentos patrimoniais:

(i) por serem perpétuas, as Debêntures Especiais só se tornam exigíveis em caso de liquidação da Companhia, exatamente como ocorre com as ações e quotas de sociedades;
(ii) por serem subordinadas, as Debêntures Especiais só são pagas após o pagamento dos credores, justamente como as ações e quotas;
(iii) nem mesmo o valor de reembolso em caso de liquidação é fixo, mas calculado segundo uma fórmula que coloca os debenturistas em pé de igualdade com os acionistas; e
(iv) a remuneração das Debêntures Especiais consiste exclusivamente num percentual do lucro da Companhia, justamente como as ações e quotas.

O relator entendeu que as características acima fazem com que as debêntures da Tec Toy atendam aos requisitos previstos nas normas contábeis para a contabilização como patrimônio líquido, a começar pelo item 49 da Antiga Estrutura Conceitual do CPC, uma vez que as debêntures só fazem jus a uma parcela residual do valor do ativo da Tec Toy:

49. Os elementos diretamente relacionados com a mensuração da posição patrimonial financeira são ativos, passivos e patrimônio líquido. Estes são definidos como segue: (...) (c) Patrimônio Líquido é o valor **residual** dos ativos da entidade depois de deduzidos todos os seus passivos. (...).

Este entendimento seria reforçado pelo item 11 do CPC 39, que diz ser um instrumento patrimonial qualquer contrato que represente participação nos ativos após dedução de todos os passivos[74].

Na mesma linha, as debêntures da Tec Toy não criam obrigações presentes para a Tec Toy, como exige o mesmo item 49 da Antiga Estrutura Conceitual do CPC:

> 49. Os elementos diretamente relacionados com a mensuração da posição patrimonial financeira são ativos, passivos e patrimônio líquido. Estes são definidos como segue: (...) (b) Passivo é uma obrigação presente da entidade, derivada de eventos já ocorridos, cuja liquidação se espera que resulte em saída de recursos capazes de gerar benefícios econômicos; (...).

O relator descreve ainda que um título que só é exigível em caso de liquidação, tal qual as debêntures da Tec Toy, não pode ser considerado uma obrigação presente de uma companhia, na

[74] "11. (...) Instrumento patrimonial é qualquer contrato que evidencie uma participação nos ativos de uma entidade após a dedução de todos os seus passivos." Item 11 do CPC 39.

medida que fazer isso significaria considerar como presente a possibilidade da liquidação, violando o princípio da continuidade da empresa.

O Diretor Alexsandro Broedel Lopes declarou-se impedido, tendo o voto do relator foi acompanhado pelos diretores Maria Helena dos Santos Fernandes de Santana e Otavio Yazbek e o Diretor Eli Loria emitido voto divergente. Assim, o entendimento anterior da CVM foi alterado e a Tec Toy pôde passar a contabilizar as debêntures perpétuas como instrumentos patrimoniais.

O voto divergente de Eli Loria concluiu que as debêntures da Tec Toy não poderiam ser consideradas como instrumentos patrimoniais, apoiando-se principalmente no fato de referidas debêntures, na sua visão, (i) não serem genuinamente residuais, na medida em que seriam liquidadas após o pagamento dos credores, mas antes dos acionistas; e (ii) darem direito à participação somente nos lucros e não prejuízos da Tec Toy.

3.2. Energisa (Notas Perpétuas)

Processo Administrativo nº RJ2011-3316 (julgamento em 24 de janeiro de 2012)[75]

Em 2012 a CVM teve a oportunidade de rever seu posicionamento acerca do tema de instrumentos híbridos, no âmbito do recurso interposto pela Energisa contra decisão da SEP que determinou a reapresentação de informações financeiras trimestrais com a classificação de notas perpétuas de emissão da Energisa como passivo financeiro.

[75] BRASIL. Comissão de Valores Mobiliários. Processo RJ2011/3316. Recurso contra decisão da SEP – refazimento e reapresentação de ITRs – Formulários Informações Trimestrais. Interessado: Energisa S.A. Relatora: Luciana Dias. Rio de Janeiro, 24 de janeiro de 2012. Disponível em: < http://www.cvm.gov.br/export/sites/cvm/decisoes/anexos/0009/8070-0.pdf>. Acesso em 24 de julho de 2020.

Em 2011 a Energisa emitiu *Perpetual Notes* (Notas Perpétuas) no exterior, sem data de vencimento, com possibilidade de diferimento do pagamento da remuneração e subordinação das notas aos demais títulos de dívida da Energisa, dentre outras características.

A SEP afastou a possibilidade de aplicação do conceito de instrumento patrimonial às notas perpétuas e qualquer equiparação às debêntures emitidas pela Tec Toy, inclusive pelos motivos de (i) os juros deverem ser pagos em algum momento, ainda que deferimento fosse possível (sendo inclusive o pagamento de juros considerado despesa financeira para fins fiscais); (ii) os juros serem reconhecidos independentemente de lucro (havendo remuneração independente do resultado); (iii) as notas terem prioridade em relação aos acionistas em caso de liquidação. No mesmo sentido, a SNC manifestou-se concordando com a classificação das notas como passivo financeiro.

A Energisa argumentou serem as notas perpétuas instrumentos patrimoniais com fundamento, principalmente, no seguinte:

(i) prazo indeterminado para amortização do principal;
(ii) direito incondicional da Energisa de diferir por qualquer tempo o pagamento da remuneração devida aos titulares das notas perpétuas;
(iii) a Energisa pode contrair dívidas adicionais que poderão preferir às notas perpétuas;
(iv) primazia da essência sobre a forma;
(v) remuneração paga difere da usualmente paga a *perpetual bonds* eminentemente financeiros;
(vi) não há obrigações contratuais de a Energisa resgatar ou recomprar as notas; e
(vii) subordinação das notas perpétuas aos demais títulos de dívida da Energisa.

A relatora, Diretora Luciana Pires Dias seguiu os relatores dos casos Tec Toy ao ressaltar a complexidade do tema em seu voto. A introdução de seu voto, entretanto, menciona que o princípio da primazia da essência econômica sobre a forma jurídica tem diversas leituras possíveis e respostas defensáveis (em que pese a recepção de referido princípio ter sido objeto de recepção pelo Parecer CVM 37.

A relatora critica o entendimento da Energisa, principalmente no tocante à (i) possibilidade de diferimento do pagamento de juros como argumento para dizer que não há obrigação contratual de entregar caixa (uma vez que o diferimento não elimina a obrigação de adimplemento futuro); e (ii) discricionariedade de pagar dividendos acima do mínimo obrigatório, uma vez que o regime de dividendos está sujeito às disposições da Lei das Sociedades Anônimas.

A relatora entendeu que as notas perpétuas são passivos financeiros uma vez que haveria obrigação contratual de entregar caixa ou outro ativo financeiro, em linha com o item 16(a)(i) do CPC 39[76]. Finalmente, concluiu com as seguintes considerações: "Por fim, não acredito que é conveniente classificar as Notas Perpétuas como parte do patrimônio das Energisa. A CVM vem fazendo um esforço imenso para melhorar o nível de transparência e a qualidade das informações prestadas pelos emissores de valores mobiliários. Permitir que instrumentos que condicionam a companhia a uma situação de devedor, como são as Notas Perpétuas, integrem o patrimônio de um emissor

[76] "16. Quando um emitente aplicar as definições do item 11 para determinar se um instrumento financeiro é um instrumento patrimonial em vez de um passivo financeiro, o instrumento será um instrumento patrimonial se, e somente se, estiver de acordo com ambas as condições (a) e (b) a seguir: (a) o instrumento não possuir obrigação contratual de: (i) entregar caixa ou outro ativo financeiro à outra entidade; ou (...)" Item 16 do CPC 39.

mascara o seu verdadeiro risco de crédito e dificulta a compreensão dos investidores".

O Colegiado então acompanhou o voto da relatora e o entendimento da SEP e da SNC, determinado que as notas perpétuas sejam classificadas como passivo exigível no balanço patrimonial da Energisa.

3.3. Telebrás (AFACs)

Processo Administrativo CVM nº RJ2011/7085 (julgamento em 19 de junho de 2012)[77]

Em 2010 e 2011 a União realizou adiantamentos para futuros aumentos de capital (AFACs) na Telebrás, classificando-os como instrumentos de patrimônio líquido, dada a irreversibilidade dos recursos aportados.

A SEP enviou então o Ofício/CVM/SEP/GEA-5/nº 042/2012 à Telebrás, questionando, dentre outras práticas da companhia, a classificação de referidos AFACs como instrumentos patrimoniais, principalmente pelo motivo de as condições do aumento de capital e a quantidade de ações a serem conferidas à União não estarem claramente definidas.

> h) Consta, ainda, das notas explicativas da Companhia, que o saldo de R$ 416.671 mil, em 31/12/2011 (7.420 mil em 31/12/2010), correspondente a aporte da União para a subscrição e integralização de capital, é corrigido pela taxa SELIC e será utilizado em futuro aumento de capital da TELEBRÁS em favor da UNIÃO.

[77] BRASIL. Comissão de Valores Mobiliários. Processo RJ2011/7085. Recurso contra decisão da Superintendência de Relações com Empresas que determinou o refazimento e a republicação das demonstrações financeiras relativas ao exercício findo em 31.12.2011. Interessado: Telecomunicações Brasileiras S.A. – Telebrás. Relator: Roberto Tadeu Antunes Fernandes. Rio de Janeiro, 19 de junho de 2012. Disponível em: < http://www.cvm.gov.br/export/sites/cvm/decisoes/anexos/0009/8212-0.pdf>. Acesso em 15 de agosto de 2020.

> Entretanto, as condições do referido aumento de capital não estão definidas. Diante disso, cumpre-nos destacar que, conforme disposto no item 11 do Pronunciamento Técnico CPC 39, o conceito de passivo financeiro abrange "qualquer passivo que seja [...] contrato que será ou poderá ser liquidado por instrumentos patrimoniais da própria entidade, e seja [...] um não derivativo no qual a entidade é ou pode ser obrigada a entregar um número variável de instrumentos patrimoniais da Entidade. O conceito de Instrumento patrimonial se restringe a qualquer contrato que confere direitos residuais ao investidor, ou seja, que "evidencie uma participação nos ativos de uma entidade após a dedução de todos os seus passivos". Desse modo, em que pese a destinação irrevogável do referido valor a um futuro aumento de capital, seria necessário, em tese, a definição do número de instrumentos patrimoniais a serem conferidos ao investidor, para que tal contrato pudesse ser caracterizado como instrumento patrimonial. Em vista disso, solicita-se a manifestação da administração da Companhia, acompanhada da opinião do auditor independente, incluindo as razões pelas quais entende adequada a classificação desse valor no patrimônio líquido.

A SEP analisou os argumentos da Telebrás e concluiu que a Telebrás deveria refazer e republicar suas demonstrações financeiras de 2011 para corrigir a contabilização dos AFACs. Na visão da SEP, para que um AFAC ser avaliado como instrumento patrimonial, os termos de conversão do mesmo devem prever montante fixo de adiantamento por uma quantidade fixa de ações, de modo que o número de ações a serem entregues esteja previamente fixado e, na hipótese de não verificação dessas condições, o AFAC deve ser classificado como passivo financeiro, nos termos do item 11 do CPC 39.

Ressaltou, ainda, que o simples fato de haver impossibilidade de reversão do Adiantamento, não o faz, necessariamente, um Instrumento Patrimonial.

Instada a se manifestar, a SNC concordou com a SEP, dizendo que simples o fato de os recursos aportados pela União não possuírem critério de conversão pré-definido no momento do aporte já seria suficiente para classificar os AFACs como instrumento de dívida (no passivo). A SNC mencionou ainda que a incidência de juros sobre os recursos do AFAC reforça ainda mais os argumentos sobre a classificação dos instrumentos como dívida. A recomendação da SNC é que, até a conversão dos AFACs, os instrumentos deveriam ser classificados como dívida.

Em 7 de maio de 2012 a Telebrás informou à SEP que reclassificaria os AFACs como passivo financeiro, entretanto, quatro dias depois a Telebrás apresentou recurso contra a decisão da SEP, alegando não estar de acordo com:

> a aplicação na íntegra do que dispõe o Pronunciamento Técnico CPC 39, item 11, onde se define passivo financeiro, dentre outras obrigações, como qualquer contrato que será ou poderá ser liquidado por instrumentos patrimoniais da própria entidade, e seja um não derivativo no qual a entidade é ou pode ser obrigada a entregar um número variável de instrumentos patrimoniais da entidade.

Essencialmente, a Telebrás dizia não serem AFACs instrumentos contratuais, nem haveria entrega ou troca de caixa em condições desfavoráveis, prevalecendo a essência dos AFACs sobre suas formas.

A SEP e a SNC mantiveram seus argumentos, utilizando a SNC o argumento de que justamente a prevalência da essência econômica sobre a forma jurídica, como disposto na Antiga Estrutura Conceitual, justifica que um passivo possa surgir mesmo que não haja um contrato formal para disciplinar uma transação, como se verificaria no caso concreto.

O recurso foi encaminhado ao Colegiado, sob a relatoria do Diretor Roberto Tadeu Antunes Fernandes. O relator abre seu voto discordando da Telebrás, dizendo entender que:

> apenas o caráter de irrevogabilidade dos adiantamentos para futuro aumento de capital não justifica, por si só, sua classificação como Instrumento Patrimonial, como crê a Recorrente, sendo necessária a observância de outras condições, como veremos adiante.

Concluiu o relator que os AFACs deveriam ser classificados no passivo da Telebrás, uma vez que se trata de instrumento pelo qual a Telebrás é obrigada a entregar um número variável de ações. Fundamentou sua conclusão principalmente no item 16 b (i) do CPC 39[78], considerando (i) ser o AFAC um Instrumento Financeiro não derivativo que somente poderia ser classificado como patrimônio líquido quando não incluir "obrigação contratual para o emitente de entregar número variável de seus próprios instrumentos patrimoniais"; e (ii) não ter se verificado tal condição no caso concreto, tendo em vista que os termos do aumento de capital a ser integralizado com os créditos do referido AFAC (dentre os quais o preço e a quantidade de ações a serem emitidas) não haviam ainda sido fixados.

O Colegiado acompanhou o voto do relator, determinando a reclassificação dos AFACs como instrumentos financeiros no passivo da Telebrás.

[78] "16. Quando um emitente aplicar as definições do item 11 para determinar se um instrumento financeiro é um instrumento patrimonial em vez de um passivo financeiro, o instrumento será um instrumento patrimonial se, e somente se, estiver de acordo com ambas as condições (a) e (b) a seguir: (b) se o instrumento será ou poderá ser liquidado por instrumentos patrimoniais do próprio emitente, é: (i) um não derivativo que não inclui obrigação contratual para o emitente de entregar número variável de seus próprios instrumentos patrimoniais; ou (...)" Item 16 do CPC 39.

3.4. Marfrig (Debêntures Mandatoriamente Conversíveis)

Ofício/CVM/SEP/GEA-5/nº 329/2012 (datado de 10 de outubro de 2012)

Em 15 de julho de 2010 a Marfrig realizou emissão de debêntures mandatoriamente conversíveis em ações ordinárias de emissão da Marfrig, tendo a companhia classificado o valor de principal de referidas debêntures como instrumento patrimonial (na conta de "Reserva de Capital") e os juros remuneratórios como passivo financeiro.

A Marfrig entendia serem as debêntures instrumento patrimonial, conforme descrevem:

> na data de emissão este instrumento possui um componente principal que, na sua essência, é um instrumento patrimonial pela conversibilidade mandatória em ações, no qual foi embutida uma condição que delimita o denominador na conversão que, na prática, elimina (ou reduz substancialmente) a variabilidade na quantidade de ações a serem emitidas e a inexistência de perspectiva de liquidação em caixa ou outro ativo financeiro[79].

Em 10 de outubro de 2012 a CVM então enviou à Marfrig o Ofício/CVM/SEP/GEA-5/nº 329/2012, solicitando que fossem refeitas e reapresentadas demonstrações financeiras da Marfrig para reclassificação das debêntures como instrumento de passivo.

A CVM focou na ausência de risco do investimento (citando a conclusão do IAS 32 de que "*é necessário que o investidor corra o risco de investimento em patrimônio líquido para poder se candidatar a ser nele classificado (....)*") para os titulares das debêntures mandatoriamente conversíveis, que, independentemente da

[79] Ofício/CVM/SEP/GEA-5/nº 329/2012 (datado de 10 de outubro de 2012).

performance (ou geração de lucros) da Marfrig, fazem jus ao recebimento de caixa da Marfrig.

A obrigatoriedade de conversão das debêntures neste caso representou, na visão da CVM, elemento passivo, inclusive em face de remuneração característica de instrumento de dívida, uma vez que o número de ações a serem emitidas é variável:

> Assim, embora haja a condição de mandatoriedade de conversão das debêntures em ações (liquidação em instrumentos patrimoniais), as cláusulas que tratam da conversão das debêntures, tanto na data de vencimento como em data anterior, indicam que o número de ações a serem emitidas é variável, ou seja, que o número de ações será definido quando da efetiva conversão das debêntures, característica essa que confere ao instrumento característica de passivo financeiro, por não atender às condições preconizadas pelo item 16, (a) e (b) do CPC 39[80].

Em 17 de outubro de 2012 a Marfrig publicou fato relevante informando que iria acatar a determinação da CVM, procedendo à reclassificação integral das debêntures para rubrica contábil específica no "Passivo Não-Circulante".

A ausência do risco do negócio para os debenturistas e a mecânica de conversão das debêntures que permite a entrega de um número variável de ações foi o elemento preponderante na análise da CVM para a classificação das debêntures como passivo financeiro.

[80] Ofício/CVM/SEP/GEA-5/nº 329/2012 (datado de 10 de outubro de 2012).

3.5. Minerva (Debêntures Mandatoriamente Conversíveis)

Ofício/CVM/SEP/GEA-5/nº 058/2013 (datado de 25 de fevereiro de 2013)

O caso da Minerva é bastante similar ao caso da Marfrig descrito acima, incluindo quanto aos instrumentos híbridos envolvidos, à classificação dos mesmos pelas companhias e à decisão de ambas as companhias de reclassificarem referidos instrumentos híbridos para cumprir com a solicitação da autarquia. A fundamentação dos respectivos ofícios da CVM enviados às companhias também segue a mesma linha sendo que se pode notar redação idêntica em determinados trechos dos respectivos ofícios enviados pela CVM.

Em 15 de junho de 2011 a Minerva realizou emissão de debêntures mandatoriamente conversíveis em ações de emissão da Minerva, tendo a companhia classificado o valor de principal de referidas debêntures como instrumento patrimonial (na conta de "Reserva de Capital") e os juros remuneratórios como passivo financeiro.

A Minerva justificava a classificação das debêntures como instrumentos patrimoniais com o entendimento de que:

> os debenturistas não receberão o principal do investimento, isto é, receberão impreterivelmente o equivalente em ações, conforme a regra estipulada em cada modalidade de conversão supramencionada, sempre num valor fixo, qual seja, R$ 200 milhões no total[81].

Em 25 de fevereiro de 2013 a CVM enviou à Minerva o Ofício/CVM/SEP/GEA-5/nº 058/2013, solicitando, tal qual fez no caso Marfrig, que fossem refeitas e reapresentadas demonstra-

[81] Ofício/CVM/SEP/GEA-5/nº 058/2013 (datado de 25 de fevereiro de 2013).

ções financeiras da Minerva para reclassificação das debêntures como instrumento de passivo.

O foco da CVM em referido ofício foi na obrigatoriedade de entrega de caixa aos titulares das debêntures mandatoriamente conversíveis independentemente da performance (ou geração de lucros) da Minerva. A obrigatoriedade de conversão das debêntures representou na visão da CVM, tal qual no caso da Marfrig, elemento passivo.

Ressaltou a CVM que para que fossem classificadas como instrumentos patrimoniais, as debêntures mandatoriamente conversíveis deveriam informar o número fixo de ações a ser entregue quando da conversão das mesmas. Finalmente, determinou a CVM o refazimento das demonstrações financeiras da Minerva, com a reclassificação das debêntures mandatoriamente conversíveis como passivo.

Em 25 de fevereiro de 2013 a Minerva publicou fato relevante informando o recebimento do ofício da CVM e informando que iria avaliar a conduta.

Na sequência, a Minerva reapresentou suas demonstrações financeiras, reclassificando o registro das debêntures mandatoriamente conversíveis em ações de patrimônio líquido ("Reserva de capital") para passivo circulante ("juros anual") e não circulante (principal, deduzido do custo de transação).

Conclusões

O desenvolvimento da atividade empresarial de uma nação se beneficia da eficiência e produtividade das empresas participantes do mercado, sendo a estrutura de capital das empresas instrumental para alcançar maiores índices produtivos e de eficiência. A busca por uma estrutura de capital ótima passa pela análise constante de diferentes formas de financiamento das atividades e, conforme descrito neste estudo, os instrumentos híbridos podem contribuir positivamente para a evolução das estruturas de capital das companhias brasileiras.

O debate no Brasil quanto à utilização de instrumentos híbridos está evidentemente defasado, tendo as discussões ocorrido pela CVM de forma esparsa ao longo da última década. Na mesma linha, nota-se a escassez na produção acadêmica acerca do tema. O cenário de pouco debate e escassas decisões não contribui para a ampla utilização de instrumentos híbridos, uma vez que as partes envolvidas não vislumbram a adequada segurança quanto a qual será a interpretação das autoridades para o instrumento eventualmente utilizado pela companhia. Se faz necessário intensificar o debate, sendo que contribuições de todos os participantes (*stakeholders*) serão instrumentais na outorga de maior segurança jurídica ao tema, caminhando na direção da construção de um ordenamento jurídico mais seguro, previsível e estável.

Não nos parece, sem maior juízo, que o caminho que levará à utilização ampla e segura de instrumentos híbridos necessariamente passará uma interpretação exclusivamente formalista, sem avaliar as nuances e elementos particulares que compõem cada caso concreto. Uma análise qualitativa fundamentada em normativas claras, com critérios objetivos conferirá ao mercado maior previsibilidade, respeitando a livre vontade das partes.

É essencial que o entendimento da CVM contribua para a construção das bases institucionais sólidas sobre as quais pode se apoiar a evolução da estruturação de capital das companhias, passando pela utilização dos instrumentos híbridos.

Um ordenamento jurídico estável, claro e previsível é condição fundamental para o desenvolvimento do ambiente de negócios de uma nação. Proporcionar a companhias a adoção de possibilidades criativas na composição de sua estrutura de capital, sempre balizadas por normativas claras e objetivas, contribuirá para a eficiência das companhias e desenvolvimento da atividade empresarial no país.

Referências

______. **Captação de recursos via ações preferenciais resgatáveis.** Disponível em <http://www.vbso.com.br/captacao-de-recursos-via-acoes-preferenciais-resgataveis/> acesso em 5 de outubro de 2020.

AMENDOLA, Rodrigo Silveira; BATISTA, Tayná Cruz; SZUSTER, Natan. *A evidenciação de instrumentos financeiros híbridos: o caso de uma empresa do setor de energia elétrica.* In: CONGRESSO UFSC DE CONTROLADORIA E FINANÇAS E CONGRESSO IBEROAMERICANO DE CONTABILIDAD E GESTIÓN, Fliorianópolis, 2015. **Anais do Congresso UFSC de Controladoria e Finanças e Congresso Iberoamericano de Contabilidad e Gestión.** Disponível em http://dvl.ccn.ufsc.br/congresso_internacional/anais/6CCF/28_16.pdf.

ASSEIS, Pedro Augusto do Amaral Abujamra. **Instrumentos Financeiros Híbridos: A Teoria da "Substância sobre a Forma" na Perspectiva da Comissão de Valores Mobiliários.** Revista de Direito Empresarial. vol. 8/2015. p. 89-107.

BARBOSA, Henrique; BROTEL, Sergio; (coords.). Et. Al. **Finanças Corporativas; aspectos jurídicos e estratégicos.** 1ª ed. Rio de Janeiro: Atlas, 2016.

BARBOSA, Henrique; BROTEL, Sergio; (coords.). Et. Al. **Novos temas de Direito e Corporate Finance.** 1ª ed. São Paulo: Quartier Latin, 2019.

BIFANO, Elidie Palma. **O Mercado Financeiro e o Imposto sobre a Renda.** São Paulo: Quartier Latin, 2011, p. 282-283.

BRASIL. Comissão de Valores Mobiliários. Processo Administrativo CVM RJ 2005/4105. Recurso contra entendimento da SEP/SNC. Interessado: Tec Toy S.A. Relator: Wladimir Castelo Branco Castro. Rio de Janeiro, 6 de dezembro de 2005. Disponível em: <http://www.cvm.gov.br/export/sites/cvm/decisoes/anexos/0002/4785-1.pdf>. Acesso em 24 de julho de 2020.

BRASIL. Comissão de Valores Mobiliários. Processo Administrativo 2010-1058. Contabilização de debêntures especiais no patrimônio líquido. Interessado: Tec Toy S.A. Relator: Marcelo Barbosa Pinto. Rio de Janeiro, 30 de novembro de 2010. Disponível em: < http://www.cvm.gov.br/export/sites/cvm/decisoes/anexos/0006/6967-1.pdf>. Acesso em 24 de julho de 2020.

BRASIL. Comissão de Valores Mobiliários. Processo RJ2011/3316. Recurso contra decisão da SEP – refazimento e reapresentação de ITRs – Formulários Informações Trimestrais. Interessado: Energisa S.A. Relatora: Luciana Dias. Rio de Janeiro, 24 de janeiro de 2012. Disponível em: < http://

www.cvm.gov.br/export/sites/cvm/decisoes/anexos/0009/8070-0.pdf>. Acesso em 24 de julho de 2020.

BRASIL. Comissão de Valores Mobiliários. Processo RJ2011/7085. Recurso contra decisão da Superintendência de Relações com Empresas que determinou o refazimento e a republicação das demonstrações financeiras relativas ao exercício findo em 31.12.2011. Interessado: Telecomunicações Brasileiras S.A. – Telebrás. Relator: Roberto Tadeu Antunes Fernandes. Rio de Janeiro, 19 de junho de 2012. Disponível em: < http://www.cvm.gov.br/export/sites/cvm/decisoes/anexos/0009/8212-0.pdf>. Acesso em 15 de agosto de 2020.

Carvalhosa, Modesto. **Comentários à lei de sociedades anônimas**. São Paulo: Saraiva, 2011.

Coelho, Renato; e Stanley, Renato. **Instrumentos Híbridos.** Disponível em <https://capitalaberto.com.br/temas/captacao-de-recursos/instrumentos-hibridos/> acesso em 10 de setembro de 2020.

Comparato, Fábio Konder. **Direito empresarial: estudos e pareceres.** São Paulo: Saraiva, 1990.

Costa Junior, Jorge Vieira da. **Instrumentos Financeiros Compostos e Híbridos: Aspectos societários e tributários.** Disponível em <https://www.researchgate.net/publication/313747581> acesso em 10 de setembro de 2020.

Costa Junior, Jorge Vieira da. Silva, Andrea Bispo da. **Abordagens para a classificação contábil de instrumentos financeiros híbridos e/ou compostos: um estudo de caso com uma companhia aberta brasileira.** Disponível em <https://www.researchgate.net/publication/313741490> acesso em 10 de setembro de 2020.

Eizirik, Nelson. **A Lei das S/A Comentada.** Volume 1-Arts. 1° a 120. São Paulo: Quartier Latin, 2011.

Eizirik, Nelson et. al. **Mercado de capitais: regime jurídico.** 2. ed. Rio de Janeiro: Renovar, 2008.

Flores, Eduardo da Silva. **Os efeitos do registro patrimonial de instrumentos financeiros híbridos: uma análise internacional.** 2016. 197 p. Tese (Doutorado), Universidade de São Paulo, São Paulo, 2016.

INTERNATIONAL ACCOUNTING STANDARDS BOARD. **Discussion Paper DP/2013/1, July 2013. A review of the conceptual framework for financial reporting.** Disponível em: <http://www.ifrs.org/Current-Projects/IASB-Projects/Conceptual-Framework/Discussion-Paper-July-2013/Documents/Discussion-Paper-Conceptual-Framework-July-2013.pdf>.

MOSQUERA, Roberto Quiroga; LOPES, Alexsandro BROEDEL (coords.). **Controvérsias jurídico-contábeis: aproximações e distanciamentos.** São Paulo: Dialética, 2012. vol. 1-5.

LAMY FILHO, Alfredo; PEDREIRA, José Luiz Bulhões (coords.). Et. Al. **Direito das companhias.** Rio de Janeiro: Forense, 2017.

LAMY FILHO, Alfredo; PEDREIRA, José Luiz Bulhões. **A lei das S.A.: (pressupostos, elaboração, aplicação).** Rio de Janeiro: Renovar, 1996. vol. II.

LUCENA, José Waldecy. **Das sociedades anônimas – comentários à lei.** Rio de Janeiro: Renovar, 2012.

MENDONÇA, José Xavier Carvalho de. **Tratado de Direito Comercial Brasileiro.** 6. ed. Rio de Janeiro: Livraria Freitas.

PEDREIRA, José Luiz Bulhões. **Finanças e demonstrações financeiras da companhia: conceitos fundamentais.** Rio de Janeiro: Forense, 1989.

PRATS, Francisco Alfredo Garcia. *Qualificação dos Instrumentos Financeiros Híbridos em Tratados Fiscais.* **Revista Direito Tributário Atual.** n. 26. São Paulo: Dialética/IBDT, 2011.

SILVA, Adolfo Henrique Coutinho e; SANCOVSCHI, Moacir. *Estudo de Caso CRT: Contabilização de Instrumentos Financeiros.* **Revista Catarinense da Ciência Contábil.** Florianópolis, SC, v. 18, 1-24, e2819, 2019.

SILVA, Andrea Bispo; COSTA Junior, Jorge Vieira. *Abordagens para a classificação contábil de instrumentos financeiros híbridos e compostos: um estudo de caso com uma companhia aberta brasileira.* In: CONGRESSO ANPCONT, 2014, Rio de Janeiro. **Anais do Congresso Anpcont**, 2014. Disponível em http://www.bdtd.uerj.br/tde_busca/arquivo.php?codArquivo=8941.

SILVA FILHO, Emanoel Lima da. **Contratos de Investimento em Startups: Os Riscos do Investidor-Anjo.** São Paulo: Quartier Latin, 2019.

O DIREITO DE VOTO DAS AÇÕES GRAVADAS COM USUFRUTO

LUIZ FERNANDO LOCKMANN E SOUZA

Introdução

O tema abordado neste trabalho trata dos direitos políticos das ações gravadas com usufruto. Nota-se, de antemão, a junção, em uma mesma temática, de dois institutos de naturezas diferentes. O primeiro instituto é o usufruto, conceituado, de maneira resumida, como um gravame nascido do direito civil e utilizado com o propósito de conceder a outrem um direito real sobre determinado bem. O segundo é o direito de voto, aplicável à realidade do direito comercial com o objetivo principal de criação da vontade social de uma companhia.

O usufruto é constituído, como ensina o professor Nelson Nery, por meio de negócio entre vivos, ou por causa da morte, seguido de um necessário registro em órgãos competentes[1]. A constituição de um usufruto sobre um bem resulta na cisão dos poderes de propriedade entre duas figuras: A primeira figura, denominada de usufrutuária, retém para si o direito de usar, gozar e fruir deste bem e a segunda, denominada de nu-

[1] NERY JÚNIOR, Nelson; ANDRADE NERY, Rosa Maria. **Código Civil Comentado**. 8ª ed. São Paulo: Revista dos Tribunais, 2011, p. 1.084.

-proprietário, retém apenas o domínio vazio da propriedade com o poder de dispor deste bem.

O voto é uma maneira de expressão da vontade humana, cujo objetivo é a definição de algum tipo de ação pendente de realização. O direito de votar, além de previsto na Constituição Federal de 1988, garante ao cidadão um dos valores mais caros às democracias: a liberdade de manifestação de uma escolha. Por analogia ao disposto constitucional que prevê direito de voto em eleições gerais, poderia também um acionista projetar a sua expressão de vontade em qualquer assembleia-geral devidamente convocada. Neste conclave, a maioria de votos dita os rumos da vontade social e, portanto, induz a sociedade a um determinado caminho. É a expressão do respeito ao princípio majoritário, por meio do qual os caminhos de uma sociedade são decididos por um indivíduo, ou por um grupo de indivíduos, com maior número de votos.

As assembleias gerais tomam as suas deliberações através da maior quantidade de votos proferidos pelos respectivos acionistas presentes no conclave. Seguindo a máxima do direito ao sufrágio universal denominada de *one share, one vote*, cada ação ordinária concede o poder de um voto ao seu respectivo acionista detentor. Pela lógica, o acionista, ou grupo de acionistas, titular do maior número de ações ordinárias, ou seja, aquelas que concedem o direito de um voto nas assembleias gerais, têm a capacidade de constituição de maiorias e, por consequência, define os rumos da sociedade. Em outras palavras, o indivíduo, ou grupo de indivíduos, que subscrevem maior quantidade de capital em uma sociedade teria, em última análise, a prerrogativa da definição da respectiva vontade social de certa companhia.

Dentro da realidade acima descrita, em razão da constituição do usufruto, conforme será explorado ao longo deste trabalho, o direito de voto poderá ser transferido do efetivo titular das ações para um terceiro, alheio à relação societária direta. Esse terceiro terá um direito real sobre as participações societárias gravadas, podendo fruir dos seus direitos econômicos e políticos. Após a celebração do contrato de constituição do usufruto, o usufrutuário passa a ser o detentor, na prática, dos direitos sobre os frutos gerados pela ação (*e.g* dividendos, juros sobre capital próprio, bonificações, etc.) e poderá ser, se regulado no instrumento originário, o detentor dos respectivos direitos políticos (*i.e* direito de voto) de certas participações societárias. Na prática, o direito de voto migra do titular da ação para um terceiro detentor de um direito real sobre a participação societária

Para regular essa relação jurídica complexa entre nu-proprietário e usufrutuário, a Lei das Sociedades por Ações, apenas destaca a seguinte redação sobre o tema em seu art. 114, conforme transcrição abaixo:

> "Art. 114. O direito de voto da ação gravada com usufruto, se não for regulado no ato de constituição do gravame, *somente poderá ser exercido* mediante prévio acordo entre o proprietário e o usufrutuário." (grifo nosso)

Em função das breves considerações introdutórias, é possível notar que essa temática gera algumas controvérsias imediatas, as quais não são resolvidas pela simplicidade da redação do art. 114 da Lei das Sociedades por Ações.

Primeiramente, a legislação é omissa com relação às situações de inexistência de acordo prévio para o exercício do direito de voto. Além disso, a legislação não discrimina certos limites no exercício do direito de voto ou como seria resolvida a situação de conflito entre as partes envolvidas.

Sob este pano de fundo, o usufruto acionário torna-se um tema de notável relevância para o direito societário. O exercício do direito de voto poderá ser exercido por uma figura alheia a real propriedade das ações. A indagação mais óbvia gerada é se haveria algum tipo de controle sobre esse exercício do direito de voto, ou se meramente o acordo entre as partes permite a participação livre do titular do direito de voto.

Este trabalho dedica-se, portanto, a estudar o mecanismo de funcionamento do usufruto acionário, no tocante ao exercício dos direitos políticos e entender se há existência de certos limites mínimos para exercício do direito de voto. O objetivo principal é a proteção da companhia de eventuais conflitos entre usufrutuário e nu-proprietário, os quais poderiam, no limite, inviabilizar o exercício do próprio poder de controle.

Para balizar o estudo, serão estudados notórios doutrinadores tanto da área do direito societário, como da área do direito civil. Será de extrema relevância a este trabalho o levantamento dos entendimentos dos autores citados sobre o conceito de usufruto e seus eventuais limites. Importante será também a análise das propostas de tais doutrinadores, no tocante a aplicação do art. 114 em caso de conflitos entre o usufrutuário e nu-proprietário.

Com relação à pesquisa jurisprudencial, este trabalho debruçou-se sobre julgados, envolvendo a aplicação do artigo 114 da Lei das Sociedades por Ações em casos de disputa do direito de voto. Foram pesquisados julgados nos seguintes tribunais: (i) no Superior Tribunal de Justiça ("STJ"), (ii) nos Tribunais de Justiça dos Estados ("TJ"); e (i) no tribunal da Comissão de Valores Mobiliários ("CVM"). Com base em pesquisa de jurisprudência independente[2] e os próprios portais eletrônicos dos referidos órgãos jurisdicionais foi possível levantar um número razoável de julgados para análise. Não houve corte temporal por data de julgamento para conseguir levantar um número razoável de casos, abordando a temática estudada e porque o

[2] *https://www.jusbrasil.com.br.*

art. 114 não sofreu qualquer alteração desde a promulgação da Lei das Sociedades por Ações.

Por fim, nas considerações finais deste trabalho, pretende-se finalizar com um apanhado geral dos principais pontos levantados sobre a temática escolhida. Além disso, em conjunto, com certas conclusões, este trabalho busca apresentar ao seu leitor uma proposta de interpretação do artigo 114 baseado em limites mínimos levantados pela doutrina e pelos julgados estudados. Tais limites teriam o objetivo de agirem como balizadores dos efeitos do usufruto sobre os direitos políticos das ações gravadas. Com esses parâmetros, quiçá, a relação societária entre o nu-proprietário e o usufrutuário seja mais transparente e menos conflituosa.

1. Análise conceitual do usufruto

1.1. Usufruto no direito civil

O usufruto é um direito real, cujo objetivo é a permissão da transmissão de certos poderes inerentes à propriedade do seu titular a um terceiro. Os juristas Antonio Pinheiro Franco e Celina Pinheiro Franco colocam de maneira exemplificativa que:

> "O usufruto é um dos chamados direitos reais sobre coisa alheia (*jus in re aliena*). O direito real de usufruto significa destaque da propriedade. O exercício do usar e do fruir, enquanto propriedade plena, é direito reflexo do domínio (direito de disposição) e, consequentemente, seu titular é o proprietário. Com o usufruto, o exercício passa a ser exclusivamente do usufrutuário, destituído o proprietário deste direito."[3]

[3] PINHEIRO FRANCO, Antonio Celso, PINHEIRO FRANCO, Celina. "O usufruto e o direito do nu-proprietário das ações das companhias e das quotas das sociedades de responsabilidade limitada". In **Revista do Instituto dos Advogados de São Paulo**. Vol. 17, 2006, .p. 275.

A professora Maria Helena Diniz coloca que o conceito do usufruto é o direito real conferido a alguém de retirar, temporariamente, da coisa alheia os frutos e utilidades que ela produz, sem alterar a substância dessa determinada coisa. O usufruto poderá recair sobre bens móveis, imóveis e patrimônio[4]. Especificamente as participações societárias (ações ou quotas) são classificadas como bens móveis.

Silvio de Salvo Venosa tem uma conceituação bastante similar sobre o usufruto. Para o autor, o usufruto é um direito real transitório que concede a seu titular o poder de usar e gozar durante certo tempo, sob certa condição ou vitaliciamente de bens pertencentes a outra pessoa, a qual conserva sua substância[5]. Este autor coloca maior ênfase na noção de temporariedade do usufruto, cuja existência vincula-se a um termo máximo equivalente a vida do seu respectivo usufrutuário.

Por fim, vale mencionar o conceito de usufruto trazido por Orlando Gomes. O usufruto é um direito de usar e perceber os frutos de coisa alheia. É um direito temporário e de compreensão geral, abrangendo todo o valor econômico da coisa compatível e com a devida a conservação da nua propriedade. Nessa linha, o usufruto pode ser definido como o direito de desfrutar um bem alheio como se dele fosse proprietário, com a obrigação, porém, de lhe conservar a substância. Como direito real, assegura ao titular o poder de utilizar a coisa alheia diretamente, *erga omnes*[6].

Ainda, segundo o autor Orlando Gomes, no tocante ao usufruto de direitos, o titular de um direito priva-se temporariamente do seu uso e gozo que passam a ser exercidos por outra

[4] DINIZ, Maria Helena. **Direito das coisas**. 20ª ed. São Paulo: Saraiva, 2007, p. 964.

[5] VENOSA, Sílvio de Salvo. **Direito civil: direitos reais**. 2ª ed. São Paulo: Atlas, 2011, p. 435.

[6] GOMES, Orlando. **Direitos reais**. 18ª ed., Rio de Janeiro, Forense, 2002, p. 333.

pessoa, até que o restitua. Há na prática a restrição do direito do titular original[7]. É no usufruto de direitos que o autor entende a possibilidade de conceder certos direitos qualificados, como o voto na assembleia de uma certa sociedade[8].

Lembrando que frutos, segundo definição trazida na obra de Nelson Nery, são as utilidades que nascem da coisa, dela resultam, ou dela se extraem, em períodos de tempo determinados, sem que se apequene sua substância. Também são considerados como frutos as prestações periódicas devidas por terceiro, em virtude de uma relação jurídica que lhe atribua o uso ou a fruição da coisa. Os frutos separados são os que não mais estão ligados à coisa principal, também chamados colhidos ou percebidos[9].

Como direito temporário, não pode se prolongar além da vida do detentor do direito real, sendo admitida, porém, duração menor. Se pudesse ser perpétuo, se tornaria uma propriedade inalienável. Embora seu exercício possa ser cedido, o direito em si é intransmissível, tanto que este extingue-se na morte do usufrutuário cedente[10].

O direito real de usufruto pressupõe a existência simultânea de dois titulares de posição jurídica privada subjetiva sobre o mesmo objeto: (a) o usufrutuário, com direito real de fruição das utilidades da coisa, independente da propriedade; (b) o proprietário, com direito real sob a substância da coisa, limitado pelo usufruto, que se chama nu-proprietário[11].

[7] Gomes, Orlando. **Usufruto de Direitos**. Vol. 180 Rio de Janeiro: Revista Forense, 1958, p. 36.

[8] Gomes, Orlando. **Usufruto de Direitos**. Vol. 180 Rio de Janeiro: Revista Forense, 1958, p. 40.

[9] Nery Júnior, Nelson; Andrade Nery, Rosa Maria. **Código Civil Comentado**. 8ª ed. São Paulo: Revista dos Tribunais, 2011, p. 1.087.

[10] Gomes, Orlando. **Direitos reais**. 18ª ed., Rio de Janeiro, Forense, 2002, p. 334.

[11] Nery Júnior, Nelson; Andrade Nery, Rosa Maria. **Código Civil Comentado**. 8ª ed. São Paulo: Revista dos Tribunais, 2011, p. 1.083.

O nu-proprietário apenas retém para si o poder de disposição sobre o bem gravado. Na essência, o nu-proprietário apenas é titular de um bem desprovido de economicidade, também chamado de domínio vazio. Além do poder de disposição, o nu-proprietário retêm para si o direito de reivindicação, quando a sua propriedade é desacreditada por terceiros. Contudo, o nu-proprietário não poderia impedir o usufrutuário de usar, gozar e fruir do bem de maneira arbitrária, sob pena de incorrer em responsabilização por perdas e danos.

O usufrutuário, por sua vez, garante para si os poderes de uso, gozo e fruição, conforme citados acima, além da posse do bem gravado. Este poderá desfrutar do bem e extrair seus respectivos frutos. Como o usufrutuário não tem o poder de disposição, o bem jamais poderia ser alienado sem a anuência expressa do nu-proprietário sob pena de violação do direito à propriedade.

Pontes de Miranda reforça que o usufruto é um direito *erga omnes* de exclusividade do usar e do fruir. Além disso, o usufruto é tido como um direito restringente, uma vez que o dono do bem fica privado de usar e fruir, atividades que, em princípio, são típicas do exercício do domínio, conforme ensina o autor[12].

Ademar Fioranelli define que o usufruto é constituído como o direito real de fruir as utilidades e frutos de uma coisa, enquanto temporariamente destacado da propriedade. Este direito real é conferido a uma pessoa, a termo, e autoriza a retirar da coisa alheia os frutos e utilidades que ela produz, bem como as utilidades e proveitos, sem alterar a substância ou mudar-lhe o destino do bem gravado[13]. Embora o usufruto

[12] DINIZ, Maria Helena. **Direito das coisas.** 20ª ed. São Paulo: Saraiva, 2007, p. 970.

[13] FIORANELI, Ademar. "O Direito Real de Usufruto." In **Doutrinas Essenciais – Direito Registral**, org. Ricardo Dip & Sérgio Jacomino. Vol. 5, 1ª ed. São Paulo: Revista dos Tribunais, 2012, p.61.

devesse recair apenas sobre coisas inconsumíveis, conheceu o Direito Romano a figura do "quase-usufruto", pelo qual o usufrutuário adquiria a propriedade da coisa obrigando-se a restituir, ao final, o equivalente em gênero, qualidade e quantidade[14]. A professora Maria Helena Diniz define o quase-usufruto como um usufruto impróprio, o qual recai sobre coisa consumível ou fungível. No usufruto impróprio o usufrutuário adquire a propriedade do bem, sem o que não poderia consumi-lo ou aliená-lo, devolvendo, por ocasião do término do usufruto, coisa equivalente em gênero, quantidade e qualidade[15].

Com o usufruto, o exercício dos poderes de uso, gozo e fruição passa a ser exclusivamente do usufrutuário, destituído o proprietário deste direito. Contudo, o proprietário não deixa de ser proprietário, porque é, ainda, quem retém o *dominus* desvestido da utilidade da coisa. O que é usável e fruível se afasta de sua dominação jurídica, enquanto durar o usufruto. De outro lado, se mantém com o proprietário o *jus disponendi*, o direito de dispor da substância da coisa, e a posse indireta, com a pretensão de recuperar a posse direta, futuramente, findo o usufruto[16].

1.2. Poderes inerentes à propriedade

A propriedade é um instituto não somente discutido no âmbito do direito, mas também nas áreas da filosofia, sociologia e economia. A interdisciplinaridade do conceito de propriedade se justifica, uma vez que é associado ao valor da liberdade dos seres

[14] FIORANELI, Ademar. "O Direito Real de Usufruto." In **Doutrinas Essenciais – Direito Registral**, org. Ricardo Dip & Sérgio Jacomino. Vol. 5, 1ª ed. São Paulo: Revista dos Tribunais, 2012, p.64.

[15] FIORANELI, Ademar. "O Direito Real de Usufruto." In **Doutrinas Essenciais – Direito Registral**, org. Ricardo Dip & Sérgio Jacomino. Vol. 5, 1ª ed. São Paulo: Revista dos Tribunais, 2012, p.64.

[16] NERY JÚNIOR, Nelson; ANDRADE NERY, Rosa Maria. **Código Civil Comentado**. 8ª ed. São Paulo: Revista dos Tribunais, 2011, p. 1.083.

humanos. É livre aquele indivíduo que detém a livre posse de seus bens, adquiridos do fruto do seu trabalho ou por qualquer transmissão *inter vivos* ou *causa mortis*.

Ademar Fioraneli traz uma definição do que seria o conceito de propriedade, conforme abaixo[17]:

> "A propriedade é o direito real que congrega em si todos os poderes originários do domínio, ou seja, o uso, o gozo e a disponibilidade da coisa. Ao proprietário é assegurado o direito de usar, gozar e dispor de seus bens, e de reavê-los do poder de quem quer que injustamente os possua. A propriedade plena assegura ao seu titular o direito de *usar* a coisa de acordo com sua vontade; *extrair-lhe os frutos* e auferir-lhe os produtos, bem como dela *dispor* da maneira que melhor lhe convenha." (grifos nossos)

Essa definição do autor acima citado ilustra que a relação entre o proprietário e seu bem é real. Cabe ao indivíduo, desta maneira, a possibilidade de defesa do seu bem de qualquer usurpação por outrem, como o esbulho, a turbação ou a ameaça. O proprietário, via de regra, não poderia ser privado de seu bem sem o devido processo legal, como no caso do julgamento de ação própria de desapropriação.

O conceito de propriedade inclusive fora discutido exaustivamente dentro dos notórios debates da assembleia nacional constituinte convocada em 1987 no Brasil, cujo objetivo era o da confecção da Constituição Federal brasileira. O principal limite imposto ao conceito clássico da propriedade plena, ou seja, aquela sujeita ao arbítrio livre do seu detentor, foi a aplicação do conceito de função social. Em linhas bastante breves,

[17] FIORANELI, Ademar. "O Direito Real de Usufruto." In **Doutrinas Essenciais – Direito Registral**, org. Ricardo Dip & Sérgio Jacomino. Vol. 5, 1ª ed. São Paulo: Revista dos Tribunais, 2012, p.62.

qualquer indivíduo tem a plena liberdade de usar, gozar, fruir e dispor de bens de sua propriedade, desde que tais bens cumpram também a função social da propriedade, conforme dita o art. 5, inciso XXIII da Constituição Federal de 1988[18]. Em outras palavras, os bens, principalmente os produtivos, deverão estar sujeitos a uma administração, de boa gestão, em vista do bem pessoal e do bem comum, abrangendo a sociedade como um todo.

Partindo das premissas constitucionais, a lei maior legitima o exercício pelo proprietário dos principais poderes de usar, gozar, fruir e dispor da sua propriedade da maneira que entender mais conveniente. A extração do benefício econômico é o resultado principal buscado pelo particular na sua relação com seu bem. Ademar Fioraneli inclusive repercute o entendimento sobre a perpetuidade da propriedade plena ao colocar a possibilidade de exercício dos poderes de domínio de maneira absoluta, exclusiva e sem qualquer interferência[19].

Apesar das colocações acima, o proprietário também detém a prerrogativa de transferir certas vantagens a terceiros de maneira livre. O usufruto não deixa de ser uma forma de vantagem constituída pelo proprietário originário, em benefício de um terceiro. Ao reservar o usufruto para si ou em favor de terceiros, o proprietário original cinde os poderes inerentes

[18] Art. 5º- Todos são iguais perante a lei, sem distinção de qualquer natureza, garantindo-se aos brasileiros e aos estrangeiros residentes no País a inviolabilidade do direito à vida, à liberdade, à igualdade, à segurança e à propriedade, nos termos seguintes:
(...)
XXII – é garantido o direito de propriedade;
XXIII – a propriedade atenderá a sua função social;
(...)

[19] FIORANELI, Ademar. "O Direito Real de Usufruto." In **Doutrinas Essenciais – Direito Registral**, org. Ricardo Dip & Sérgio Jacomino. Vol. 5, 1ª ed. São Paulo: Revista dos Tribunais, 2012, p.63.

de domínio, mantendo apenas a capacidade de dispor sobre o bem. O usufrutuário, após a cisão de poderes inerentes à propriedade, recebe de maneira gratuita, ou em certos casos de maneira onerosa, os poderes de uso, gozo e fruição.

Feita a cisão dos poderes da propriedade, resta ao então nu-proprietário apenas um domínio vazio. O poder remanescente é a possibilidade de disposição do bem, o qual pode ser alienado por decisão única e exclusiva do nu-proprietário. Apesar dessa prerrogativa ainda se manter na figura do nu-proprietário, deve ser levado em conta que, por se tratar de um direito real sobre um bem, o usufruto acompanhará o bem. Em outras palavras, caso um bem gravado seja alienado pelo nu-proprietário, em nada alterará os direitos comuns do usufrutuário como o uso, gozo e fruição.

Clóvis Bevilaqua defende o ponto de vista de que a inalienabilidade do usufruto se constitui na sua principal vantagem, pois trata-se de ato geralmente benéfico e com o intuito de favorecer alguém. A permissão de alienar um bem pelo usufrutuário seria retirar essa vantagem que representa, em suma, sua razão de ser. A única exceção agasalhada pela lei é a alienação ao nu-proprietário, fato que consolida a propriedade[20].

1.3. Tipos de usufruto

A doutrina de Silvio de Salvo Venosa auxilia na distinção dos diferentes tipos existentes de usufruto. Segundo o civilista, o usufruto pode ser instituído de forma pura e simples, ou sob condição resolutiva ou prazo[21]. O usufruto poderá ser classificado como um negócio gratuito, inclusive com a constituição de

[20] FIORANELI, Ademar. "O Direito Real de Usufruto." In **Doutrinas Essenciais – Direito Registral**, org. Ricardo Dip & Sérgio Jacomino. Vol. 5, 1ª ed. São Paulo: Revista dos Tribunais, 2012, p.75.

[21] VENOSA, Sílvio de Salvo. **Direito civil: direitos reais.** 2ª Ed. São Paulo: Atlas, 2011, p. 445.

encargo, ou um negócio oneroso. É possível haver exclusividade no uso, gozo e fruição dos frutos ou estabelecer um co-usufruto a vários beneficiários, que exercem o usufruto simultaneamente. Além disso, quanto a sua origem, o usufruto pode originar-se por *causa mortis* por meio de testamento ou por ato *inter vivos*.

Quanto ao modo de constituição, o usufruto divide-se em legal e voluntário. Usufruto legal é o usufruto instituído pela lei em favor de determinadas pessoas, como aquele constituído sobre os bens dos filhos menores em proveito dos pais. Usufruto voluntário é aquele que se constitui mediante negócio jurídico, seja unilateral, como o testamento, seja bilateral, como o contrato[22].

Sob o ponto de vista da extensão, o usufruto pode ser a título universal ou a título particular. Diz-se universal o usufruto que recai sobre patrimônio. Em associação a isso, a título universal é quando o usufruto incide numa cota-parte de um patrimônio global. A título particular ou singular é quando o usufruto se caracteriza por várias coisas individualmente definidas e determinadas[23].

Conforme salientado pelos doutrinadores acima, todo usufruto é, por definição, temporário. O gravame deveria durar até a vida do usufrutuário, extinguindo-se somente com a sua morte, ou pode ter a duração subordinada a termo certo. Além disso, o usufruto pode ser pleno, abrangendo todos os frutos e utilidades, sem exceção, que a coisa produz. Em contrapartida a isso, o usufruto pode ser restrito, excluindo do gozo do bem algumas de suas utilidades[24].

[22] GOMES, Orlando. **Direitos reais.** 18ª ed., Rio de Janeiro, Forense, 2002, p. 340.

[23] GOMES, Orlando. **Direitos reais.** 18ª ed., Rio de Janeiro: Forense, 2002, p. 341.

[24] DINIZ, Maria Helena. **Direito das coisas.** 20ª ed. São Paulo: Saraiva, 2007, p. 966.

1.4. Principais direitos e deveres do usufrutuário

Orlando Gomes defende que os direitos do usufrutuário podem ser discriminados, uma vez que o conteúdo do usufruto se define, em razão de sua natureza. São direitos do usufrutuário, portanto: o de possuir a coisa, ou o direito; o de fruir as suas utilidades; o de perceber os frutos; o de administrá-la; e o de ceder o exercício do usufruto[25].

Em complemento, Venosa indica que o usufrutuário tem, como direitos fundamentais decorrentes do uso e gozo da coisa, posse direta, direito de utilização, administração e percepção de frutos. Pode recair esses direitos sobre móveis ou imóveis, ambos considerados direitos reais. O usufrutuário exercendo a posse direta, podendo, portanto, valer-se dos remédios possessórios, inclusive contra turbações do nu-proprietário, o então possuidor indireto. O nu-proprietário não pode obstar o uso e gozo da coisa cedida ao usufrutuário. Possuindo direito de gozo, seu único limite é a manutenção da substância do bem. O título constitutivo pode, no entanto, limitar ou restringir a fruição, sem desnaturar o usufruto a ponto de anulá-lo. Além do direito de gozo e a fruição do bem, também é permitida a administração do bem ao usufrutuário, sem nenhuma interferência do nu-proprietário. Por fim, tem direito o usufrutuário aos frutos naturais e aos rendimentos, salvo restrição atribuída pelo ato de constituição do gravame[26].

Com relação aos deveres, o rol de obrigações do usufrutuário é menor. Como possuidor, o usufrutuário deve defender a coisa de turbações ou reivindicações de terceiros, comunicando sempre ao nu-proprietário tais situações. Caso permita a perda ou deterioração da coisa por inércia sua, deve responder perante o

25 Gomes, Orlando. **Direitos reais.** 18ª ed., Rio de Janeiro: Forense, 2002, p. 343.

26 Venosa, Sílvio de Salvo. **Direito civil: direitos reais.** 2ª ed. São Paulo: Atlas, 2011, pp. 451-452.

nu-proprietário. Deve zelar pela manutenção da substância da coisa, de modo que esta esteja apta para ser devolvida ao dono, findo o usufruto. Adicionalmente, deverá o usufrutuário prestar caução real ou fidejussória por administrar e possuir bem alheio, se assim exigir o nu-proprietário[27].

Fica, no entanto, o usufrutuário obrigado a pagar os juros de capital despendido com as despesas necessárias à conservação e ao aumento do rendimento da coisa usufruída. Como possuidor direto, o usufrutuário deve dar ciência ao proprietário de qualquer turbação na posse da coisa ou nos direitos dele. Responderá por perdas e danos na omissão da providência que venha a causar prejuízo. Por fim, a obrigação final do usufrutuário é restituir a coisa, com o final do termo do usufruto. Se a extinção decorre da morte, a obrigação é do espólio[28].

1.5. Extinção do usufruto

Os diversos modos de extinção do usufruto podem ser distribuídos em grupos, conforme digam respeito ao sujeito do direito, a seu objeto ou à própria relação jurídica[29]. As principais hipóteses de extinção do usufruto são mencionadas no art. 1.410 do Código Civil[30].

[27] VENOSA, Sílvio de Salvo. **Direito civil: direitos reais**. 2ª ed. São Paulo: Atlas, 2011, p. 453.

[28] VENOSA, Sílvio de Salvo. **Direito civil: direitos reais**. 2ª ed. São Paulo: Atlas, 2011, p. 454.

[29] GOMES, Orlando. **Direitos reais**. 18ª ed., Rio de Janeiro, Forense, 2002, p. 348.

[30] Art. 1.410 – O usufruto extingue-se, cancelando-se o registro no cartório de registro de imóveis:
I – pela renúncia ou morte do usufrutuário;
II – pelo termo de sua duração;
III – pela extinção da pessoa jurídica, em favor de quem o usufruto foi constituído, ou, se ela perdurar, pelo decurso de trinta anos da data em que se começou a exercer;
IV – pela cessação do motivo de que se origina;

A regra básica, dirigida ao usufruto constituído em favor de uma pessoa natural, indica que este gravame não pode durar além de sua existência do usufrutuário. Logo, a morte do usufrutuário extingue o usufruto, não sendo possível a transferência aos herdeiros. O usufruto também pode ser estabelecido sob termo resolutivo, e o decurso do prazo o extingue. Sob certa causa ou condição, extingue-se o usufruto com seu implemento. Também o usufrutuário somente pode alienar seu direito ao nu-proprietário, consolidando-se a propriedade plena nessa hipótese. O perecimento ou destruição da coisa faz desaparecer o objeto, e, consequentemente, o usufruto[31].

A modificação da coisa a ponto de alteração das características fundamentais equivalerá ao perecimento da coisa. Se para isso concorreu com culpa, o usufrutuário deve indenizar. Outras causas ordinárias de extinção de direitos são aplicáveis ao usufruto, como a renúncia ou desistência, que devem ser expressas. Quando resulta da morte do usufrutuário, prescinde-se de decisão judicial, bem como quando resulta de acordo conjunto dos interessados, procedendo-se mediante requerimento de averbação junto ao registro mobiliário. Quando se trata de extinção de usufruto legal não é necessário, em regra, qualquer procedimento[32].

V – pela destruição da coisa;
VI – pela consolidação;
VII – por culpa do usufrutuário, quando aliena, deteriora, ou deixa arruinar os bens, não lhes acudindo com os reparos de conservação, ou quando, no usufruto de títulos de crédito, não dá às importâncias recebidas a aplicação prevista no parágrafo único do art. 1.395;
VIII – pelo não uso, ou não fruição, da coisa em que o usufruto recai.

[31] Venosa, Sílvio de Salvo. **Direito civil: direitos reais**. 2ª ed. São Paulo: Atlas, 2011, p. 458.

[32] Venosa, Sílvio de Salvo. **Direito civil: direitos reais**. 2ª ed. São Paulo: Atlas, 2011, p. 459.

Maria Helena Diniz relembra que a morte do nu-proprietário, ao contrário da morte do usufrutuário, não acarretará a extinção do usufruto, já que apenas a nua-propriedade se transmitirá aos sucessores. Ainda, a autora coloca ser importante a definição da causa originária da constituição do usufruto, uma vez que a ausência dessa causa, em razão de qualquer fator, é motivo de extinção do usufruto original. Além disso, Maria Helena Diniz tem o entendimento de que o não uso da coisa em que recai o usufruto pode acarretar na extinção do gravame[33].

Feitas essas considerações teóricas sobre o usufruto, este trabalho passará a analisar o art. 114 da Lei das Sociedades por Ações, bem como os direitos políticos de ações gravadas com usufruto.

2. Direito de voto das ações gravadas com usufruto

2.1. Titularidade do direito de voto

Feitas as devidas considerações sobre o instituto do usufruto, este trabalho passará a abordar, diretamente, a temática do usufruto acionário. Primeiramente, neste capítulo serão abordados os tópicos relativos à titularidade do direito de voto de participações gravadas com usufruto.

O voto é a declaração de vontade, de ciência ou de sentimento emitida pelo acionista no âmbito de um processo deliberativo[34]. O direito de voto é conferido pela ação e cabe, em princípio, ao seu respectivo proprietário desta, ressalvadas as disposições legais. No usufruto, contudo, haveria uma dupla titularidade do direito de voto, uma vez que o nu-proprietário

[33] Diniz, Maria Helena. **Direito das coisas.** 20ª ed. São Paulo: Saraiva, 2007, p. 968.

[34] Versani, Fernanda Valle. **Usufruto de Participações Societárias: Uma visão de planejamento sucessório em empresas familiares.** São Paulo: D'Plácido, 2017, p. 147.

e o usufrutuário exercem, simultaneamente, seus respectivos direitos sobre as parcelas em que se fraciona o domínio[35].

Roberto Magalhães afirma que o instituidor do usufruto pode reservar-se o direito de voto relativo à ação transmitida a título de usufruto, ou conferi-lo ao usufrutuário expressamente[36]. Em caso de acordo prévio quanto à destinação do direito de voto, este ficará suspenso até a existência de uma convenção entre nu-proprietário e usufrutuário, como será possível averiguar ao longo deste trabalho.

A doutrina de Nelson Eizirik coloca que o voto, dentro da temática do usufruto, será livremente pactuado: poderá ser exercido por uma das partes em todas as matérias, ou em algumas delas pelo nu-proprietário e em outras pelo usufrutuário. A exigência legislativa de um acordo pactuado entre as partes levou em consideração o conflito de interesses que pode existir entre nu-proprietário e o usufrutuário. O nu-proprietário deseja, em tese, o reinvestimento dos lucros nas atividades empresariais, enquanto o usufrutuário deseja, a priori, receber dividendos[37].

Modesto Carvalhosa, ao analisar a temática do usufruto acionário reconhece o problema da titularidade do direito de voto de ações gravadas. O autor traz alguns argumentos a favor da outorga da titularidade do direito de voto ao usufrutuário, em caso de inexistência de acordo, conforme abaixo:

[35] LAMY, Alfredo; BULHÕES PEDREIRA, José Luiz (Coord.). **Direito das Companhias**. 2ª ed. São Paulo: Forense, 2017, pp. 287.

[36] MAGALHÃES, Roberto Barcellos de Magalhães. **A Nova Lei das Sociedades por Ações Comentada**. Volume II. Rio de Janeiro: Livraria Freiras Bastos, 1997, p. 591.

[37] EIZIRIK, Nelson. **A Lei das S/A Comentada**. Vol. 2, 2ª ed. São Paulo: Quartier Latin, 2015, p. 202.

> "A favor da outorga do direito de voto ao usufrutuário apresenta-se o argumento de que as decisões das assembleias não são outra coisa senão *atos de administração.*
>
> Em contrapartida, os que defendem a atribuição do voto ao nu-proprietário fundamentam a sua atitude negando o caráter meramente administrativo ou de conservação de direitos das decisões da assembleia-geral. É possível que decisões da assembleia alcancem inclusive alterações no estado patrimonial ou estrutural da companhia.
>
> Há uma terceira corrente conciliatória que entende dever o usufrutuário exercer o voto nas *assembleias ordinárias* e o nu-proprietário nas *assembleias extraordinárias.* O fundamento dessa orientação, portanto, é *ratione materiae.*
>
> É natural a tendência do usufrutuário em querer a distribuição da maior parcela possível do lucro em forma de dividendos, enquanto o nu-proprietário da ação terá interesse em *reter esse lucro para efeito de valorizá-la,* pela acumulação do patrimônio líquido." (grifos nossos)

As diferentes correntes trazidas por Carvalhosa são traduzidas por escolhas legislativas. As leis acabam definindo uma forma de atribuir o direito de voto às partes envolvidas pelo usufruto acionário. O trabalho trará no capítulo 3.4 uma análise de direito comparado com outros diplomas legais, que tratam do direito de voto de participações societárias gravadas com usufruto.

No tocante à titularidade do direito de voto, a doutrina buscou se organizar em basicamente os adeptos de duas teorias. A primeira teoria, denominada unitarista, coloca que os ordenamentos jurídicos se baseiam em teses que somente uma das partes, usufrutuário ou nu-proprietário, é parte legítima para manifestar o seu voto. Os defensores do usufrutuário retomam a ideia de que o voto é um ato de administração ou ato de conservação do bem gravado. Em contrapartida, os defensores do nu-proprietário argumentam que recai o voto a esta parte, uma vez que o voto é inerente à condição de sócio e não há possibilidade de dissociação do voto da ação[38].

A doutrina opositora, conhecida como dualista, indica a possibilidade de atribuir o direito de voto às duas partes (nu-proprietário e usufrutuário). O exercício dessa prerrogativa dependerá do tipo de deliberação a ser tomada ou o tipo de assembleia a ser realizada, ou mesmo a existência de um acordo prévio entre as partes[39]. Essa teoria possibilita uma dupla titularidade do poder de voto, a qual variará conforme o teor da deliberação que precisa ser votada, bem como seus efeitos sobre as ações gravadas.

Dispõe a norma brasileira que se não for previsto a quem pertence o direito de voto, no instrumento de usufruto, então só poderá ser exercido mediante prévio acordo entre o acionista e o usufrutuário. Relega às partes a questão do exercício deste direito, de forma que se as partes não acordarem, então não caberá a ninguém o voto. Portanto, o voto ficará inutilizado[40]. Na contramão, quando há entendimento prévio entre o nu-proprietário e o usufrutuário, há o fracionamento do domínio, sendo que ambos exercem simultaneamente os seus direitos[41].

[38] VERSANI, Fernanda Valle. **Usufruto de Participações Societárias: Uma visão de planejamento sucessório em empresas familiares**. São Paulo: D'Plácido, 2017, p. 149-150.

[39] VERSANI, Fernanda Valle. **Usufruto de Participações Societárias: Uma visão de planejamento sucessório em empresas familiares**. São Paulo: D'Plácido, 2017, p. 152.

[40] LUCENA, José Waldecy. **Das Sociedades Anônimas – Comentários à Lei**. Volume 1. Rio de Janeiro: Renovar, 2009, p. 1.054.

[41] KULCSAR, Daniel Fernandes "O Usufruto de Ações: Uma Análise sobre os Desdobramentos de seus Direitos Políticos e Econômicos." In **Estudos Aplicados de Direito Empresarial Societário**, org. Ana Cristina Kleindienst. Vol. 1, 1ª ed. São Paulo: Almedina, 2019, p. 132.

É razoável ficar com dúvidas com relação à titularidade do direito de voto de ações gravadas com usufruto. É bastante lógico o argumento pró-usufrutuário uma vez que cabe a esta parte o direito de posse, de uso e de percepção dos frutos, do bem gravado com usufruto e, em razão disso, a administração do mesmo também deveria ser exercida pelo usufrutuário em toda a sua plenitude[42]. O voto seria nada mais do que a administração do bem gravado e, por consequência, deveria ser atribuído ao usufrutuário. Entretanto, o caminho adotado pela legislação brasileira foi a da exigência do acordo prévio entre as partes para o exercício desse direito.

2.1.1. Acordo prévio

O acordo prévio sobre o exercício do voto nas assembleias é permitido dada a natureza especial do usufruto, que transfere ao usufrutuário quase todos os direitos próprios do acionista[43]. O acordo prévio que contém a estipulação do voto é o instrumento de legitimação do indivíduo poder votar na assembleia geral da companhia[44].

Trajano de Miranda Valverde, autor do anteprojeto do diploma de 1940 (antecessor da Lei das Sociedades por Ações), compreende que os interessados, especificamente o nu-proprietário e o usufrutuário, poderão estipular o que entenderem sobre a maneira pela qual o direito de voto será exercido pelas partes. Assim sendo, poderão discriminar as matérias sobre as quais votará o proprietário ou o usufrutuário[45].

[42] VIDIGAL, Geraldo de Camargo, MARTINS, Ives Gandra da Silva. **Comentários à Lei das Sociedades por Ações.** 1ª ed. Rio de Janeiro: Forense, 1999, p. 40.

[43] MARTINS, Fran. **Comentários à Lei das Sociedades Anônimas.** 4ª ed. São Paulo: Forense, 2017, p. 393.

[44] LUCENA, José Waldecy. **Das Sociedades Anônimas – Comentários à Lei.** Volume 1. Rio de Janeiro: Renovar, 2009, p. 1.055.

[45] VALVERDE, Trajano de Miranda. **Sociedades por Ações.** Vol. I. São Paulo: Forense, 1941, pp. 73-74.

Daniel Kulcsar entende, desde que direitos econômicos sejam objeto do usufruto, total ou parcialmente, que o direito de voto poderia ser livremente pactuado entre as partes, independente da parcela de frutos a que cada uma delas faz jus[46]. Ou seja, para ser caracterizado o usufruto é necessário que haja ao menos parcialmente a fruição dos direitos econômicos da ação, e, o acordo prévio vinculará as partes, conforme maneira livremente definida.

Renato Ventura Ribeiro coloca algumas considerações sobre o conteúdo do acordo prévio. Para o autor, pode haver a estipulação de voto em razão das matérias, sendo fixada em quais decisões caberá o direito de voto a cada parte envolvida e de quem será a competência nas demais deliberações. Em razão da inexistência do acordo prévio, o autor compreende haver a possibilidade de prejuízo à companhia, pela falta de obtenção de quórum de aprovação das matérias em assembleia e a paralisia decisória, caso não haja concordância entre as partes [47].

Uma vez reservado o direito de voto a qualquer uma das partes por meio do acordo prévio, o próprio art. 114 torna-se inaplicável. Além disso, vale dizer que o acordo de votos não precisa ser por escrito, podendo a conduta das partes servir de elemento para interpretação da vontade das partes[48]. Para reforçar este argumento, o trabalho demonstrará no capítulo 5 um caso em que a conduta das partes configurou um acordo tácito para o exercício do direito de voto.

[46] KULCSAR, Daniel Fernandes "O Usufruto de Ações: Uma Análise sobre os Desdobramentos de seus Direitos Políticos e Econômicos." In **Estudos Aplicados de Direito Empresarial Societário**, org. Ana Cristina Kleindienst. Vol. 1, 1ª ed. São Paulo: Almedina, 2019, p. 134.

[47] RIBEIRO, Renato Ventura. **Direito de Voto nas Sociedades Anônimas**. São Paulo. Editora Saraiva, 2009, p. 296.

[48] LAZZARESCHI, Alfredo. **Lei das Sociedades por Ações Anotada**. Vol. I, 4ª ed. São Paulo: Societatis Edições, 2017, pp. 225-226.

Por fim, recomenda-se constar no ato de constituição do gravame ou no acordo de votos o procedimento que será adotado, caso uma das partes seja prejudicada em função da exclusão da companhia, em decorrência de ato ilícito praticado pela outra parte[49]. Em associação a isso, o acordo prévio pode incluir formas de resolução de controvérsias, de modo a acelerar a solução de um conflito instalado entre o nu-proprietário e o usufrutuário.

2.1.2. Usufrutuário como controlador

Fábio Konder Comparato caracteriza o controlador de uma sociedade como o indivíduo ou conjunto de indivíduos que tem os votos decisivos nas assembleias, e não necessariamente o proprietário das ações[50].

Com base nesse ensinamento de Comparato, é necessário fazer uma pequena digressão sobre a posição do usufrutuário detentor do direito de voto frente à companhia e os demais *stakeholders*. Se o voto for exercido pelo usufrutuário, consoante a convenção de votos, este, em razão do fracionamento da propriedade com a constituição do usufruto, deve ser considerado como pessoa legitimada pela lei para o exercício deste direito de voto[51].

Agora, se a totalidade ou pelo menos a maioria das ações emitidas por uma companhia estiverem gravadas com o usufruto e com o direito de voto atribuído ao usufrutuário? A Lei das Sociedades por Ações inclui no conceito de acionista con-

[49] VERSANI, Fernanda Valle. **Usufruto de Participações Societárias: Uma visão de planejamento sucessório em empresas familiares**. São Paulo: D'Plácido, 2017, p. 208.

[50] COMPARATO, Fabio Konder. **O poder de controle na sociedade anônima**. 3. ed. Rio de Janeiro: Forense, 1983, p.85.

[51] CARVALHOSA, Modesto. **Comentários à Lei De Sociedades Anônimas**. Vol. 2, 6ª ed. São Paulo: Saraiva Jurídica, 2010, p. 533.

trolador – constante do artigo 116[52] – o usufrutuário que exerce o direito de voto[53]. O usufrutuário de ações poderá ser considerado como o "acionista controlador", ao apresentar-se como titular de direitos de voto que lhe asseguram, de modo permanente, a maioria das deliberações da assembleia geral e o poder de eleger a maioria dos administradores da companhia, com o uso efetivo do seu poder para dirigir as atividades sociais e orientar o funcionamento dos órgãos da companhia.

Wald também concorda com a tese de Comparato sobre controle exercido pelo usufrutuário. Para o autor, o controle é uma situação de fato, na qual o acionista majoritário, ou até o minoritário tem o comando político da empresa, em virtude dos votos que lhe assegurem o direito de eleger os órgãos administrativos e o comando das deliberações sociais. Quer decorra da propriedade, de usufruto ou de acordo de acionistas, este poder caracteriza-se pelo fato de estar sendo exercido efetivamente[54].

Como a doutrina concorda que é possível o exercício do poder de controle pelo usufrutuário, não se pode afastar a possi-

[52] Art. 116. Entende-se por *acionista controlador a pessoa, natural ou jurídica, ou o grupo de pessoas vinculadas por acordo de voto,* ou sob controle comum, que:
a) é *titular de direitos de sócio* que lhe assegurem, de modo permanente, a maioria dos votos nas deliberações da assembleia-geral e o poder de eleger a maioria dos administradores da companhia; e
b) usa efetivamente seu poder para dirigir as atividades sociais e orientar o funcionamento dos órgãos da companhia.
Parágrafo único. O acionista controlador deve usar o poder com o fim de fazer a companhia realizar o seu objeto e cumprir sua função social, e tem deveres e responsabilidades para com os demais acionistas da empresa, os que nela trabalham e para com a comunidade em que atua, cujos direitos e interesses deve lealmente respeitar e atender. (grifos nossos)

[53] Eizirik, Nelson. **A Lei das S/A Comentada**. Vol. 2, 2ª ed. São Paulo: Quartier Latin, 2015, p. 206.

[54] Wald, Arnoldo. **Do regime jurídico do usufruto de cotas de sociedade de responsabilidade limitada e de ações de sociedades anônimas.** Revista de Direito Mercantil, n. 77, 1990, p. 13.

bilidade do usufrutuário fazer parte, inclusive, da celebração de acordos de acionistas[55]. Além disso, como o usufrutuário pode ser considerado o controlador, ficaria sujeito às responsabilidades impostas ao controlador pela Lei das Sociedades por Ações, e poderia ser passivo de sofrer ação de responsabilização pela eventual atuação de abuso do poder de controle.

2.1.3. Usufruto apenas dos direitos políticos

Visto o funcionamento do usufruto acionário, é possível pensar se haveria a possibilidade de constituição desse gravame apenas sobre os direitos políticos das ações. Em outras palavras, seria possível gravar ações exclusivamente no tocante ao direito de voto associado às participações societárias?

Nelson Eizirik é contrário a esta possibilidade. O usufruto, para o autor, apenas do direito de voto é nulo, por não satisfazer o requisito essencial do negócio jurídico. É da essência do usufruto o direito do usufrutuário aos frutos da coisa gravada. No usufruto constituído sobre a ação, o único fruto é o dividendo. O voto não é fruto da ação, é exercício de direito nela contido como instrumento para que o acionista contribua para a formação da vontade social[56].

Lamy e Bulhões têm uma posição parecida. Os autores compreendem que a essência do usufruto é o direito do usufrutuário aos frutos da coisa gravada, e o usufruto que é constituído somente sobre o direito de voto é nulo porque não satisfaz requisito essencial do negócio, sem o qual não se configura a existência do negócio jurídico de usufruto. Portanto, o direito de voto não pode ser objeto de usufruto. A proibição também advém

[55] VERSANI, Fernanda Valle. **Usufruto de Participações Societárias: Uma visão de planejamento sucessório em empresas familiares**. São Paulo: D'Plácido, 2017, p. 173.

[56] EIZIRIK, Nelson. **A Lei das S/A Comentada**. Vol. 2, 2ª ed. São Paulo: Quartier Latin, 2015, p 206.

do princípio geral de que o direito de voto (indissociável da ação) não pode ser alienado ou cedido independentemente da própria ação[57].

Lucena questionou quais seriam os frutos da ação. Em resposta feita na sua obra sobre usufruto de ações, o autor coloca que os frutos são os dividendos e as bonificações. Contudo, o autor reconhece que existem as utilidades de um bem. No caso de ações, as utilidades são todos os demais direitos que delas emanam, tais como o direito de voto e o direito de subscrição preferencial. A rigor, o acionista que doou as ações em usufruto fica, apenas, com a propriedade nua, enquanto o usufrutuário retém os frutos e utilidades, inclusive[58].

Não foi possível encontrar doutrinadores que defendem a possibilidade da constituição de usufruto apenas sobre os direitos políticos das ações. Mas é possível inferir que quem defende essa tese pode entender que o voto é uma utilidade inerente à ação e, por essa razão, poderia ser usado e gozado independentemente dos direitos econômicos. De todo modo, parecem razoáveis os argumentos de Eizirik, Lamy e Bulhões sobre a nulidade de usufruto acionário constituído apenas sobre o direito de voto, uma vez que o voto não poderia ser considerado um fruto devido à falta da sua essencialidade econômica.

2.2. Análise do art. 114 da Lei das Sociedades por Ações

Neste capítulo serão apresentadas as principais interpretações doutrinárias sobre o art. 114 da Lei das Sociedade por Ações. O objetivo é traçar uma linha de entendimento sobre a temática do direito de voto de ações gravadas com usufruto.

[57] LAMY, Alfredo; BULHÕES PEDREIRA, José Luiz (Coord.). **Direito das Companhias.** 2ª ed. São Paulo: Forense, 2017, pp. 286-288.

[58] LUCENA, José Waldecy. **Das Sociedades Anônimas – Comentários à Lei.** Volume 1. Rio de Janeiro: Renovar, 2009, p. 1.054.

Primeiramente, vale retomar o breve histórico desse dispositivo da legislação societária. O atual art. 114 foi retomado quando da promulgação da Lei das Sociedades Anônimas com redação bastante similar ao antigo art. 84 do Decreto-Lei nº 2.627 de 26 de setembro de 1940, conforme transcrito abaixo:

> "Art. 84 – No usufruto de ações, o direito de voto somente poderá ser exercido mediante prévio acordo entre o proprietário e o usufrutuário."

A exposição de motivos nº 196 de 24 de junho de 1976 organizada pelo então Ministério da Fazenda coloca que o artigo 114, no tocante ao direito de voto, mantêm as normas da lei então em vigor (ou seja, o art. 84 do Decreto-Lei nº 2.617 de 1940), aplicáveis ao usufruto[59].

Trajano de Miranda Valverde concordava com a exigência de um acordo prévio reduzido a termo entre usufrutuário e nu-proprietário para o exercício do direito de voto. O autor entendia que se nenhuma das partes chegasse a um acordo sobre o exercício do direito de voto, nenhuma delas teria a qualidade para exercê-lo. Quando analisou o então art. 84, o autor justificava a escolha legislativa pela necessidade do acordo, a partir da seguinte premissa: o proprietário e usufrutuário estão interessados no funcionamento normal da sociedade e, por consequência, hão de encontrar sempre uma fórmula de conciliação para a defesa dos seus direitos. Se o conflito se instala, somente o Judiciário poderá resolvê-lo[60]. Esse entendimento foi poste-

[59] BRASIL. Comissão de valores mobiliários. **Exposição de motivos nº 196, de 24 de junho de 1976, do Ministério da Fazenda**. <http://www.cvm.gov.br/export/sites/cvm/legislacao/leis-decretos/anexos/em196-lei6404.pdf>. Acesso em: 5 ago. 2019.

[60] VALVERDE, Trajano de Miranda. **Sociedades por Ações**. Vol. I. São Paulo: Forense, 1941, pp. 73-74.

riormente consolidado no Parecer da CVM/SJU de 1980, conforme analisado no capítulo 5.1.1 deste trabalho.

Embora com redação diversa, Carvalhosa coloca que o sentido do preceito revogado era o mesmo da lei vigente de 1976 e o art. 114 reiterou o partido tomado pelo Decreto-Lei n. 2.627 de 1940 que negava o exercício do direito de voto, tanto ao nu-proprietário, quanto ao usufrutuário na ausência de acordo sobre o sufrágio. O autor é um veemente crítico dessa orientação legislativa. Primeiramente, entende Carvalhosa que a exigência de acordo formal tem o condão de negar o voto por razões formais, confundindo uma questão de procedimento com a atribuição material e, portanto, substantiva do voto.

Além disso, há a possibilidade de grande parte, ou da totalidade das ações estarem gravadas com usufruto e, nesses casos se houver um conflito entre o usufrutuário e o nu-proprietário, a sociedade ficaria sem votos suficientes para a deliberação de determinadas matérias. Carvalhosa discorda de Miranda Valverde que caberia ao Judiciário decidir a quem se atribui o direito de voto. Seria atribuição do Judiciário, tão somente a decretação da validade do acordo prévio existente entre as partes[61].

Fernanda Versani apoia a tese de Carvalhosa, uma vez que entende não caber ao Poder Judiciário suprir a autonomia privada das partes, e, determinar a qual delas caberia o direito de voto diante da lacuna ou inexistência de um acordo[62]. Em linha também com essa posição, Leães entende que ao Judiciário caberia, no máximo, decretar a validade ou não de even-

[61] Carvalhosa, Modesto. **Comentários à Lei De Sociedades Anônimas.** Vol. 2, 6ª ed. São Paulo: Saraiva Jurídica, 2010, p. 530.

[62] Versani, Fernanda Valle. **Usufruto de Participações Societárias: Uma visão de planejamento sucessório em empresas familiares.** São Paulo: D'Plácido, 2017, p. 157.

tual acordo preexistente questionado e não entregar a uma das partes a titularidade do voto[63].

Leonardo Peixer também critica a redação simplória do art. 114 da Lei das Sociedades por Ações. Os autores indicam a existência de uma omissão legal, haja vista que a lei cita anterior ou posterior convenção entre o nu-proprietário e o usufrutuário de ações da sociedade anônima, acerca do exercício do direito de voto, entretanto, omite-se ao deixar de declarar qual a saída para o caso de conflito existente entre aqueles sujeitos[64]. O autor dá um passo além ao propor uma alteração na redação do texto legal, de modo a suprimir a omissão que acarreta inúmeros prejuízos às companhias com a suspensão do direito de voto[65].

Em oposição ao pensamento de Carvalhosa, Fran Martins apoia a orientação legislativa sobre usufruto acionário adotada pelo direito brasileiro. A solução acertada entre as partes para o exercício do direito de voto mantém, segundo o autor, os interesses do usufrutuário e do nu-proprietário alinhados em relação à sociedade. Além disso, a lei exige que, previamente à realização da assembleia, haja um acordo entre o proprietário das ações e o usufrutuário para conhecer quem exercerá o direito de voto. Sem isso há o descumprimento da lei e, por consequência, as ações serão privadas de voto nas assembleias gerais[66].

[63] LEÃES, Luiz Gastão Paes de Barros. **O Direito de Voto de Ações Gravadas com Usufruto Vidual; em Pareceres. São Paulo: Editora Singular**, 2004, p. 1.363.

[64] PEIXER, Leonardo. **O exercício do direito de voto do usufrutuário de ações da sociedade anônima**. Disponível em: https://jus.com.br/artigos/36058/o-exercicio-do-direito-de-voto-do-usufrutuario-de-acoes-da-sociedade-anonima/. Acesso em: 23 de julho de 2019, p. 02.

[65] PEIXER, Leonardo. **O exercício do direito de voto do usufrutuário de ações da sociedade anônima**. Disponível em: https://jus.com.br/artigos/36058/o-exercicio-do-direito-de-voto-do-usufrutuario-de-acoes-da-sociedade-anonima/. Acesso em: 23 de julho de 2019, pp. 38-39.

[66] MARTINS, Fran. **Comentários à Lei das Sociedades Anônimas.** 4ª ed. São Paulo: Forense, 2017, p. 393.

Lamy e Bulhões aderiram a corrente majoritária, a qual indica que não havendo acordo prévio entre nu-proprietário e usufrutuário, nenhum dos dois poderá exercer o direito de voto. Entretanto, as partes têm liberdade para determinar contratualmente como o voto será exercido, por meio do acordo prévio. A lei dá liberdade para as partes poderem estabelecer condições para o exercício do voto como consulta prévia ao outro, enumerar as matérias que serão votadas independentemente por um ou outro, ou estipular a necessidade permanente de concordância das partes[67].

Waldecy Lucena concorda com a suspensão do direito de voto sob a ótica da legitimação do voto, conforme a seguir[68]:

> "A *legitimação do usufrutuário*, que se investiu em parcela dos direitos reais das ações gravadas, assenta-se na *convenção de votos*. Em contrapartida, a *legitimação do nu-proprietário* ao voto, embora atrelada à convenção, decorre de sua *qualidade de acionista*, ou seja, titular das ações.
>
> (...)
>
> Sem a convenção de votos ou instrução no ato de constituição do gravame, *ficam impedidos de participar* das deliberações sociais, por *falta de legitimação* ao exercício do voto." (grifos nossos)

Geraldo Vidigal e Ives Gandra, seguindo linha diversa, colocam que a exigência do acordo prévio pela lei não teve outra finalidade a não ser de evitar, ou ao menos disciplinar o real conflito de interesses existente entre as partes. Esse conflito de interesses existe da seguinte forma: ao usufrutuário importa, antes de tudo, a maior distribuição dos lucros, em forma de

[67] LAMY, Alfredo; BULHÕES PEDREIRA, José Luiz (Coord.). **Direito das Companhias**. 2ª ed. São Paulo: Forense, 2017, p. 287.

[68] LUCENA, José Waldecy. **Das Sociedades Anônimas – Comentários à Lei.** Volume 1. Rio de Janeiro: Renovar, 2009, p. 1.057.

dividendos, enquanto o interesse do nu-proprietário se situa no extremo oposto, qual seja o de retenção do lucro para efeito da valorização das ações, pela acumulação do patrimônio líquido. Apesar desse conflito, o artigo da lei não exige um determinado formato para o acordo prévio, nem veda a alteração posterior pelas partes da convenção de votos acordada[69].

Utilizando o argumento do conflito de interesses, Leães reflete sobre a peculiaridade da lei com relação ao direito de voto, a qual nega o seu exercício se ausente acordo entre o proprietário e usufrutuário. Ao optar pelo impedimento do exercício do voto, na ausência de acordo entre as partes, a lei levou em conta o irrecusável conflito de interesses existente entre proprietário e usufrutuário, no que tange à distribuição de dividendos, cabendo a eles encontrar uma fórmula de conciliação para a defesa dos seus interesses, sob pena de suspensão do exercício do voto[70]. Em relação ao diploma anterior, o autor relembra que o art. 114 apenas acrescentou que esse acordo poderá ser regulado tanto no instrumento de constituição do gravame como um pacto posterior[71].

Eizirik concorda com o caráter imperativo do preceito, colocando que, inexistindo prévio acordo entre nu-proprietário e usufrutuário, às ações gravadas não é atribuído o direito de voto[72]. Em complemento, Daniel Kulcsar entende que o art. 114 permite às partes a completa e irrestrita liberdade para deter-

[69] VIDIGAL, Geraldo de Camargo, MARTINS, Ives Gandra da Silva. **Comentários à Lei das Sociedades por Ações**. 1ª ed. Rio de Janeiro: Forense, 1999, p. 339.

[70] LEÃES, Luiz Gastão Paes de Barros. **O Direito de Voto de Ações Gravadas com Usufruto Vidual**; em Pareceres. São Paulo: Editora Singular, 2004, pp. 1.362-1.363.

[71] LEÃES, Luiz Gastão Paes de Barros. **O Direito de Voto de Ações Gravadas com Usufruto Vidual**; em Pareceres. São Paulo: Editora Singular, 2004, p. 1.364.

[72] EIZIRIK, Nelson. **A Lei das S/A Comentada**. Vol. 2, 2ª ed. São Paulo: Quartier Latin, 2015, p. 206.

minar previamente como o direito de voto será atribuível e exercível, buscando evitar uma possível dualidade de titularidade do direito de voto nas decisões assembleares[73].

Como é possível notar, há inúmeros entendimentos trazidos pelos doutrinadores pesquisados. Não obstante as críticas ao próprio art. 114, a doutrina pesquisada concorda majoritariamente pela suspensão do direito de voto, em caso de conflito entre nu-proprietário e usufrutuário. Esta orientação, embora mantida por vários anos, tem defeitos notórios em razão da redação simples e omissa da lei.

A seguir, o trabalho buscará demonstrar outras opções legislativas adotadas pelo direito estrangeiro, dentro da temática do usufruto de ações.

2.3. Direito comparado

A escolha do legislador brasileiro de apenas permitir o exercício do direito de voto de participações gravadas com usufruto após acordo prévio entre nu-proprietário e usufrutuário é uma posição *sui generis* frente a outros exemplos do direito comparado. Abaixo, seguem algumas posições do direito estrangeiro sobre a temática do direito de voto das ações em usufruto.

No exterior, atribui-se o voto ao usufrutuário no direito italiano e suíço, conforme previsto pelo código italiano no art. 2.352 e no código suíço no art. 690, 2ª alínea[74]. A lei italiana atribui o direito de voto ao usufrutuário, salvo convenção em contrário, de modo que o usufrutuário vota em nome próprio

[73] KULCSAR, Daniel Fernandes "O Usufruto de Ações: Uma Análise sobre os Desdobramentos de seus Direitos Políticos e Econômicos." In **Estudos Aplicados de Direito Empresarial Societário**, org. Ana Cristina Kleindienst. Vol. 1, 1ª ed. São Paulo: Almedina, 2019, p. 125.

[74] LUCENA, José Waldecy. **Das Sociedades Anônimas – Comentários à Lei**. Volume 1. Rio de Janeiro: Renovar, 2009, p. 1.054.

e não como mero representante do nu-proprietário[75]. Os dois códigos fundamentam-se na ideia de que a lei cabe ao usufrutuário a titularidade do voto, porque o exercício deste direito é um ato de "administração" do bem[76].

Em contraposição, a lei espanhola de 17 de julho de 1951, no art. 41, atribuiu ao nu-proprietário o exercício do voto, podendo, no entanto, haver acordo modificativo entre as partes. A lei argentina, em linha com a espanhola, também outorgou o direito de voto ao nu-proprietário, sob o argumento de caber ao nu-proprietário todos os direitos de conteúdo não patrimonial (Decreto n. 841/1984 - art. 218)[77]. Para esses dois direitos, é mantido o status de sócio apenas na figura do nu-proprietário.

Já na França e em Portugal, optou-se por outorgar ao usufrutuário o direito de voto conforme o tipo de deliberação a ser tomada pela assembleia. No caso da França, foi seguida uma doutrina intermediária, ao determinar que o direito de voto pertence ao usufrutuário nas assembleias ordinárias e ao nu-proprietário, nas assembleias extraordinárias, conforme prevê na Lei 55-537 de 1966 no art. 163. A lógica do comando legislativo do direito francês fundamenta-se em *ratione materiae*, ou seja, na matéria deliberada para cada tipo de assembleia[78]. O direito português, por sua vez, outorga o direito de voto ao usufrutuário, mas reconhece a possibilidade de voto conjunto com o nu-proprietário, nos casos de dissolução ou alterações no estatuto.

[75] LAMY, Alfredo; BULHÕES PEDREIRA, José Luiz (Coord.). **Direito das Companhias.** 2ª ed. São Paulo: Forense, 2017, p. 288.

[76] LEÃES, Luiz Gastão Paes de Barros. **O Direito de Voto de Ações Gravadas com Usufruto Vidual**; em Pareceres. São Paulo: Editora Singular, 2004, p. 1.363.

[77] CARVALHOSA, Modesto. **Comentários à Lei De Sociedades Anônimas.** Vol. 2, 6ª ed. São Paulo: Saraiva Jurídica, 2010, p. 532.

[78] CARVALHOSA, Modesto. **Comentários à Lei De Sociedades Anônimas. Vol. 2, 6ª ed. São Paulo: Saraiva Jurídica, 2010**, p. 532.

Em resumo, as legislações estrangeiras que concordam com a teoria unitarista são a italiana, suíça, espanhola e argentina, sendo que as duas primeiras apoiam a causa do usufrutuário, sob argumentos de direitos de administração dos bens e as demais apoiam o nu-proprietário, pois esta parte tem interesses mais duradouros na companhia, se comparados aos interesses temporários dos usufrutuários. A teoria dualista é apoiada, por sua vez, pelas legislações francesa, portuguesa e brasileira. Segundo a teoria dualista, é possível atribuir o direito de voto ao usufrutuário ou ao nu-proprietário, conforme o tipo de assembleia ou conforme a existência de um acordo prévio entre as partes[79].

No tocante ao direito brasileiro, foi escolhida pelo legislador a teoria dualista em que o direito de voto deverá ser definido mediante instrumento prévio firmado conjuntamente pelo usufrutuário e pelo nu-proprietário. A grande desvantagem dessa escolha do legislador brasileiro frente às demais legislações trazidas é a dificuldade de prever todas as hipóteses, nas quais pode ser necessária manifestação do voto no acordo prévio, já que são inúmeras as matérias passíveis de serem objeto de assembleia[80].

2.4. Limites do direito de voto

Apesar dos comentários acima trazidos por este trabalho sobre os entendimentos referentes ao art. 114 da Lei das Sociedades por Ações, existe um tópico de extrema importância na temática do usufruto acionário: os limites do direito de voto.

[79] VERSANI, Fernanda Valle. **Usufruto de Participações Societárias: Uma visão de planejamento sucessório em empresas familiares.** São Paulo: D'Plácido, 2017, pp. 151-152.

[80] VERSANI, Fernanda Valle. **Usufruto de Participações Societárias: Uma visão de planejamento sucessório em empresas familiares.** São Paulo: D'Plácido, 2017, p. 153.

Uma vez atribuído o direito de voto, por acordo prévio escrito, convenção tácita, testamento ou qualquer instrumento, ao usufrutuário ou ao nu-proprietário, conforme o caso, existe a possibilidade de imposição contratual de certos limites no exercício do direito de voto. Não obstante a possibilidade de limitação contratual, mesmo em casos de liberdade plena do exercício do direito de voto por qualquer uma das partes, a doutrina entende que existe um limite para a atuação política do usufrutuário e do nu-proprietário em determinadas matérias, conforme abaixo. Mesmo quando o usufrutuário for o titular do direito de voto, não poderia exercê-lo para satisfazer exclusivamente os seus interesses próprios, devendo fazê-lo no interesse social e sem causar prejuízo dos direitos do nu-proprietário, sob pena de responsabilização por eventuais danos à sociedade[81].

Fábio Konder Comparato estudou com maestria os limites do usufruto acionário, principalmente no tocante ao exercício de voto. Para ele, o poder de voto não deve ser exercido de modo a prejudicar o interesse do outro titular do direito real. É excluído que o titular do poder de voto exerça de forma a alterar, ainda que indiretamente o conteúdo ou alcance dos direitos patrimoniais do outro titular de direito real sobre as ações[82].

Não há uma lista exaustiva de matérias em que as partes teriam seu voto restrito à concordância da outra. Contudo, Comparato lembra que altera a substância da coisa, e, portanto, age abusivamente o usufrutuário que vota, sem prévio acordo com o nu-proprietário, a favor da dissolução da companhia, da

[81] VERSANI, Fernanda Valle. **Usufruto de Participações Societárias: Uma visão de planejamento sucessório em empresas familiares**. São Paulo: D'Plácido, 2017, p. 161.

[82] COMPARATO, Fabio Konder. "Sociedade Anônima – Ações ao Portador – Inexistência de Quase Usufruto – Limites ao Exercício dos Direitos do Usufrutuário". In **Doutrinas Essenciais de Direito Empresarial**. Vol. 3, 2010., p. 1.157.

sua incorporação em outra, da sua fusão com outra, da mudança do objeto social, da venda do seu acervo, da redução do seu capital[83]. Trajano de Miranda Valverde adiciona que a possibilidade de alienação das ações também não poderá efetuar-se sem o prévio acordo entre o usufrutuário e o nu-proprietário[84].

Concordando com a posição de Comparato, os autores Sérgio Botrel e Bernardo Fiorini indicam que não poderá o usufrutuário votar em matérias que versem sobre reorganização societária, ou qualquer outra que atinja a substância da ação. Esse entendimento se amolda ao disposto no art. 1.399 do Código Civil[85], sendo vedado ao usufrutuário alterar, unilateralmente, a destinação econômica do bem objeto do usufruto[86].

Não obstante, também não estaria legitimado o usufrutuário aprovar, sem acordo com o nu-proprietário, em assembleia, matérias que ensejam pela declaração de dissidência, a retirada da companhia[87]. O recesso tem a natureza equivalente do poder de disposição das ações, poder este atribuído sempre ao nu-proprietário. Apesar disso, Fernanda Versani discorda da

[83] COMPARATO, Fabio Konder. "Sociedade Anônima – Ações ao Portador – Inexistência de Quase Usufruto – Limites ao Exercício dos Direitos do Usufrutuário". In **Doutrinas Essenciais de Direito Empresarial**. Vol. 3, 2010., p. 1.157.

[84] VALVERDE, Trajano de Miranda. *Sociedades por Ações*. Vol. I. São Paulo: Forense, 1941, p. 206.

[85] "Art. 1.399 – O usufrutuário pode usufruir em pessoa, ou mediante arrendamento, o prédio, mas não mudar-lhe a *destinação econômica*, sem expressa autorização do proprietário." (grifos nossos)

[86] BOTREL, Sérgio; FIORINI, Bernardo. H. M. **Usufruto de ações: compatibilização e harmonização das regras do Código Civil com a Lei das Sociedades Anônimas**. XXI Encontro Nacional do CONPEDI – Uberlândia. 1ª ed., 2012, v. 1, p. 5.930.

[87] COMPARATO, Fabio Konder. "Sociedade Anônima – Ações ao Portador – Inexistência de Quase Usufruto – Limites ao Exercício dos Direitos do Usufrutuário". In **Doutrinas Essenciais de Direito Empresarial**. Vol. 3, 2010., p. 1.157.

possibilidade de sub-rogação do direito real sobre o dinheiro recebido a título de reembolso da participação societária. Para a autora, em caso de direito de retirada aprovado por ambas as partes, ocorrerá a extinção do usufruto[88].

Wald apenas concorda com o direito de retirada ser um limite ao exercício do direito de voto atribuído ao usufrutuário. Para o autor, sendo o usufrutuário titular dos direitos políticos e, consequentemente, só ele podendo ser o dissidente, pois, em tese, cabe-lhe decidir a respeito da dissidência e da retirada da empresa, que necessita, da concordância do nu-proprietário[89]. Sérgio Botrel e Bernardo Fiorini concordam ao colocarem que o direito de retirada implica o exercício de um ato de disposição das ações, e, em razão disso não poderia ser exercido pelo usufrutuário por ser de titularidade do nu-proprietário/acionista este direito[90].

Vale dizer que diante da liquidação da sociedade, deve-se considerar que o usufrutuário teria direito aos valores apurados em reservas estatutárias de lucro, pois esses valores haviam sido retidos para finalidades específicas da companha, as quais não são mais atingidas em razão da liquidação da sociedade[91]. Esta ideia faz sentido, pois incentivaria o usufrutuário a apro-

[88] VERSANI, Fernanda Valle. **Usufruto de Participações Societárias: Uma visão de planejamento sucessório em empresas familiares.** São Paulo: D'Plácido, 2017, p. 204.

[89] WALD, Arnoldo. **Do regime jurídico do usufruto de cotas de sociedade de responsabilidade limitada e de ações de sociedades anônimas.** Revista de Direito Mercantil, n. 77, 1990, p. 10.

[90] BOTREL, Sérgio; FIORINI, Bernardo. H. M. **Usufruto de ações: compatibilização e harmonização das regras do Código Civil com a Lei das Sociedades Anônimas.** XXI Encontro Nacional do CONPEDI – Uberlândia. 1ª ed., 2012, v. 1, p. 5.932.

[91] VERSANI, Fernanda Valle. **Usufruto de Participações Societárias: Uma visão de planejamento sucessório em empresas familiares.** São Paulo: D'Plácido, 2017, p. 214.

var, na prática, a extinção do seu próprio direito real, em razão da liquidação e dissolução de uma companhia.

Caso o usufrutuário proceda com a aprovação das deliberações mencionadas pelos autores acima, sem a concordância do nu-proprietário, ou seja, dissolução, retirada, liquidação, reorganizações societárias, alterações no objeto social e redução de capital, o usufrutuário age com abuso do direito de voto (apesar de legitimado pelo acordo prévio), devendo apenas limitar-se aos atos que se relacionem com a fruição das ações e não investir contra a própria substância da coisa[92]. Em razão dessa possibilidade de prejuízo ao direito de outrem, é possível a existência de um controle de mérito do voto proferido pelo nu-proprietário ou usufrutuário, conforme o caso.

Estes limites na atuação do usufrutuário parecem aceitáveis, pois reduzem a possibilidade de intensificação do conflito de interesses entre as partes, envolvidas no usufrutuo acionário. O usufrutuário não poderia exercer o direito de voto de forma que possa conflitar com os interesses do nu-proprietário. O usufrutuário também não pode sobrepor os seus interesses aos interesses do nu-proprietário, pois este ainda é o primitivo titular da ação e detém um domínio, mesmo que vazio, sobre as participações societárias gravadas[93].

Há também a possibilidade de existirem limites à atuação política do nu-proprietário, caso o voto seja atribuído a esta parte. Parte da doutrina defende ser o voto atribuído exclusivamente ao nu-proprietário e reforça que as deliberações da assembleia não são atos meramente administrativos, visto que compete a assembleia deliberar sobre questões de profunda relevância, tais como a modificação do estado patrimonial ou

[92] LUCENA, José Waldecy. **Das Sociedades Anônimas – Comentários à Lei.** Volume 1. Rio de Janeiro: Renovar, 2009, p. 1.056.

[93] VIDIGAL, Geraldo de Camargo, MARTINS, Ives Gandra da Silva. **Comentários à Lei das Sociedades por Ações.** 1ª ed. Rio de Janeiro: Forense, 1999, p. 340.

estrutural da companhia[94]. Contudo, a exclusividade do exercício do direito de voto do nu-proprietário pode resultar na possibilidade de negação da distribuição de dividendos ao usufrutuário, com a aprovação reiterada de retenção de lucros pela companhia. Se o legitimado a votar for o nu-proprietário não poderá este agir de tal sorte a prejudicar os interesses econômicos do usufrutuário[95].

Uma forma de coibir o abuso do voto do nu-proprietário seria atribuir o direito de voto ao usufrutuário, se a matéria objeto da votação tiver relação direta com a distribuição de dividendos, considerando ser ele o titular do direito ao recebimento de dividendos[96]. Coelho da Rocha defende inclusive a concessão de garantias ao usufrutuário, conforme abaixo[97]:

> "Na hipótese de o nu-proprietário reservar o direito de voto para si, ocorre considerar sobre eventuais garantias ou amarras a favor do usufrutuário no sentido de não correr o risco de ter diluídos ou apequenados seus direitos patrimoniais por deliberações sociais. É possível condicionar esses limites para o exercício do direito de voto no acordo de acionistas."

Outra forma de coibir práticas abusivas é o usufrutuário demandar sempre do instituidor do usufruto essas limitações

[94] VIDIGAL, Geraldo de Camargo, MARTINS, Ives Gandra da Silva. **Comentários à Lei das Sociedades por Ações.** 1ª ed. Rio de Janeiro: Forense, 1999, p. 339.

[95] LUCENA, José Waldecy. **Das Sociedades Anônimas – Comentários à Lei.** Volume 1. Rio de Janeiro: Renovar, 2009, p. 1.056.

[96] BOTREL, Sérgio; FIORINI, Bernardo. H. M. **Usufruto de ações: compatibilização e harmonização das regras do Código Civil com a Lei das Sociedades Anônimas.** XXI Encontro Nacional do CONPEDI – Uberlândia. 1ª ed., 2012, v. 1, p. 5.927.

[97] ROCHA, João Luiz Coelho. **O voto nas ações em usufruto.** Disponível em: <https://www.migalhas.com.br/dePeso/16,MI250202,51045-O+voto+nas+acoes+em+usufruto/>. Acesso em: 23 de novembro de 2019, p. 4.

ao exercício do voto pelo nu proprietário – sobretudo se este for majoritário – de modo a que não se reduza a distribuição dos lucros da companhia sem critérios objetivos, claros e justificados[98]. Note-se apenas, que em caso de abuso do direito de voto, poderia o usufrutuário ou nu-proprietário impugnar somente as matérias atribuídas a cada um deles no acordo prévio ou nas matérias que afetam seus respectivos direitos[99]

Apesar do acima exposto, a doutrina de Renato Ventura Ribeiro discorda da existência de limites na atuação política do nu-proprietário. Sendo o direito de voto reservado pelo instituidor do usufruto, sem limites, caberá a ele o seu exercício com plenos poderes, salvo em caso de renúncia expressa[100]. Carvalhosa, apesar de não negar expressamente a existência de limites no exercício do direito de voto, entende que a convenção poderia ser livre para definir o voto ao usufrutuário e nu-proprietário, irrestritamente[101].

Como um apanhado geral deste capítulo, foi possível averiguar que na doutrina existem certas discussões sobre a extensão dos limites de atuação política tanto do usufrutuário como do nu-proprietário. Cabe ao usufrutuário conservar e manter o bem gravado entregá-lo ao nu-proprietário no fim do usufruto, mas não pode exercer, sem a concordância do nu-proprietário, o direito de voto em certas deliberações que impliquem na

[98] Rocha, João Luiz Coelho. **O voto nas ações em usufruto.** Disponível em: <https://www.migalhas.com.br/dePeso/16,MI250202,51045-O+voto+nas+acoes+em+usufruto/>. Acesso em: 23 de novembro de 2019, p. 4.

[99] Versani, Fernanda Valle. **Usufruto de Participações Societárias: Uma visão de planejamento sucessório em empresas familiares.** São Paulo: D'Plácido, 2017, p. 166.

[100] Ribeiro, Renato Ventura. **Direito de Voto nas Sociedades Anônimas.** São Paulo: Quartier Latin, 2009, p. 296.

[101] Carvalhosa, Modesto. **Comentários à Lei De Sociedades Anônimas.** Vol. 2, 6ª ed. São Paulo: Saraiva Jurídica, 2010, p. 533.

modificação da substância da ação ou seu valor[102]. Da mesma forma, não pode o nu-proprietário exercer o seu direito de voto de maneira que frustre a possibilidade de fruição pelo usufrutuário dos direitos econômicos associados às ações gravadas, independentemente das disposições previstas no acordo prévio entre as partes.

2.5. Direitos acessórios

Há certos direitos que nem os estatutos sociais, nem a assembleia geral, poderão privar o acionista do seu exercício, conforme expostos no art. 109 na Lei das Sociedades por Ações[103]. Não obstante ao que foi desenvolvido neste capítulo, existem alguns direitos acessórios possivelmente atribuíveis tanto ao nu-proprietário como ao usufrutuário, conforme o caso, mesmo se uma dessas partes não deter o direito de voto sobre as participações gravadas com usufruto.

Eizirik concorda com a tese de que ao nu-proprietário apenas recaem poucos direitos futuros. Para o autor, quando o usufruto abrange a totalidade dos direitos, econômicos e políticos, considera-se que o usufrutuário se equipara ao acionista, mantendo o nu-proprietário a titularidade de alguns direitos, como o de subscrever aumentos de capital e de consolidar a propriedade plena no momento da extinção do usufruto[104]. Arnoldo Wald concorda com essa posição ao colocar que, no caso do usufruto, em que se transferem ao usufrutuário os direitos políticos, o nu-proprietário perde, na realidade, todos os direitos básicos do

102 LAMY, Alfredo; BULHÕES PEDREIRA, José Luiz (Coord.). **Direito das Companhias.** 2ª ed. São Paulo: Forense, 2017, p. 288.

103 PINHEIRO FRANCO, Antonio Celso, PINHEIRO FRANCO, Celina. "**O usufruto e o direito do nu-proprietário das ações das companhias e das quotas das sociedades de responsabilidade limitada**". Revista do Instituto dos Advogados de São Paulo. Vol. 17, 2006, p. 276.

104 EIZIRIK, Nelson. **A Lei das S/A Comentada**. Vol. 2, 2ª ed. São Paulo: Quartier Latin, 2015, p 205.

acionista e transforma-se, em certo sentido, num ator passivo na relação societária. Recaem ao usufrutuário todos os direitos essenciais, inclusive os direitos de fiscalização dos negócios sociais, enquanto titular dos direitos políticos, ficando o nu-proprietário na posição de titular de direitos cuja concretização econômica foi diferida no tempo[105].

Fernanda Versani reforça que o exercício do direito de voto atribuído a uma das partes não poderá impedir ou dificultar o comparecimento da outra à assembleia geral[106]. Lamy e Bulhões concordam com essa posição. O usufruto não concede a qualidade de sócio, mas tão somente concede o direito real sobre a ação[107]. Embora o acionista continue a ser o nu-proprietário, o usufrutuário tem legitimo interesse em participar, por meio do exercício do direito de voto da assembleia geral que dizem respeito ao reconhecimento de lucro e à distribuição de dividendos[108]. Portanto, o direito de participação no conclave restaria garantido ao menos ao usufrutuário, mesmo desprovido do direito de voto.

Lazzareschi não só concorda com a posição acima, como apoia a convocação também do nu-proprietário, caso este estiver desprovido do voto. O nu-proprietário teria a legitimidade para pleitear a anulação de uma deliberação assemblear, em razão da falta da sua convocação, uma vez que o direito de voz e presença é inalienável à condição de sócio[109].

105 WALD, Arnoldo. **Do regime jurídico do usufruto de cotas de sociedade de responsabilidade limitada e de ações de sociedades anônimas**. Revista de Direito Mercantil, n. 77, 1990, p. 9-10.

106 VERSANI, Fernanda Valle. **Usufruto de Participações Societárias: Uma visão de planejamento sucessório em empresas familiares**. São Paulo: D'Plácido, 2017, p. 162.

107 Lamy, Alfredo; BULHÕES PEDREIRA, José Luiz (Coord.). **Direito das Companhias**. 2ª ed. São Paulo: Forense, 2017, p. 289.

108 Lamy, Alfredo; BULHÕES PEDREIRA, José Luiz (Coord.). **Direito das Companhias**. 2ª ed. São Paulo: Forense, 2017, p. 287.

109 LAZZARESCHI, Alfredo. **Lei das Sociedades por Ações Anotada**. Vol. I, 4ª ed. São Paulo: Societatis Edições, 2017, p. 226.

Ainda em defesa de direitos adicionais do nu-proprietário, os autores Geraldo Vidigal e Ives Gandra Martins entendem ser possível pleitear a extinção do usufruto, caso seja apurado o abuso na conduta do usufrutuário. Caso o comportamento do usufrutuário, no tocante ao exercício do direito de voto, resulte na exposição de um conflito de interesses com o nu-proprietário, ou resulte prejuízos ao nu-proprietário, é possível pleitear a extinção do usufruto invocando o art. 739, inciso VII do Código Civil de 1916, posteriormente replicado no art. 1.410[110], inciso VII do Código Civil atual[111].

Pode se dizer que uma vez instituído o usufruto, o direito à percepção de seus frutos (dividendos) é temporariamente deslocado para as mãos do usufrutuário, conservando o nu-proprietário a sua condição de sócio, e, como tal, a titularidade de todos os demais direitos acessórios que acompanham o *status socii*[112]. Waldecy Lucena frisa, no entanto, que somente os nu-proprietários retêm a posição de sócios e a eles é reconhecida a legitimidade de exercício de direitos acessórios como, por exemplo, o pedido de exibição por inteiro dos livros sociais. Para este autor, a constituição do usufruto não permite a perda do status de sócio do nu-proprietário e, portanto, a titularidade dos demais direitos que o compõem[113].

[110] Art. 1.410. O usufruto extingue-se, cancelando-se o registro no Cartório de Registro de Imóveis:
(...)
VII – por culpa do usufrutuário, quando *aliena, deteriora, ou deixa arruinar os bens*, não lhes acudindo com os reparos de conservação, ou quando, no usufruto de títulos de crédito, não dá às importâncias recebidas a aplicação prevista no parágrafo único do art. 1.395. (grifos nossos)

[111] VIDIGAL, Geraldo de Camargo, MARTINS, Ives Gandra da Silva. **Comentários à Lei das Sociedades por Ações**. 1ª ed. Rio de Janeiro: Forense, 1999, p. 341.

[112] LUCENA, José Waldecy. **Das Sociedades Anônimas – Comentários à Lei**. Volume 1. Rio de Janeiro: Renovar, 2009, p. 1.362.

[113] LUCENA, José Waldecy. **Das Sociedades Anônimas – Comentários à Lei**. Volume 1. Rio de Janeiro: Renovar, 2009, p. 1.363.

Na esteira da discussão sobre o estado de sócio, Fábio Konder Comparato entende que não encontramos apenas direitos de gozo, mas também direitos de intervenção na esfera jurídica alheia, como o exame de livros, o acesso a informação que devam ser prestadas aos sócios, a impugnação de atos de administradores ou deliberações das assembleias gerais[114]. No caso do usufruto acionário, ainda que o exercício do voto recaia ao usufrutuário, não se pode impedir ou dificultar o comparecimento e a presença do nu-proprietário acionista à assembleia geral. Com a sua convocação, sua presença e sua voz, poderá o nu-proprietário manifestar-se, tomar parte nas discussões e até mesmo lavrar seu protesto[115].

Portanto, é possível que mesmo sem a atribuição do direito de voto as partes detenham certos direitos acessórios, independentemente do previsto no acordo prévio entre nu-proprietário e usufrutuário. O direito mais óbvio seria o direito de convocação, combinado com o direito de presença e voz nas assembleias. O fato de um acionista não ter o direito de emitir um voto que seja computável pela mesa, não o proíbe de comparecer às assembleias para solicitar informações, debater ou até mesmo para protestar[116].

A doutrina, contudo, diverge um tanto quanto a possibilidade de uma das partes exigir direitos relativos à fiscalização e a informação. Contudo, entende-se mais razoável a posição conciliatória de Fernanda Versani em que o direito de fiscali-

[114] Comparato, Fabio Konder. "Sociedade Anônima – Ações ao Portador – Inexistência de Quase Usufruto – Limites ao Exercício dos Direitos do Usufrutuário". In **Doutrinas Essenciais de Direito Empresarial.** Vol. 3, 2010, pp. 1156-1157.

[115] Comparato, Fabio Konder. "Sociedade Anônima – Ações ao Portador – Inexistência de Quase Usufruto – Limites ao Exercício dos Direitos do Usufrutuário". In **Doutrinas Essenciais de Direito Empresarial.** Vol. 3, 2010, p. 1159.

[116] Versani, Fernanda Valle. **Usufruto de Participações Societárias: Uma visão de planejamento sucessório em empresas familiares.** São Paulo: D'Plácido, 2017, p. 148.

zação e direito à informação podem ser exercidos concomitantemente pelo usufrutuário e pelo nu-proprietário[117].

3. Aplicabilidade do usufruto acionário

O usufruto de ações demanda certa formalidade para produzir seus efeitos tanto com relação ao nu proprietário como com relação ao usufrutuário. Neste capítulo buscou-se ilustrar algumas questões práticas envolvendo o usufruto acionário.

Além das questões formais típicas exigidas para efetividade do gravame, o capítulo apresenta as visões dos órgãos registrais e a aplicabilidade do usufruto sobre as sociedades limitadas, um tipo societário bastante utilizado na realidade empresarial do Brasil. Por fim, o trabalho traça alguns paralelos atuais da utilização deste gravame como uma estrutura típica de planejamentos sucessórios.

3.1. Registro do usufruto

O registro de um gravame tem o objetivo não somente de dar ciência ao detentor do direito e ao respectivo devedor, mas também dar publicidade aos terceiros de boa-fé.

O mesmo não seria diferente com o usufruto acionário. Por força da Lei das Sociedades por Ações, o usufruto deve ser averbado nos livros de registro de ações nominativas ou na conta de depósito de ações escriturais, conforme prescreve o artigo 40 abaixo:

> "Art. 40. O *usufruto*, o fideicomisso, a alienação fiduciária em garantia e quaisquer cláusulas ou ônus que gravarem a ação *deverão ser averbados*:

[117] Versani, Fernanda Valle. **Usufruto de Participações Societárias: Uma visão de planejamento sucessório em empresas familiares**. São Paulo: D'Plácido, 2017, p. 198.

> I – se nominativa, no livro de "*Registro de Ações Nominativas*".
>
> II – se escritural, nos livros da instituição financeira, que os anotará no *extrato da conta de depósito* fornecida ao acionista.
>
> Parágrafo único. Mediante averbação nos termos deste artigo, a promessa de venda da ação e o direito de preferência à sua aquisição são oponíveis a terceiros." (grifos nossos)

É obrigação formal, conforme o artigo 100 da Lei das Sociedades por Ações, da própria companhia a manutenção e atualização dos livros societários. Portanto, o registro do usufruto acionário não deixa de ser uma responsabilidade da própria administração da companhia, conforme o comando legal transcrito abaixo:

> "Art. 100. A companhia deve ter, além dos livros obrigatórios para qualquer comerciante, os seguintes, revestidos das mesmas *formalidades legais*:
>
> I – o livro de *Registro de Ações Nominativas*, para inscrição, anotação ou averbação:
>
> a) do nome do acionista e do número das suas ações;
>
> b) das entradas ou prestações de capital realizado;
>
> c) das conversões de ações, de uma em outra espécie ou classe;
>
> d) do resgate, reembolso e amortização das ações, ou de sua aquisição pela companhia;
>
> e) das mutações operadas pela alienação ou transferência de ações;
>
> f) do penhor, *usufruto*, fideicomisso, da alienação fiduciária em garantia ou de qualquer ônus que grave as ações ou obste sua negociação.
>
> (...) (grifos nossos)"

Os dois dispositivos da Lei das Sociedades por Ações demonstram a importância do cumprimento dos formalismos impostos pela lei. Deve, portanto, a companhia registrar o usufruto no livro, se forem ações nominativas, ou no registro depositário, se forem ações escriturais.

No caso das sociedades limitadas, o gravame deveria ser registrado na alteração de contrato social de cessão de quotas entre nu-proprietário e usufrutuário, com a menção expressa sobre aplicação do direito de uso, gozo e fruição sobre os direitos econômicos e possivelmente sobre os direitos políticos. Arnoldo Wald concorda que a alteração do contrato social e as anotações constantes dos livros próprios são elementos suficientes para comprovar a existência do usufruto acionário, conforme dispõe o art. 40 e seu parágrafo único da Lei das Sociedades por Ações[118].

Igualmente ao acordo de acionistas, o acordo prévio de exercício do direito de voto entre nu-proprietário e usufrutuário deveria ser arquivado na sede social da companhia[119]. Não obstante não haver previsão na lei, não há razão de impedimento da averbação, segundo Modesto Carvalhosa, da convenção de voto, nos livros próprios de registro de propriedade das ações[120].

3.2. Visão dos órgãos registrais

Do ponto de vista dos órgãos registrais, os manuais de registro de sociedades anônimas e sociedades limitadas emitido pelo DREI – Departamento Nacional de Registro Empresarial e Inte-

[118] WALD, Arnoldo. **Dos Efeitos da Doação Feita pelo Pai aos Filhos com Reserva de Usufruto**. Revista dos Tribunais. Vol. 657, 1990, p. 16.

[119] BRASIL. Comissão de Valores Mobiliários. **Parecer/CVM/SJU/Nº 005-1980**. Referência: Processo Superintendência de Relações com Empresas, Assunto: Suspensão do direito de voto de ações gravadas com usufruto, tendo em vista a dissenção entre nu-proprietário e usufrutuário. Disponível em: <http://docvirt.com/docreader.net/DocReader.aspx?bib=juris_cvm_wi&pagfis=3363>. Acesso em: 07 nov. 2019, p. 28.

[120] CARVALHOSA, Modesto. **Comentários à Lei De Sociedades Anônimas**. Vol. 2, 6ª ed. São Paulo: Saraiva Jurídica, 2010, p. 386.

gração, não fazem quaisquer exigências formais sobre o registro do usufruto, além do arquivamento do contrato de constituição do gravame perante a respectiva Junta Comercial, para produção de efeitos quanto a terceiros[121-122].

Os manuais possuem redações similares e obrigam também a publicação do contrato de constituição do usufruto no Diário Oficial da União ou no Diário Oficial do Estado, em que se localize a sede da sociedade com participações societárias gravadas. As publicações poderão ser na forma de extrato, caso autorizado pelo contrato ou estatuto social.

Especificamente sobre o direito de voto de participações societárias gravadas com usufruto aplicável tanto a sociedade anônima ou sociedade limitada, não há qualquer regulação da matéria emitida pelo DREI. Não obstante, foi possível levantar um entendimento interessante emitido pela Junta Comercial do Estado de São Paulo ("*JUCESP*") na Portaria JUCESP nº 17 em 23 de agosto de 2012[123].

Neste enunciado da JUCESP, o órgão buscou uniformizar os critérios de julgamento de pedidos de arquivamento de atos societários pelas sociedades. O objetivo principal foi possibilitar maior equalização nas exigências solicitadas pelos vogais, quando da análise dos atos sujeitos ao registro.

[121] BRASIL. Junta Comercial do Estado de São Paulo. **Manual de Registro de Sociedades Anônimas, do Departamento Nacional de Registro Empresarial e Integração.** <http://www.institucional.jucesp.sp.gov.br/downloads/anexo3_SA.pdf>. Acesso em: 5 nov. 2019

[122] BRASIL. Junta Comercial do Estado de São Paulo. **Manual de Registro de Sociedades Anônimas, do Departamento Nacional de Registro Empresarial e Integração.** <http://www.institucional.jucesp.sp.gov.br/downloads/anexo2_ltda.pdf>. Acesso em: 5 nov. 2019

[123] BRASIL. Junta Comercial do Estado de São Paulo. **Enunciados da Junta Comercial do Estado de São Paulo**. Deliberação Jucesp nº 13, de 4 de dezembro de 2012. <http://www.institucional.jucesp.sp.gov.br/downloads/enunciados_2012.pdf>. Acesso em: 5 nov. 2019.

No item 12 do enunciado, a JUCESP uniformiza os critérios de análise dos usufrutos de quotas[124]. Segundo o enunciado, a quota da sociedade empresária limitada pode ser gravada com usufruto. No tocante ao direito de voto da cota gravada com usufruto, há necessidade de acordo formal entre o nu-proprietário e o usufrutuário na respectiva alteração contratual em que o gravame foi constituído, ou em um ato societário posterior. Na falta de estipulação expressa a respeito, o voto será exercido pelo nu-proprietário.

É demasiadamente importante essa posição expressa pela JUCESP em caso de silêncio do acordo prévio entre as partes para o exercício do direito de voto nas assembleias e alterações contratuais. Entende este relevante órgão registral que, caso inexista qualquer acordo entre as partes, o voto só será exercido pelo nu-proprietário. Na prática, a JUCESP entende que o real sócio da sociedade limitada é o nu-proprietário e concorda com a posição doutrinária unitarista referente ao exercício do direito de voto cabido ao nu-proprietário, conforme comentado por Renato Ventura Ribeiro[125].

Apesar de não ter respaldo na legislação, principalmente no art. 114 da Lei das Sociedades por Ações, a posição da JUCESP é de suma importância com relação ao tratamento dispensado ao usufruto de quotas sociais. Completa a posição enunciada pela JUCESP, com a indicação de que a deliberação tomada pelo titular do direito de voto deverá ser assinada na respectiva alteração contratual da sociedade limitada. É, portanto, necessário, conforme indica a JUCESP, que o titular do direito de voto faça

[124] BRASIL. Junta Comercial do Estado de São Paulo. **Enunciados da Junta Comercial do Estado de São Paulo**. Deliberação Jucesp nº 13, de 4 de dezembro de 2012. <http://www.institucional.jucesp.sp.gov.br/downloads/enunciados_2012.pdf>. Acesso em: 5 nov. 2019, p. 04.

[125] RIBEIRO, Renato Ventura. **Direito de Voto nas Sociedades Anônimas**. São Paulo. Editora Saraiva, 2009, p. 290.

parte do instrumento de alteração contratual levado ao registro, sob pena de nulidade da deliberação.

3.3. Aplicabilidade sobre as limitadas

O usufruto acionário é apenas previsto na legislação societária no art. 114 da Lei das Sociedades por Ações. Os artigos do Código Civil sobre usufruto, especialmente os artigos 1.390 a 1.411, não tratam especificamente de usufruto de quotas emitidas por sociedades limitadas. Logo, o Código Civil é silente sobre regra específica de usufruto sobre participações de demais tipos societários. A principal pergunta gerada em razão disso é se o regime das sociedades anônimas poderia ser integralmente aplicado às sociedades limitadas em razão da lacuna legislativa existente.

Anteriormente à promulgação do Código Civil, como lembra o professor Arnoldo Wald, as disposições da Lei das Sociedades por Ações se aplicavam às sociedades por quotas de responsabilidade limitada, por meio do art. 18 do Decreto 3.708/1919[126]. Não havia dúvidas que o direito de voto das ações gravadas com usufruto, inclusive, obedecia ao disposto na Lei das Sociedades por Ações, na falta de disposições distintas do contrato social[127].

Posteriormente a promulgação do Código Civil, a forma de aplicação do regime das sociedades anônimas às sociedades limitadas, se deu por meio do parágrafo único art. 1053, o qual prevê a regência supletiva das sociedades limitadas pelas normas da Lei das Sociedades por Ações[128]. Portanto, bastaria o

[126] Art. 18 Serão observadas quanto ás sociedades por quotas, de responsabilidade limitada, no que não for regulado no estatuto social, e na parte aplicável, as disposições da lei das sociedades anônimas.

[127] WALD, Arnoldo. **Do regime jurídico do usufruto de cotas de sociedade de responsabilidade limitada e de ações de sociedades anônimas**. Revista de Direito Mercantil, n. 77, p. 8.

[128] Art. 1.053. A sociedade limitada rege-se, nas omissões deste Capítulo, pelas normas da sociedade simples.

contrato social da sociedade limitada expressamente prever a regência supletiva pelas normas das sociedades por ações para existir a possibilidade da aplicação do art. 114, no tocante ao usufruto sobre quotas.

Além disso, conforme mencionado no item anterior, o próprio DREI prevê, no seu manual de registro de sociedades limitadas, expressamente a possibilidade de usufruto de quotas e a necessidade de arquivamento do contrato de constituição do usufruto, perante a respectiva Junta Comercial. Em associação a isso, a JUCESP previu na Portaria nº 17/2012 a existência do usufruto sobre quotas emitidas por sociedades limitadas[129].

O jurista João Luiz Coelho relata o silêncio do Código Civil sobre a aplicação do usufruto às quotas das sociedades limitadas. Contudo, o autor se posiciona favoravelmente à aplicação integral da lei acionária, aos casos de usufruto de quotas sociais, mesmo quando os sócios da sociedade limitada não optaram expressamente no contrato social pela regência supletiva. O silêncio completo do Código Civil no trato da matéria específica não deveria prejudicar os sócios de sociedades limitadas ou de sociedades simples[130].

A autora Carla Daniele da Silva, em sua dissertação, concorda que é possível suscitar o uso da analogia para superar lacunas legislativas do Código Civil no tocante ao usufruto de quotas, em caso de silêncio do contrato social frente a aplicação suple-

Parágrafo único. O contrato social poderá prever a *regência supletiva* da sociedade limitada pelas normas da sociedade anônima. (grifos nossos).

[129] BRASIL. Junta Comercial do Estado de São Paulo. **Enunciados da Junta Comercial do Estado de São Paulo**. Deliberação Jucesp nº 13, de 4 de dezembro de 2012. <http://www.institucional.jucesp.sp.gov.br/downloads/enunciados_2012.pdf>. Acesso em: 5 nov. 2019, p. 04.

[130] ROCHA, João Luiz Coelho. **O voto nas ações em usufruto**. Disponível e https://www.migalhas.com.br/dePeso/16,MI250202,51045-O+voto+nas+acoes+em+usufruto/. Acesso em: 23 de julho de 2019, p. 03.

tiva da Lei das Sociedades por Ações, com base no princípio da integração do sistema jurídico[131].

Ainda sobre o mesmo tema, os autores Sérgio Botrel e Bernardo Fiorini trazem questões importantes sobre a aplicabilidade do usufruto às sociedades limitadas. Os autores entendem que o usufruto é disciplinado genericamente pelo Código Civil, muito embora existam regras pontuais que tratam do usufruto na Lei das Sociedades por Ações. Mesmo com a existência de lacunas legislativas, não deveria haver empecilhos para a harmonização das regras gerais sobre o usufruto com aquelas especiais previstas na Lei das Sociedades por Ações. A harmonização dessas regras pode ser executada por meio da liberdade contratual do acordo executado entre usufrutuário e nu-proprietário com a redação de cláusulas claras e detalhadas, concretizando a aplicação do princípio da boa-fé entre as partes[132].

Portanto, não é possível identificar de plano uma incompatibilidade do regime jurídico do usufruto aplicável às sociedades anônimas com o regime das sociedades limitadas. É necessário adaptar questões de registros formais do usufruto de quotas, mas o silêncio legislativo do Código Civil não deveria ser interpretado como vedação ao usufruto, inclusive, dos direitos políticos de quotas sociais.

3.4. Planejamentos sucessórios

O planejamento possibilita aos indivíduos reduzirem as incertezas e garantirem com maior acurácia determinados resultados

[131] Silva, Carla Daniele. "**Usufruto de Quotas na Sociedade Limitada: Razões para sua Instituição e Direitos e Obrigações Assumidos por Usufrutuário e Nu-Proprietário**". Dissertação (dissertação em direito). Faculdade de Direito da Universidade de São Paulo. São Paulo, 2014, p. 02.

[132] Botrel, Sérgio; Fiorini, Bernardo. H. M. **Usufruto de ações: compatibilização e harmonização das regras do Código Civil com a Lei das Sociedades Anônimas**. XXI Encontro Nacional do CONPEDI – Uberlândia. 1ª ed., 2012, v. 1, p. 5.935.

no futuro. Sem planejar, a realidade econômica fica plenamente sujeita ao acaso e à sorte das volatilidades dos movimentos do mercado. Portanto, o planejamento é um dos fatores essenciais para uma expectativa favorável no tocante à determinada situação.

Como ilustrado por Tatiana Rodrigues, o planejamento sucessório apresenta-se como ferramenta importante, principalmente em razão da morosidade do Judiciário e a possibilidade de disputas futuras entre os herdeiros acerca do patrimônio deixado pelos patriarcas. Em função desta situação, muitas famílias consideram a possibilidade de uma divisão antecipada do patrimônio entre os futuros herdeiros, de maneira a evitar a ocorrência de conflitos, custos com a transmissão de patrimônio e a perenidade das sociedades familiares[133].

As formas mais comuns de implementação de planejamentos sucessórios são a partilha em vida, a criação de estruturas societárias e financeiras para centralizar patrimônio, como sociedades *holding* e fundos de investimento, e a doação de quotas ou ações com reserva de usufruto[134]. Especificamente com relação a esta última forma, poderia um patriarca, ou fundador, doar a totalidade ou o controle de determinada sociedade, ainda em vida, e reservar para si o usufruto dos direitos econômicos e políticos atrelados às ações ou às quotas doadas aos seus herdeiros.

Apenas como nota explicativa, a doutrina de Orlando Gomes demonstra a natureza gratuita do contrato de doação e a rela-

133 Rodrigues, Tatiana Antunes Valente. "Planejamento Sucessório e a Doação de Quotas com Direito de Usufruto". In **Temas Relevantes de Direito Empresarial**, org. Tatiana Bonatti Peres. 1ª ed. Rio de Janeiro: Editora Lumen Juris, 2014, p. 319.

134 Rodrigues, Tatiana Antunes Valente. "Planejamento Sucessório e a Doação de Quotas com Direito de Usufruto". In **Temas Relevantes de Direito Empresarial**, org. Tatiana Bonatti Peres. 1ª ed. Rio de Janeiro: Editora Lumen Juris, 2014, p. 320.

ção de vantagem concedida à parte donatária, conforme transcrição abaixo:

> "A doação é o contrato pelo qual uma das partes se obriga a transferir gratuitamente um bem de sua propriedade para patrimônio da outra, que se enriquece na medida em que aquela empobrece."[135]

Como é possível notar com a doutrina de Orlando Gomes, o patriarca concede uma vantagem aos seus herdeiros com base em determinada motivação. Na prática, o patrimônio dos herdeiros sofrerá um acréscimo, enquanto o patrimônio do fundador sofrerá uma redução. Apesar de parecer aparentemente simples a relação de doação, os patriarcas podem ter dois temores: a redução do seu patrimônio ainda em vida e a eventual a perda do controle das suas sociedades.

Conforme visto no capítulo anterior deste trabalho, o usufruto é o direito de usar e perceber os frutos de uma coisa pertencente a outrem, ressalvada sua substância. Quando utilizado o usufruto no âmbito do planejamento sucessório, o principal objetivo é possibilitar um terceiro usar, gozar e fruir dos frutos de determinada coisa. No caso específico, a coisa seria a participação societária doada e o terceiro seria o fundador ou ex-acionista relevante de uma sociedade anônima.

Ao reservar, na doação, o usufruto dos bens doados, o doador não cria nem constitui um novo usufruto, conservando apenas o que já lhe pertencia, de modo que não atenta contra lei a subsistência dos vínculos que tenha instituído, para subsistirem após a sua morte[136].

[135] GOMES, Orlando. **Contratos**. 14ª ed. Rio de Janeiro: Revista Forense, 1994, p. 211.

[136] NERY JÚNIOR, Nelson; ANDRADE NERY, Rosa Maria. **Código Civil Comentado**. 8ª ed. São Paulo: Revista dos Tribunais, 2011, p. 1.084.

Na prática os planejamentos buscam suavizar a relação de transferência de patrimônio e poder entre as gerações. O usufruto, após a cisão dos poderes da propriedade, possibilita a vinculação entre nu-proprietário e usufrutuário quer seja no aspecto econômico, quer seja no aspecto político. O gravame, na prática, impede uma transmissão brusca de patrimônio, diminuindo o acesso de uma geração aos lucros auferidos e impedindo o controle da gestão da sociedade.

O principal benefício do uso do instituto do usufruto acionário é a demonstração a uma geração temerosa com a perda do controle, de que é possível a manutenção total ou parcial do *status quo* da sociedade. É plenamente possível explicar a um fundador que a doação com reserva de usufruto total dos direitos políticos e direitos econômicos não muda em nada a situação atual da companhia. Isto evita a relutância de alguns fundadores ou controladores em transmitir ainda em vida, principalmente, as participações societárias detidas[137].

Outro fator positivo consiste no fato de que a doação não demanda anuência dos demais herdeiros. Portanto, o fundador poderia optar, desde que respeitada a herança legítima, em transmitir o controle das suas sociedades àqueles com melhores condições de assumir o papel de direção, em detrimento dos outros, sem a necessidade de concordância. Além disso, essa ferramenta permite evitar a abertura de um processo de inventário com a nomeação de um inventariante, bastando o registro do atestado do óbito na Junta Comercial com a devida alteração contratual, ou a efetiva averbação da consolidação da propriedade das ações nos livros societários da companhia[138].

[137] RODRIGUES, Tatiana Antunes Valente. "Planejamento Sucessório e a Doação de Quotas com Direito de Usufruto". In **Temas Relevantes de Direito Empresarial**, org. Tatiana Bonatti Peres. 1ª ed. Rio de Janeiro: Editora Lumen Juris, 2014, p. 321.

[138] RODRIGUES, Tatiana Antunes Valente. "Planejamento Sucessório e a Doação de Quotas com Direito de Usufruto". In **Temas Relevantes de Direito**

Portanto, o usufruto acionário é perfeitamente aplicável às situações de planejamentos sucessórios. Cabe, apenas, aos fundadores dosar qual seria efetivamente o tamanho do patrimônio doado, e se haverá total ou parcial usufruto sobre os direitos políticos sobre as quotas sociais ou ações, em conjunto com os direitos econômicos tipicamente gravados. A dificuldade, neste caso, é negociar com o próprio fundador sobre quais matérias gostaria de continuar tendo poder de decisão. Talvez um usufruto vitalício da totalidade das participações societárias poderia inviabilizar a conclusão da sucessão entre gerações, visto a possibilidade de fundadores perenizarem-se no poder por meio desse gravame.

4. Análise jurisprudencial

Neste capítulo, o trabalho consolida os principais resultados da pesquisa jurisprudencial realizada no âmbito da Comissão de Valores Mobiliários ("*CVM*"), dos tribunais superiores (especificamente o Superior Tribunal de Justiça), e de tribunais estaduais, notadamente localizados no Estado de São Paulo, Rio de Janeiro, Minas Gerais e Rio Grande do Sul. Como forma de analisar casos específicos, serão levantados julgados sem um marco temporal pré-determinado, acerca da aplicação do direito de voto de participações societárias do art. 114 da Lei das Sociedades por Ações, principalmente os casos de conflitos entre nu-proprietário e usufrutuário.[139]

Sobre os resultados dos casos levantados no site da CVM, não foi possível encontrar decisões referentes a casos de conflito entre nu-proprietário e usufrutuário no tocante ao direito de

Empresarial, org. Tatiana Bonatti Peres. 1ª ed. Rio de Janeiro: Editora Lumen Juris, 2014, p. 322.

[139] Pesquisa realizada por meio de busca disponível nos sites do Superior Tribunal de Justiça e Tribunais de Justiça do Estado de São Paulo, Rio de Janeiro, Minas Gerais e Rio Grande do Sul e da Comissão de Valores Mobiliários.

voto. Este trabalho, contudo, conseguiu levantar entendimentos importantes da CVM sobre os direitos políticos de ações gravadas com usufruto. O órgão regulador é bastante enfático ao entender que há necessidade de respeitar o acordo prévio entre nu-proprietário e usufrutuário. Em caso de dissenso entre as partes, o direito de voto ficaria suspenso até a resolução do impasse.

Com relação aos julgados pelo STJ, há a existência de questionamentos judiciais se o usufruto de origem legal, especialmente o vidual e o judicial, estaria sujeito à necessidade de convenção de votos entre usufrutuário e nu-proprietário. O usufrutuário legal alega que o seu direito não se origina de um ato de constituição, como um instrumento convencional entre as partes. Contudo, o STJ reforçou a tese de que o art. 114 não faz distinção quanto a origem do usufruto, de modo que existe a necessidade de acordo prévio para o exercício dos direitos políticos, em qualquer situação.

Sobre os julgados dos tribunais estaduais, existem decisões do Tribunal do Estado de São Paulo divergentes quanto a aplicação do art. 114 da LSA, em casos de usufrutos legais sobre ações. Contudo, o STJ tentou pacificar a questão com seus julgados sobre o usufruto vidual. Além disso, há um julgado do Tribunal do Estado de São Paulo que decidiu, no caso Bombril, que o usufruto judicial incluía sim o direito de voto a ser exercício pelo administrador judicial. Quanto às discussões sobre direitos acessórios, foi possível encontrar um julgado com entendimentos sobre a necessidade de convocação do nu-proprietário à assembleia, uma vez que é mantido o seu direito de voz e presença nos conclaves societários. Em outro julgado, inclusive, foi evidenciada a existência de um acordo tácito entre nu-proprietário e usufrutuário, em razão da reiterada presença de ambas as partes durante as assembleias gerais.

Apesar dos julgados encontrados, não foi possível identificar muitos casos de conflito entre o nu-proprietário e o usufrutuário.

A razão sobre este fato ficaria apenas no cenário especulativo. Uma das razões poderia ser a reduzida utilização, nos últimos anos, do instituto do usufruto acionário. Contudo, é possível, conforme mencionado neste trabalho, que surjam mais conflitos em razão da prática cada vez mais recorrente da doação de participações societárias com reserva de usufruto como forma de planejamento sucessório dos fundadores das companhias.

4.1. Análise dos entendimentos do tribunal da CVM

4.1.1. Parecer/CVM/SJU nº 005/1980[140]

Com base no processo nº 3.493/79, a SJU – Superintendência Jurídica da CVM ("*SJU*") foi provocada pela SEP – Superintendência de Relações com Empresas a se manifestar sobre um conflito entre um usufrutuário e um nu-proprietário titular de ações ordinárias da Indústria e Comércio Chapecó S.A.

Segundo o relatório, o usufrutuário doou 3.146.219 ações, em 1975, ao nu-proprietário, mas reservou para si o usufruto destas participações societárias. O instrumento original de constituição de usufruto não previa o mecanismo do exercício de voto. Posteriormente, em 1979, em uma assembleia geral, o nu-proprietário foi impedido pelo usufrutuário, por meio de um protesto judicial, de votar contrariamente ao aumento de capital da companhia, em razão da criação de ações preferenciais sem direito a voto.

Primeiramente, a SJU reforçou o entendimento sobre o cabimento da percepção dos frutos das ações, dos acessórios e quaisquer acréscimos ao usufrutuário. No tocante aos direi-

[140] BRASIL. Comissão de Valores Mobiliários. **Parecer/CVM/SJU/Nº 005-1980**. Referência: Processo Superintendência de Relações com Empresas, Assunto: Suspensão do direito de voto de ações gravadas com usufruto, tendo em vista a dissenção entre nu-proprietário e usufrutuário. Disponível em: <http://docvirt.com/docreader.net/DocReader.aspx?bib=juris_cvm_wi&pagfis=3363>. Acesso em: 07 nov. 2019, pp. 22-29.

tos econômicos, não há qualquer questionamento sobre a percepção plena do usufrutuário dos frutos das ações gravadas, segundo o órgão da CVM. Contudo, a SJU reforça a necessidade de um acordo prévio para o exercício do direito de voto, conforme dita o art. 114 da Lei das Sociedades por Ações.

Em razão do caso acima exposto, foi emitido um parecer pelo órgão jurídico da CVM, formalizado em 1980, sobre a ausência de acordo prévio entre as partes no tocante ao exercício do direito de voto. O órgão concluiu que na ausência de acordo prévio, se ocorrer dissenção entre o nu-proprietário e usufrutuário, as ações gravadas terão seu direito de voto suspenso.

O parecer baseou-se nas lições de Miranda Valverde, o qual buscou a intenção originária do legislador sobre o mecanismo de exercício de voto de ações gravadas. Segundo a ideia do autor, a hipótese mais simples optada pelo legislador foi a existência de uma composição natural entre o nu-proprietário e o usufrutuário, em casos de conflito. As partes têm o interesse no funcionamento regular da companhia e sempre deveriam encontrar uma fórmula de conciliação para defesa de seus direitos. Nesta lógica, se ocorre um conflito, somente o Judiciário poderá resolvê-lo[141].

No tocante aos formalismos, o prévio acordo deve ser reduzido a termo e arquivado na companhia, de maneira semelhante ao acordo de acionistas. Apesar disso, a SJU indica que o contrato não tem a necessidade de ser escrito para ser válido, uma vez que existe a possibilidade de acordos tácitos. Contudo, existe uma dificuldade gerada por acordos tácitos que é a sua impossibilidade de arquivamento perante a Companhia ou apresentação aos órgãos da administração. Deste modo, sem o arquivamento, ficaria complexo para a administração fazer cumprir os acordos tácitos de maneira direta. Em resumo, os

[141] VALVERDE, Trajano de Miranda. **Sociedades por Ações**. Vol. I. São Paulo: Forense, 1941, p. 260.

acordos tácitos acabam tendo que ser provados posteriormente em juízo em caso de conflito entre acionistas.

Além disso, enquanto as partes não chegam a um acordo ou o Judiciário resolve o conflito, o direito de voto fica suspenso. O presidente da assembleia, teria o dever de desconsiderar os votos proferidos em casos de suspensão como este conflito entre o nu-proprietário e o usufrutuário.

Não seria cabível, segundo o órgão da CVM, o exercício livre do direito de voto, pois poderia, em última análise, beneficiar indevidamente uma das partes, a qual não faria jus a esse direito. A CVM é bastante insistente no parecer ao colocar que a suspensão do direito de voto somente seria eliminada, em caso de solução do litígio. Não há qualquer matéria posta em discussão em assembleia, independentemente da importância para a companhia, que teria o condão de sustar essa suspensão do direito de voto.

Vale notar que apesar de antigo, o Parecer 005 – 1980 emitido CVM/SJU, esta orientação sobre a impossibilidade do voto diante de um dissenso entre nu-proprietário e usufrutuário, ainda é utilizada na atualidade como argumento jurídico por autores como Lazzareschi[142].

4.1.2. Inquérito Administrativo CVM Nº TA-RJ2002/2405[143]

A CVM proferiu alguns entendimentos sobre o art. 114 também no julgamento do inquérito administrativo RJ2002/2405 movido contra os então acusados BID S.A., BNP Paribas S.A. –

[142] Lazzareschi, Alfredo. **Lei das Sociedades por Ações Anotada**. Vol. I, 4ª ed. São Paulo: Societatis Edições, 2017, p. 226.

[143] BRASIL. Comissão de Valores Mobiliários. **Inquérito Administrativo nº TA-RJ2002/2405**. Relator: Luiz Antônio de Sampaio Campos. Rio de Janeiro, RJ, 09 de outubro de 2003. Disponível em: < http://www.cvm.gov.br/export/sites/cvm/sancionadores/sancionador/anexos/2003/20031009_PAS_RJ20022405.pdf>. Acesso em: 07 nov. 2019, p. 37.

Banco de Investimento Internacional, Kent Oz e Marco Antônio Beldi. O objeto da discussão era a existência de conflito de interesse, em razão da aprovação em assembleia geral de contrato de gestão entre a companhia e o seu acionista controlador. O colegiado absolveu os acusados, e não aplicou qualquer sanção prevista, uma vez que não fora comprovada a acusação de abuso de poder ou conflito de interesses.

Em resumo, foi realizada uma assembleia geral em julho de 2001 da Tele Centro Oeste Celular Participações S.A. e houve a aprovação da celebração de um contrato de prestação de serviços de consultoria entre as controladas e uma sociedade denominada Splice do Brasil Telecomunicações e Eletrônica S.A. A contratada era controladora indireta da Tele Centro Oeste Celular, por meio da BID S.A. A CVM investigou a conduta no âmbito do inquérito administrativo para apurar a existência de uma situação de conflito de interesses. O controlador possuía opção de recompra das ações, detidas formalmente pelo acionista BNP Paribas, o qual votou favoravelmente pela aprovação do contrato.

Apesar do caso não tratar diretamente de uma disputa envolvendo direito de voto de ações gravadas com usufruto, a diretora-relatora, Norma Jonssen Parente, e o diretor relator do voto vencedor, Luiz Antonio de Sampaio Campos proferem entendimentos importantes sobre a temática.

Segundo o relator do voto vencedor, a lei autoriza, na constituição do usufruto acionário a regulação do direito de voto, conforme prescreve o art. 114 da Lei das Sociedades por Ações. Contudo, na falta de uma regulação específica, o voto somente poderá ser exercido mediante o acordo entre o usufrutuário e o nu-proprietário. O relator reforça que o legislador optou no sentido de que, caso não exista regra específica a respeito do mecanismo de exercício do voto no instrumento de constituição do gravame, somente poderia ser exercício o direito mediante acordo, por conta da cisão dos direitos de propriedade.

A relatora do caso propriamente dito entende que Lei das Sociedades por Ações não considera o voto como inerente à propriedade da ação. Para sustentar este argumento, Norma Parente cita alguns exemplos como (i) a cessão do voto por meio de representação por procuração (parágrafo 1º do art. 126)[144], (ii) a dependência de aprovação prévia pelo credor pignoratício do voto de acionista devedor (caput do art. 113)[145] e (iii) a existência do acordo prévio do art. 114. Com base nesses exemplos, a relatora entende que o direito de voto não é inseparável da ação e pode sim ser transferido para terceiros.

É possível concluir que o colegiado da CVM, neste caso específico, reforça o entendimento do Parecer CVM/SJU nº 005 de 1980. Os comentários de ambos os relatores sobre a temática indicam que sem um acordo prévio, não é possível o exercício do direito de voto em ações gravadas com usufruto. Não seria possível uma solução para situação de impasse, além da resolução do conflito pelo próprio usufrutuário e nu-proprietário. Em caso de impossibilidade, somente poderia o Judiciário resolver a questão, embora o voto continuasse suspenso até a decisão judicial.

[144] Art. 126. As pessoas presentes à assembleia deverão provar a sua qualidade de acionista, observadas as seguintes normas:
(...)
§ 1º O acionista pode ser representado na assembleia-geral por procurador constituído há menos de 1 (um) ano, que seja acionista, administrador da companhia ou advogado; na companhia aberta, o procurador pode, ainda, ser instituição financeira, cabendo ao administrador de fundos de investimento representar os condôminos.

[145] Art. 113. O penhor da ação não impede o acionista de exercer o direito de voto; será lícito, todavia, estabelecer, no contrato, que o acionista não poderá, sem consentimento do credor pignoratício, votar em certas deliberações.

4.1.3. Processo RJ 2003/10947 – Reg. Col. 4244/2003[146]

A Saraiva S.A. Livreiros Editores ingressou com recurso contra a decisão da Superintendência de Empresas ("SEP"), a qual exigiu a publicação da movimentação societária, nos termos do art. 12, parágrafo 5º da Instrução CVM nº 358/02[147], por meio de comunicado ao mercado.

O relatório trazido pelo diretor relator, Luiz Antonio de Sampaio Campos, retrata a existência de ações gravadas em benefício de Henriqueta da Fonseca Saraiva. Tais ações foram doadas pela acionista a Jorge Eduardo Saraiva, diretor-presidente da Saraiva, reservando para si o usufruto dos direitos políticos e econômicos. O percentual de transferência de ações das Henriqueta Saraiva a Jorge Saraiva foi de 18,37%, permitindo o exercício do poder de controle de maneira compartilhada pelos dois acionistas.

A SEP entendeu que haveria a necessidade divulgação de comunicado dessa doação ao mercado para garantir a devida

[146] BRASIL. Comissão de Valores Mobiliários. **Decisão do Colegiado nº 2003/10947.** Relator: Luiz Antonio de Sampaio Campos. Rio de Janeiro, RJ, 16 de dezembro de 2003. Recurso contra decisão da SEP – Solicitação de Dispensa de Publicação. [s. L.]. Disponível em: <http://d1ao0r2iuz522v.cloudfront.net/c9b7e63727a70b83f233f1ec8942da2b.pdf>. Acesso em: 07 nov. 2019, p. 04.

[147] Art. 12. Os acionistas controladores, diretos ou indiretos, e os acionistas que elegerem membros do conselho de administração ou do conselho fiscal, bem como qualquer pessoa natural ou jurídica, ou grupo de pessoas, agindo em conjunto ou representando um mesmo interesse, que realizarem negociações relevantes deverão enviar à companhia as seguintes informações:

(...)

Parágrafo 5º – Nos casos em que a aquisição resulte ou que tenha sido efetuada com o objetivo de alterar a composição do controle ou a estrutura administrativa da sociedade, bem como nos casos em que a aquisição gere a obrigação de realização de oferta pública, nos termos da regulamentação aplicável, o adquirente deve, ainda, promover a divulgação, no mínimo, pelos mesmos canais de comunicação habitualmente adotados pela companhia, nos termos do art. 3º, § 4º, de aviso contendo as informações previstas nos incisos I a VI do caput deste artigo.

publicidade de maneira satisfatória. Em contraposição, o diretor relator concordou com os argumentos da recorrente, os quais apontam a inexistência de mudança de controle, uma vez que o voto continua sendo exercido regularmente pela acionista originária. Além disso, não haveria previsão regulamentar quanto a obrigação de publicação de comunicado ao mercado no caso de doação de ações com reserva de usufruto no Ofício-Circular/CVM/SGE/nº 001/03, cuja função é determinar regras para a divulgação de informações pelas companhias abertas.

O relator também concordou com a argumentação da recorrente que não há alteração material de direitos da usufrutuária (e antiga proprietária das ações), já que ela conserva todas as prerrogativas que detinha antes da doação, exceto o poder de alienação. O relator conclui que não há qualquer direito relevante a ser exercido pelos nu-proprietários do ponto de vista político e patrimonial, enquanto subsistir o usufruto.

A comunicação ao mercado poderia inclusive induzir os interessados velozes sobre um efeito inexistente no controle da companhia. O relator também indica que se houvesse a constituição do usufruto em favor de outros acionistas, aí a informação seria devida e relevante, devendo, portanto, ser informada ao mercado.

4.1.4. Processo RJ 2011/12232 – Reg. Col. 7990/2011[148]

A consulta, objeto do processo, foi formulada pela Klabin S.A. e questiona sobre a possibilidade de instituição de um plano de incentivo a seus diretores e funcionários com a transferência privada de ações mantidas em tesouraria.

[148] BRASIL. Comissão de Valores Mobiliários. **Decisão do Colegiado nº 2011/12232**. Relator: Otávio Yazbek. Rio de Janeiro, RJ, 17 de abril de 2012. Consulta à CVM referente a plano de benefícios. [s. L.]. Disponível em: <http://www.cvm.gov.br/export/sites/cvm/decisoes/anexos/0008/7990-0.pdf>. Acesso em: 07 nov. 2019, p. 03.

Segundo informações trazidas pelo caso, o plano da Klabin seria outorgar um usufruto sobre certo número de ações em tesouraria, equivalente a certas ações preferenciais adquiridas pelo beneficiário com parcela do seu respectivo bônus. Os direitos econômicos e os direitos políticos seriam atribuídos integralmente aos beneficiários usufrutuários.

O relator traz o entendimento da área técnica, que entendeu pela admissão da cessão do direito de voto por meio de usufruto de ações mantidas em tesouraria. O plano de incentivo serve como um acordo prévio escrito entre usufrutuário, no caso o funcionário beneficiário, e o nu-proprietário, no caso a própria Klabin. A área técnica reforça que apenas o beneficiário fará jus ao direito aos dividendos e ao voto.

Otávio Yazbek continua o seu voto, informando sobre a desnecessidade de contrapartida pecuniária na outorga de usufruto. As ações em tesouraria, em condições de normalidade, não têm direito ao voto. Contudo, como há a transferência legítima dos direitos políticos a um contingente de usufrutuários através de um arranjo contratual prévio, é permitido o exercício do direito de voto. Em resumo, os usufrutuários votam em nome próprio, o qual foi legitimamente transferido da Klabin para os beneficiários, em conjunto com o benefício sobre os direitos econômicos.

4.1.5. Processo RJ 2005/4069 – Reg. Col. 4788/2005[149]

Este julgado envolve a Companhia Brasileira de Distribuição (*"CDB"*), operadora dos supermercados Pão de Açúcar e foi

[149] BRASIL. Comissão de Valores Mobiliários. **Decisão do Colegiado nº 4788/2005**. Relator: Pedro Oliva Marcilio de Sousa. Rio de Janeiro, RJ, 11 de abril de 2006. Recurso Contra Decisão da Superintendência de Empresas e da Superintendência de Registro – Proc. RJ 2005/4069. [s. L.]. Disponível em: <http://www.cvm.gov.br/export/sites/cvm/decisoes/anexos/0002/4788-0.pdf>. Acesso em: 07 nov. 2019, p. 01.

relatado pelo diretor Pedro Oliva Marcilio de Sousa. O caso tratou do questionamento feito pela CDB da decisão da Superintendência de Empresas e da Superintendência de Registro, que determinou a realização de oferta pública de aquisição de ações, decorrente de alienação de controle. O objeto da controvérsia é a existência de um contrato de *joint venture* assinado pela família Diniz, sua *holding* Península Participações Ltda. e a sociedade Cassino Guichard Perrachon S.A. A CDB questiona a necessidade de proceder com uma oferta pública, uma vez que o controle direto não fora alienado ao Cassino e, logo, não deveria ser aplicado o art. 254-A neste caso.

O relatório do processo informa a constituição de usufruto sobre as ações em favor de Abílio Diniz, outorgado pela sua família. Em termos práticos, Abílio Diniz votava com as ações do restante da família, em razão do gravame sobre os direitos políticos e econômicos dessas participações societárias.

Segundo o relator, existem diversas operações que dão causa a oferta pública, não somente a alienação de ações de uma holding ao comprador. Os acertos contratuais com a transferência de direitos políticos e econômicos sem a transferência propriamente dita da propriedade da ação, também são ensejadores da obrigação de realização de oferta pública de aquisição aos minoritários pelo terceiro adquirente. O relator continua dizendo que a conferência de usufruto sobre os direitos políticos e econômicos, mediante uma contraprestação em dinheiro ou a celebração de acordo de acionistas, não só é possível como contabiliza como uma transferência de ações. É necessário, contudo, a celebração de um acordo, regulando o voto e a distribuição de dividendos.

Apesar dos argumentos da CDB, o colegiado entendeu como certa a decisão da área técnica e manteve a exigência de realização de oferta pública de aquisição das ações, em razão de transferência de controle. Embora a temática do usufruto seja comentada bastante brevemente, é possível evidenciar que a

CVM, ainda entende ser possível a possibilidade do exercício do direito do voto por meio de acordo prévio entre as partes.

4.2. Análise dos entendimentos proferidos pelo STJ

4.2.1. Recurso Especial nº 1.169.202-SP (2009/0236742-3)[150]

Este julgado de 2011 foi relatado pela ministra Nancy Andrighi e envolve Vera Camasmie de Araújo e a sociedade Montebel Empreendimentos e Participações S.A. ("*Montebel*").

Em breve resumo, o caso trata de ação declaratória movida pela Montebel contra Vera Camasmie de Araújo, com a finalidade de declarar a extensão do usufruto vidual da recorrente sobre as ações da Montebel, excluindo o exercício dos direitos políticos, em razão do art. 114 da Lei das Sociedades por Ações. Em contraposição, a recorrente argumenta pela inaplicabilidade do art. 114, uma vez que o usufruto vidual decorre da lei e não da convenção entre as partes. A sentença de primeiro grau, o acórdão do Tribunal de São Paulo e o acórdão do STJ reconheceram o pleito da Montebel e declararam a necessidade do acordo prévio previsto pelo art. 114, mesmo no caso de um usufruto de origem legal.

A recorrente era viúva do acionista principal da Montebel e, após seu falecimento, algumas ações foram gravadas com usufruto em favor da viúva com base no art. 1.611, parágrafo 1º do antigo Código Civil de 1916[151]. O denominado usufruto vidual,

[150] BRASIL. Superior Tribunal de Justiça. **REsp. nº 1.169.202 - SP (2009/0236742-3)**, Relatora: Ministra Nancy Andrighi. Data de julgamento: 20 de setembro de 2011. Brasília, Disponível em: <https://stj.jusbrasil.com.br/jurisprudencia/21076368/recurso-especial-resp-1169202-sp-2009-0236742-3-stj>. Acesso em: 07 nov. 2019.

[151] Art. 1611 – Á falta de descendentes ou ascendentes será deferida a sucessão ao cônjuge sobrevivente, se, ao tempo da morte do outro, não estava dissolvida a sociedade conjugal.
(...)

como o próprio parágrafo supracitado demonstra, é o gravame sobre a quarta parte da herança, em favor do cônjuge supérstite, quando o regime não for o da comunhão universal e teria como objetivo a proteção do cônjuge desamparado.

Não prosperou o argumento principal da recorrente, o qual indica que o art. 114 refere-se apenas ao usufruto decorrente de contrato, ou seja, convencional e não seria aplicável aos usufrutos legais. Segundo a recorrente, o seu respectivo direito de voto não poderia ser suprimido, com fundamento na aplicação extensiva do art. 114, uma vez que apenas o usufruto por vontade das partes manteria o direito de voto na esfera de direitos do nu-proprietário. Em contrapartida, o acórdão não concorda com a categoria autônoma do usufruto vidual, mas sim como uma espécie dentro do gênero usufruto.

Conforme foi salientado no acórdão, o dispositivo legal do art. 114 exige duas alternativas para o exercício dos direitos políticos: (i) a regulação do voto no ato da constituição do gravame, ou (ii) o acordo prévio entre nu-proprietário e usufrutuário. O legislador faz essa opção legislativa, segundo o acórdão, para evitar o conflito de interesses entre as partes, exigindo, portanto, o prévio consenso.

Uma passagem bastante relevante deste acórdão é a citação do argumento dado pela segunda instância sobre a natureza do direito de voto. Para o Tribunal do Estado de São Paulo, o direito de voto não significa o mero poder de administração da ação com o escopo de proteção do rendimento financeiro atrelado. Seria uma real ingerência nos rumos da empresa, por quem não é sócio[152].

Parágrafo 1º – O cônjuge viúvo, se o regime de bens do casamento não era o da comunhão universal, terá direito, enquanto durar a viuvez, ao usufruto da quarta parte dos bens do cônjuge falecido, se houver filhos, deste ou do casal, e à metade, se não houver filhos embora sobrevivam ascendentes do de cujus.

[152] BRASIL. Tribunal de Justiça do Estado de São Paulo. **Apelação Cível com Revisão nº 394.754-4/5-00**. Relator: Oscarlino Moeller. Data de julgamento:

O acórdão lista alguns direitos acessórios inerentes ao usufrutuário. O colegiado entende que ao usufrutuário compete a administração das ações e fiscalização das atividades da companhia, mas essas atividades podem ser exercidas, sem que obrigatoriamente exista o direito de voto. É citado o exemplo da exigência de acesso à escrituração contábil, conforme foi garantido à recorrente. Além disso, o acórdão discorda da ideia do direito de voto como um direito essencial, em razão da existência de ações com voto restrito ou suprimido.

Em resumo, o entendimento do caso concreto proferido entende que mesmo no caso de usufruto de origem legal, onde não há um ato de constituição com a regulação do direito de voto, é necessário o posterior acordo prévio entre usufrutuário e nu-proprietário. Isto se justifica em respeito à disciplina geral relativa ao direito real de usufruto, o qual é gênero das espécies convencionais e legais.

Interessante também é citar uma passagem do acórdão da segunda instância, o qual reforça o seguinte entendimento sobre a aplicação do 114, mesmo em caso de usufrutos legais[153]:

> O legislador da lei n. 6.404, de 1976, por consideração final, não poderia desconhecer na redação do art. 114, a existência do usufruto vidual, criado a partir da lei n. 4.121, de 27 de agosto de 1962, o estatuto da mulher casa, de onde provém a redação do citado parágrafo 1º do art. 1.611 do Código Civil anterior. Daí a generalidade que se há se observar na interpretação daquele artigo.

09 de abril de 2008. Disponível em: <https://esaj.tjsp.jus.br/cjsg/getArquivo.do?cdAcordao=2553664&cdForo=0>. Acesso em: 07 nov. 2019.

[153] BRASIL. Tribunal de Justiça do Estado de São Paulo. **Apelação Cível com Revisão nº 394.754-4/5-00**. Relator: Oscarlino Moeller. Disponível em: <https://esaj.tjsp.jus.br/cjsg/getArquivo.do?cdAcordao=2553664&cdForo=0>. Acesso em: 07 nov. 2019, p. 8.

O acórdão da segunda instância é bastante duro ao indicar a titularidade do direito ao voto, como inerente ao nu-proprietário. Para o órgão julgador, o usufrutuário não possui os denominados direitos políticos, em especial o direito ao voto, porque se vinculam ao proprietário. Reserva apenas ao usufrutuário o direito de receber os dividendos produzidos e sua conduta só pode referir-se à fiscalização do adequado repasse de tais proventos. Apesar de bastante fundamentado o acórdão de segundo grau, o entendimento acaba relegando o usufrutuário a uma espécie de sujeito passivo, absolutamente reativo ao relacionamento societário. E, em nenhum momento, avalia o acórdão a existência de limites na atuação política do nu-proprietário contra os interesses do usufrutuário, especialmente com a aprovação da retenção de lucros da companhia.

Embora haja plena concordância entre o acórdão de segundo grau e o julgado do STJ, a matéria permanece um tanto controversa. A doutrina de Renato Ventura Ribeiro entende que a Lei das Sociedades por Ações regula, apenas, a hipótese de usufruto convencional. No caso de usufruto legal, deve prevalecer o disposto na lei civil, com direito de voto ao usufrutuário[154]. Além disso, foi possível levantar o agravo de instrumento do caso da Montebel, no qual o Desembargador relator Paulo Hungria passa a concordar com a recorrente. Para o julgador, o art. 114 é mera cópia do dispositivo legal do Decreto-Lei 2.627/40, antecessor da Lei das Sociedades por Ações, e regula claramente apenas o usufruto convencional. Continua o Desembargador Paulo Hungria sobre a expressão de vontade da seguinte forma[155]:

[154] Ribeiro, Renato Ventura. **Direito de Voto nas Sociedades Anônimas**. São Paulo: Quartier Latin, 2009, p. 296.

[155] BRASIL. Tribunal de Justiça do Estado de São Paulo. **AgIn nº 275.405-4/5-00 – São Paulo**. Relator: Paulo Hungria. Disponível em: < https://esaj.tjsp.jus.br/cjsg/getArquivo.do?conversationId=&cdAcordao=1868490&cdForo=0&uuid

> Não ocorreu, no caso, manifestação alguma de vontade do de cujus, quanto ao destino daquelas ações, de sorte que, melhor examinando a questão, não teria aplicação, à espécie, a disposição especial da lei societária.
>
> (...)
>
> A administração, à falta de outras restrições legais, não contemplaria apenas o poder de alienação ou da prática de quaisquer outros atos que impliquem comprometimento ou oneração dos bens recebidos em usufruto, nada justificando, portanto, o impedimento do direito a voto em assembleia. Se assim não fosse, esvaziada restaria, à evidência, a administração de bens recebidos em usufruto, na medida em que a usufrutuária *ficaria subordinada inexoravelmente, à vontade do nu-proprietário*, quando é certo que a este, antes da extinção do usufruto, nenhum direito de administração fora reservado pela lei. (grifos nossos).

Vale ressaltar que o entendimento desse julgado do STJ foi citado em sede de agravo de instrumento relatado pelo desembargador Luciano Moreira Vasconcellos do Tribunal de Justiça do Distrito Federal. Apesar do caso tratar apenas de direitos patrimoniais do usufruto vidual, o relator trouxe o julgado do STJ para ilustrar o entendimento claro sobre o usufruto de origem legal[156].

Captcha=sajcaptcha_b11b3e0d8533439d9c61060e2c840e5b&vlCaptcha=SWzyD&novoVlCaptcha=>. Acesso em: 07 nov. 2019, p. 05.

[156] BRASIL. Tribunal de Justiça do Distrito Federal. **AgIn nº 20120020045316**. Relator: Luciano Moreira Vasconcellos. Brasília, Disponível em: < https://tj-df.jusbrasil.com.br/jurisprudencia/21839344/agravo-de-instrumento-ai-45358320128070000-df-0004535-8320128070000-tjdf/inteiro-teor-110463079?ref=serp>. Acesso em: 07 nov. 2019.

4.2.2. Recurso Especial nº 1.008.263-SC (2007/0273030-8)[157]

Este caso trata de um recurso especial interposto em sede de ação declaratória de nulidade de assembleia geral ordinária, proposta por Ida Caramori e outros, cuja participação total na sociedade Reunidas S.A. Transportes Coletivos, alcança 19% do capital social. O caso foi julgado em 21 de fevereiro de 2008 contra a pretensão dos recorrentes.

Na ação dos autores, eles relatam que foram convocados para assembleia geral ordinária e extraordinária realizada em 30 de abril de 2002, na qual foram aprovadas as contas da administração e as demonstrações financeiras, bem como a eleição dos administradores e aprovação da remuneração global da diretoria. Os autores argumentaram que houve nulidade no ato, em razão do voto proferido pelo nu-proprietário de ações da companhia sem que fosse apresentada a concordância do respectivo usufrutuário. Por fim, os autores alegam que nunca receberam o instrumento de regulação do direito de voto das ações gravadas com usufruto.

Independente dos argumentos apresentados, os autores não comprovaram a existência do usufruto acionário. A companhia apresentou os livros de registro de ações e demonstrou que as ações do acionista Lycurgo Faoro Coelho de Souza não estavam gravadas e, portanto, não estavam sujeitas à comprovação de anuência prévia da usufrutuária, Sra. Maria Therezinha Coelho de Souza Carmori, para o exercício do direito ao voto.

Como inexistiu e a comprovação da existência do gravame sobre as ações do acionista, não poderiam os recorrentes alegarem nulidade da assembleia. O acórdão coloca que o acionista só deveria comprovar a anuência da usufrutuária com relação

[157] BRASIL. Superior Tribunal de Justiça. **REsp. nº 1.008.263 - SC (2007/0273030-8)**, Relatora: Ministra Nancy Andrighi. Brasília, Disponível em: < https://stj.jusbrasil.com.br/jurisprudencia/1561/recurso-especial-resp-1008263>. Acesso em: 07 nov. 2019.

ao voto proferido, caso, de fato, houvesse sido constituído um usufruto sobre essas participações societárias.

4.3. Análise dos entendimentos proferidos pelo Tribunais Estaduais

4.3.1. Tribunal do Estado de São Paulo – Apelação Cível nº 053.836.4/2[158]

Esta é a apelação cível ingressada por Walter Castro da Rocha contra Walmir José Castro da Rocha, seu filho, perante o Tribunal de Justiça do Estado de São Paulo e julgada pela 4ª Câmara de Direito Privado em 6 de agosto de 1998 com a relatoria do desembargador Cândido da Cunha Cintra.

O apelante e sua esposa procederam com a doação a seus filhos da totalidade das ações detidas por ele na sociedade Transportadora Volta Redonda S.A. Segundo seus argumentos, a escritura de doação das ações com reserva de usufruto era silente quanto o exercício do direito de voto. Seus filhos, apesar deste fato, por anos exerceram os direitos políticos das ações gravadas, relegando ao pai apenas o usufruto dos direitos econômicos. Reclamava o apelante que o silêncio da escritura de doação e a falta de um acordo prévio entre as partes impediria o exercício do voto tanto pelo nu-proprietário como pelos usufrutuários, conforme prescreve o art. 114 da Lei das Sociedades por Ações.

Em contraposição, os usufrutuários alegaram que a conduta das partes supre a exigência de acordo formal prévio entre nu-proprietário e usufrutuários a respeito do direito de voto. Foram trazidas como provas no processo a convocação do nu-proprietário a todas as assembleias, bem como a inexistência, por anos, de oposição do nu-proprietário ao exercício do direito

[158] BRASIL. Tribunal de Justiça do Estado de São Paulo. Apelação Cível nº 053.836.4/2 – São Paulo, Relator: Cândido da Cunha Cintra. São Paulo, Disponível em: <https://esaj.tjsp.jus.br/cjsg/getArquivo.do?cdAcordao=1292682&cdForo=0 >. Acesso em: 07 nov. 2019.

de voto dos usufrutuários. A própria co-doadora e nu-proprietária, Maria Celina de Souza Rocha, mulher do apelante e mãe dos donatários, confirma não ter reservado para si o direito de voto sobre as ações doadas.

O órgão julgador, por unanimidade, reconheceu os argumentos dos usufrutuários. Os contratos devem ser interpretados de acordo com o próprio comportamento das partes, numa espécie de interpretação autêntica, conforme informa o acórdão. Os julgadores colocam que é indiscutível a conduta do apelante de concordância com o exercício do direito de voto pelos apelados durante seis anos. Além disso, a sua presença nas assembleias, inclusive presidindo os conclaves, demonstra a existência de um acordo tácito para o exercício dos direitos políticos. A mudança desse acordo, ou seja, da titularidade do voto para o nu-proprietário, dependeria da anuência dos usufrutuários.

Este julgado é bastante importante para a temática por demonstrar a existência de um acordo prévio tácito, não regulado, nem por instrumento escrito ou pelo ato de constituição do gravame. Não poderia a relação jurídica ficar ao prazer da mudança do entendimento do nu-proprietário ou do usufrutuário em razão de falta de formalismos, não necessariamente exigidos pelo art. 114. Este dispositivo exige na sua literalidade um acordo, restando as partes comprovarem em juízo a existência ou não dessa relação contratual tácita.

4.3.2. Tribunal do Estado de São Paulo – Apelação Cível nº 93.056-1[159]

O caso foi julgado pela 8ª Câmara Civil do Tribunal de Justiça em 3 de fevereiro de 1988 e tratava de renúncia de usufruto

[159] BRASIL. Tribunal de Justiça do Estado de São Paulo. **Apelação Cível nº 93.056/1 – São Paulo.** Relator: Fonseca Tavares. São Paulo, Disponível em: LEX Jurisprudência dos Tribunais. Vol. 22, nº 122.

acionário. O órgão julgador concluiu que o ato de renúncia é um ato unilateral do usufrutuário, não dependente da anuência ou aceitação expressa ou tácita do nu-proprietário.

A discussão envolve a sociedade Dunil S.A. Empreendimentos e Participações e seus acionistas. A sociedade anônima era integrada por quatro irmãos, todos nu-proprietários da totalidade das ações votantes emitidas. A genitora dos acionistas detinha, por sua vez, o usufruto dos direitos políticos e econômicos das ações. A questão iniciou-se com a renúncia do direito de voto pela usufrutuária com a cessão do mesmo aos seus filhos. Apesar deste movimento, dois nu-proprietários não aceitaram a renúncia, enquanto os remanescentes aprovaram e passar a exercer o direito de voto em nome próprio.

Posteriormente, em uma assembleia geral, a então genitora fez-se representar por mandatário, e votou favoravelmente à aprovação das contas dos exercícios anteriores. Em contrapartida, os acionistas aceitantes da renúncia votaram contrariamente à aprovação, levando a votação a um empate. Os aceitantes entenderam que a deliberação apresenta um vício. Se houve a renúncia não há mais cogitação de direito de voto da usufrutuária. Neste caso, o art. 114 que impõe acordo entre usufrutuário e o nu-proprietário, para que possa ser exercido o direito de voto, não seria aplicável.

O órgão julgador entende que a renúncia é um ato sempre unilateral e independe de adesão ou aceitação daqueles a quem traga a aquisição de direitos oriunda da renúncia. Desta maneira, a genitora quando renunciou o usufruto, o fez por inteiro e não parcialmente. Há a plena cessão do direito de voto aos nu-proprietários, os quais estão liberados para exercê-los em nome próprio. Segundo os desembargadores, estaria confeccionado o acordo para o exercício do direito de voto com a cessão de direitos, cabendo o exercício dos direitos políticos, portanto, apenas pelos nu-proprietários, aceitantes ou não.

Em resumo, foi entendido que o ato de renúncia foi mal denominado pela genitora. Ocorreu de fato uma cessão de direitos, a qual investe cada nu-proprietário do direito de voto, que ora então lhe foram conferidos.

4.3.3. Tribunal do Estado de São Paulo – Agravo de Instrumento nº 308.8.90-4/0-00[160-161]

O caso discute a aplicação do art. 114 da Lei das Sociedades por Ações em um outro caso de usufruto de origem legal. O agravante é a Bombril Holding S.A. e a agravada é a sociedade *NewCo International Limited*. O julgamento foi proferido em 11 de setembro de 2003 pela 4ª Quarta Câmara de Direito Privado do Tribunal de Justiça do Estado de São Paulo e foi contrário à Bombril. O órgão julgador entendeu que não seria necessário acordo prévio entre nu-proprietário e usufrutuário judicial, conforme preconiza o art. 114.

A Bombril ingressou com ação questionando a aprovação do plano de gestão de usufruto judicial apresentado pelo administrador judiciário, conferindo poder de voto em assembleia geral ordinária para substituição dos membros do Conselho de Administração e do Conselho Fiscal. O argumento principal da Bombril entende que uma vez aprovado o plano de gestão pelo administrador judicial, o mesmo conferiu a si o direito de exercer voto nas assembleias, sem anuência da empresa *holding*, em desrespeito ao art. 114 da Lei das Sociedades por Ações. Por fim, a Bombril pretende que fosse submetido um novo plano que confira à *holding* poderes para fiscalizar atos de conserva-

160 BRASIL. Tribunal de Justiça do Estado de São Paulo. **AgIn nº 308.8 90-4/0-00**, Relator: Carlos Stroppa. São Paulo, Disponível em: <https://esaj.tjsp.jus.br/cjsg/getArquivo.do?cdAcordao=1946911&cdForo=0>. Acesso em: 07 nov. 2019.

161 EIZIRIK, Nelson. **Sociedades Anônimas – Jurisprudência. Tomo III**, Vol. I. São Paulo: Renovar, 2008, pp. 1.424-1.434.

ção do valor das ações ordinárias, objeto do usufruto, e impedir eventual ato de disposição destas participações societárias.

Apesar dos argumentos da Bombril, os desembargadores não concordaram com o pleito da agravante. Segundo o colegiado, a decretação do usufruto das ações penhoradas confere ao administrador judicial a prática de atos acautelatórios necessários ao desempenho de suas atribuições. O direito de votar e eleger os membros do Conselho de Administração é o meio hábil para coibir a prática de todos os atos que provoquem o esvaziamento patrimonial das ações gravadas.

O órgão afastou a aplicação do art. 114, por não se tratar de um usufruto consensual, já que o usufruto judicial foi concedido como medida acautelatória no processo de execução, com o objetivo de proteger o valor das ações. Continuam os julgadores, entendendo que o usufruto judicial de ações ordinárias de uma companhia não é um mero benefício virtual e o usufrutuário não estaria sujeito à mera expectativa de resultados decorrentes do exercício dos direitos políticos. O usufruto judicial impõe, enquanto durar, a substituição do responsável pelo exercício dos direitos políticos das ações gravadas. O usufrutuário judicial não poderia, somente, proceder com a alienação das ações.

Este julgado mostrou-se interessante, pois trata de maneira diversa um usufruto de origem legal. O usufruto judicial em favor do administrador judicial era previsto pelo art. 716 do antigo Código de Processo Civil e foi extinto pelos artigos 867 e 868 do Código de Processo Civil, sendo substituído por apenas penhora de frutos e rendimentos[162]. Igualmente ao usufruto

[162] Art. 867. O juiz pode *ordenar a penhora de frutos e rendimentos* de coisa móvel ou imóvel quando a considerar mais eficiente para o recebimento do crédito e menos gravosa ao executado (grifos nossos).
Art. 868. Ordenada a penhora de frutos e rendimentos, o *juiz nomeará administrador-depositário*, que será investido de *todos os poderes que concernem à administração do bem e à fruição de seus frutos e utilidades*, perdendo o executado o

vidual, o usufruto judicial prescinde de qualquer acordo prévio ou regulação do exercício do direito de voto. Diferentemente do que foi decidido pelo STJ no caso exposto neste capítulo, o Tribunal de Justiça do Estado de São Paulo decidiu pela desnecessidade de acordo prévio entre a Bombril e o usufrutuário judicial, conforme exigido pelo art. 114.

4.3.4. Tribunal do Estado de São Paulo – Apelação Cível nº 460.649-4/1-00[163]

Trata-se de recurso contra a sentença que julgou improcedente a ação de obrigação de fazer e indenização em razão do direito de ex-marido aos valores relativos, segundo a proporção de sua parte no usufruto acionário constituído em seu favor e de sua ex-esposa. O casal doou aos filhos a nua-propriedade de todas as ações, estabelecendo reserva de usufruto dos benefícios econômicos na proporção de 50% para cada parte.

A sociedade doada aos filhos era uma empresa familiar de caráter imobiliário e detentora de dois imóveis anteriormente detidos pelo casal. Após o divórcio do casal, passou apenas a ex-esposa a usufruir dos bens imóveis, administrando-os conforme seus próprios entendimentos. Além disso, ao longo de anos gozou dos benefícios econômicos trazidos pelos imóveis da sociedade imobiliária.

direito de gozo do bem, até que o exequente seja pago do principal, dos juros, das custas e dos honorários advocatícios (grifos nossos).

§ 1º A medida terá eficácia em relação a terceiros a partir da publicação da decisão que a conceda ou de sua averbação no ofício imobiliário, em caso de imóveis.

§ 2º O exequente providenciará a averbação no ofício imobiliário mediante a apresentação de certidão de inteiro teor do ato, independentemente de mandado judicial.

163 BRASIL. Tribunal de Justiça do Estado de São Paulo. Apelação Cível nº 460.649-4/1-00. Relator: A.C. Mathias Coltro. Disponível em PRADO, Roberta Nioac; VILELA, Renato. *Litígios Societários 2 – Divórcios*. 1ª ed. São Paulo: Saraiva, 2013, pp. 369-371.

O ex-marido ingressou com apelação sob o argumento que caberia a ele em conjunto a administração das ações gravadas com usufruto. Apesar de não explícito pelo caso, o usufruto do direito de voto é tácito, uma vez que coube à ex-esposa o exercício do direito de voto ao longo dos anos, sem a oposição do ex-marido. O apelante não questiona a atuação da ex-esposa na administração da sociedade, mas sim, não ter participado nos benefícios econômicos.

O tribunal entendeu que caberia a ambos os usufrutuários a administração e o uso, gozo e fruição do patrimônio da sociedade imobiliária, cujas ações estão gravadas. Foi ordenado que fosse pago ao ex-marido o equivalente a 50% do valor do benefício econômico gerado por aluguéis dos imóveis da sociedade com as ações gravadas. Interessante notar que neste julgado não houve a mesma interpretação sobre a existência de renúncia tácita do acionista. Para este órgão julgador, há necessidade do nu-proprietário renuncie expressamente o seu direito de voto para formar o acordo entre ambas as partes. Parece, portanto, que as circunstâncias fáticas das renúncias importam para a tomada de decisão pelos órgãos julgadores.

4.3.5. Tribunal do Estado de Minas Gerais – Apelação Cível nº 406316-5/000[164]

O caso envolve uma disputa societária envolvendo uma sociedade denominada CBE – Conjunto Brasileiro Empreendimen-

[164] BRASIL. Tribunal de Justiça do Estado de Minas Gerais. **Apelação Cível nº 406.316-5** – Belo Horizonte. Relatora: Desembargadora Teresa Cristina da Cunha Peixoto. Disponível em: <https://www5.tjmg.jus.br/jurisprudencia/pesquisaPalavrasEspelhoAcordao.do?&numeroRegistro=1&totalLinhas=1&paginaNumero=1&linhasPorPagina=1&palavras=%2522ILEGITIMIDADE%20PASSIVA%20DA%20EMPRESA%20AFASTADA%2522&pesquisarPor=ementa&orderByData=2&listaRelator=0-34199&referenciaLegislativa=Clique%20na%20lupa%20para%20pesquisar%20as%20refer%EAncias%20cadastradas...&pesquisaPalavras=Pesquisar& >. Acesso em: 07 nov. 2019.

tos Ltda. e seus sócios, notadamente Branca Pacheco de Oliveira Andrade e Leopoldo Pacheco Bessone. A sociedade foi constituída por Darcy Bessone com o objetivo de concentração do patrimônio imobiliário da família. Contudo, com sua morte, a esposa passou a representar o espólio como inventariante e votar nas reuniões de sócios.

A sócia Branca aprovou, posteriormente ao falecimento de seu marido, a alteração do quórum de aprovação de matérias como (i) alteração do contrato social e (ii) a sucessão do diretor-presidente, previsto no contrato social de 80% para maioria simples. Os sócios insurgiram-se contra essas alterações, alegando que não cabe à inventariante exercer o direito de voto e substancialmente alterar o funcionamento da sociedade durante a sua administração provisória.

Os sócios recorridos lembraram aos julgadores que Branca seria apenas usufrutuária da metade disponível da herança de Darcy Bessone. Seu testamento não deixa claro a quem cabe o direito de voto e, em razão disso, passou-se a decidir o cabimento da usufrutuária votar mesmo sem um acordo prévio com os nu-proprietários.

Preliminarmente, os julgadores entenderam que devido a lacuna legislativa do Código Civil sobre direito de voto de participações gravadas com usufruto, aplicaria supletivamente o art. 114 da Lei das Sociedades por Ações à realidade das sociedades limitadas. Na sequência, o órgão trouxe à baila entendimentos de vários doutrinadores para reforçar o conceito trazido pelo art. 114. O resultado principal dos ensinamentos trazidos colocou não ser possível exercer o direito de voto sem um acordo prévio entre nu-proprietário e usufrutuário. Caberia o acordo ser reduzido a termo, arquivado pela sociedade e pormenorizar quais são as matérias que o usufrutuário ou o nu-proprietário poderão votar.

Continuando com o julgamento, a desembargadora relatora informa que os demais sócios eram herdeiros testamentários de Darcy Bessone e, portanto, eram nu-proprietários das ações da CBE. Não poderia a sócia Branca ter procedido com o exercício do direito de voto nas alterações de quórum de aprovação, em razão de sua administração provisória e não concordância expressa dos nu-proprietários. Foram declaradas nulas as alterações promovidas pela inventariante e usufrutuária das ações da CBE.

Este caso ilustra uma questão interessante sobre acordo prévio entre as partes. Segundo o acórdão, é necessário para evitar conflito de interesses a especificação das matérias para o exercício do direito de voto. Foram trazidos os ensinamentos de doutrinadores para fundamentar esse entendimento. De todo modo, o julgado reforça o entendimento pela vedação ao direito de voto, caso não esteja explícito a quem cabe no instrumento de constituição do usufruto.

4.3.6. Tribunal do Estado de Minas Gerais – Agravo de Instrumento nº 1.0024.05.827925-8/001[165]

O agravo de instrumento trata de um caso de recebimento de um terço de ações nominativas representativas do capital social da sociedade anônima Efegege – Administração e Participação na forma de doação dos pais a um filho, com a reserva do usufruto vitalício e sucessivo em favor dos doadores. Caberia aos pais o exercício do direito de voto inerente às ações gravadas com o usufruto, assim como o de perceber dividendos e bonificações atribuídas as ações.

O pleito da apelação é a suspensão de decisões deliberadas em assembleia sem a presença dos nu-proprietários. O ape-

[165] BRASIL. Tribunal de Justiça de Minas Gerais. **AgIn nº 1.0024.05.827925-8/001.** Relator: Alberto Aluízio Pacheco de Andrade. Belo Horizonte, Disponível em: <https://tj-mg.jusbrasil.com.br/jurisprudencia/5879095/100240582792580011-mg-1002405827925-8-001-1/inteiro-teor-12021848?ref=amp>. Acesso em: 07 nov. 2019.

lante, um dos acionistas e nu-proprietário das ações gravadas concorda com o acordo prévio e reconhece a titularidade do direito de voto cabido aos usufrutuários. Contudo, o apelante alega que detém certos direitos acessórios, como a presença nas assembleias, apesar de não deter o direito de voto.

Por maioria, o órgão julgador indeferiu o pedido do apelante. Entendeu que o nu-proprietário não poderia agir como acionista pleno, enquanto subsistir o usufruto acionário. Somente poderia exercer todos os direitos inerentes ao *status socii* quando do falecimento de ambos os usufrutuários. Em resumo, o órgão concorda que o nu-proprietário é apenas detentor de um domínio vazio de um bem.

Vale ressaltar nesse julgado, não somente a decisão da maioria, mas o voto vencido do Desembargador Alberto Vilas Boas. O desembargador vai de encontro ao entendimento de seus colegas e coloca que a nua-propriedade tem o direito de fiscalizar e tomar conhecimento, mediante a convocação prévia, dos atos praticados pela entidade, através de seus gestores constituídos. Ele discorda que o usufruto reduz consideravelmente os poderes do dono, cujo domínio somente se consolidará em ocasião futura. Vilas Boas, em contraposição, defende a ideia do direito de fiscalização dos atos da sociedade anônima por meio da presença em assembleia-geral, mesmo sem o direito de voto.

O desembargador vencido fecha seu raciocínio colocando que o art. 114 em nenhum momento retira os direitos acessórios do acionista. A condição da nua propriedade das ações não retira também o direito de convocação para participar das reuniões das sociedades anônimas, haja vista que a figura do acionista ainda é mantida, mesmo desprovido de voto. Este trabalho concorda fortemente com o posicionamento do desembargador, uma vez que os acionistas preferencialistas também são convocados a participar dos conclaves, mesmo sem o direito ao exercício de voto.

4.4. Proposta de interpretação do art. 114 da Lei das Sociedades por Ações

Após a análise doutrinária e jurisprudencial sobre o art. 114 da Lei das Sociedades por Ações, resta estruturar uma interpretação ampliada do mecanismo de exercício do direito de voto de participações societárias gravadas com usufruto. Frisa-se, no entanto, a negativa deste trabalho em definir uma regra perfeita e perene para todo e qualquer usufruto acionário. O objetivo principal é dar clareza, baseado nos ensinamentos da doutrina e da jurisprudência, aos limites inerentes impostos pelo usufruto, na relação societária entre usufrutuário, nu-proprietário e a própria companhia, no tocante ao direito de voto.

Feitas as devidas ressalvas, primeiramente cumpre atentar novamente para a redação do art. 114, conforme transcrição abaixo:

> "Art. 114. O direito de voto da ação gravada com usufruto, se não for regulado no ato de constituição do gravame, somente poderá ser exercido mediante prévio acordo entre o proprietário e o usufrutuário. "

O primeiro ponto de atenção é o termo "se não for regulado". Ou seja, o comando legal reconhece a possibilidade da inexistência de uma regulação entre as partes no tocante ao exercício de voto. Se a própria lei reconhece um estado de inércia, o qual pode ser bastante comum quando tratado dentro do direito sucessório, conforme detalhado neste trabalho, deveria haver um comando sobre a inexistência de regulação.

Recomenda-se, primeiramente a inclusão de um parágrafo primeiro no art. 114, cujo objetivo seria a regulação da relação entre nu-proprietário e usufrutuário nos casos de inexistência de titular certo dos direitos políticos das ações gravadas. Este trabalho entende que o bem jurídico protegido pelo usufruto é a vantagem trazida pelo direito real do usufrutuário de uso, gozo e fruição dos benefícios das ações gravadas. O direito de voto pode ser interpretado, conforme a doutrina acima citada ilustra, como uma forma de administração da sociedade.

Deste modo, este trabalho concorda com a razoabilidade da doutrina italiana, trazida por Carvalhosa, a qual entende que as decisões da assembleia geral não são outra coisa, senão atos de administração. Como cabe a administração, por meio do direito de uso, ao usufrutuário, também caberia a este indivíduo os direitos políticos, caso haja inexistência entre um acordo prévio ou mesmo tácito com o nu-proprietário para o exercício do voto[166]. Portanto, este trabalho se alinha a teoria unitarista de exercício do direito de voto, em caso de inexistência de acordo prévio entre nu-proprietário e usufrutuário.

Ademais, vale lembrar que o voto tem o condão de impedimento do recebimento dos frutos destinados ao usufrutuário, na forma de dividendos, bonificações ou juros sobre capital próprio. Não seria razoável permitir uma situação de reiterados votos proferidos pelo nu-proprietário de retenção de lucros, sob pena de descaracterização do instituto do usufruto completamente. Esta seria outra razão relevante, no qual este trabalho se baseia para conceder o direito de voto ao usufrutuário, em caso de inexistência de acordo prévio ou tácito.

Contudo, ressalta-se a importância da manutenção do princípio da liberdade de contratar entre os particulares, com relação à constituição do usufruto. O intuito da inclusão de um novo parágrafo primeiro no art. 114 não é restringir a liberdade de contratação dos doadores ou testadores para com os seus respectivos patrimônios, mas sim alertá-los para uma situação inercial que deve ser suplantada pela lei. Isso evitaria uma disputa

166 Carvalhosa, Modesto. **Comentários à Lei De Sociedades Anônimas.** Vol. 2, 6ª ed. São Paulo: Saraiva Jurídica, 2010, p. 530.

entre as partes, em razão da falta de clareza no instrumento de constituição do usufruto, e também no caso de usufrutos legais sem regulação por instrumento escrito, sobre a quem cabe o direito de voto.

Feita esta primeira sugestão de alteração no art. 114, há outro ponto bastante discutido referente ao usufruto acionário: os limites do direito de voto. Também como forma de balizar as interpretações sobre o direito de voto de participações societárias gravadas, também se sugere a inclusão de um parágrafo segundo para o tratamento dos limites do exercício do voto.

O hipotético parágrafo segundo iria prever a existência de limites no exercício do direito de voto, tanto pelo usufrutuário como pelo nu-proprietário em matérias restritas. Caso o usufrutuário, quer por inércia do instrumento escrito quer pelo próprio acordo prévio com o nu-proprietário, seja o titular do direito de voto, deve o indivíduo votar no interesse da companhia, preservando a substância do bem gravado de propriedade do nu-proprietário. Não poderia o usufrutuário votar, sem a anuência expressa ou tácita do nu-proprietário em matérias que alterem a substância das participações societárias gravadas. Exemplos dessas situações referem-se às aprovações de deliberações sobre alteração do objeto social, redução de capital, direito de retirada, dissolução, liquidação ou reorganizações societárias como cisão, fusão e incorporação da companhia.

As deliberações acima citadas têm como efeito prático de disposição das ações, cujo poder deveria ser exercido apenas pelo nu-proprietário, conforme prevê o conceito de propriedade e do usufruto. Não caberia ao usufrutuário decidir sem a anuência do real titular das ações o efetivo perecimento delas com a aprovação da dissolução da sociedade, por exemplo. Em razão disso, o conflito poderia ser mitigado, caso o nu-proprietário participe da decisão sobre essas deliberações.

Em sentido inverso, não poderia o nu-proprietário exercer o direito de voto, sem a anuência expressa ou tácita do usufrutuário, nos casos de retenção do lucro apurado, ao invés da distribuição na forma de dividendos, juros sobre capital próprio ou bonificações. Neste cenário, fica claro o abuso do direito de voto, uma vez que ocorre a frustração do poder de gozo e fruição dos frutos das ações gravadas. O nu-proprietário, cuja atuação seja de aprovação reiterada de retenção de lucros, atua contra os interesses do usufrutuário.

Apesar disso, é importante o reconhecimento da possibilidade legítima de voto em favor da retenção de lucros pela assembleia geral. Muitas sociedades anônimas, principalmente em momentos de turbulência financeira, precisam de recursos em caixa para enfrentar compromissos comerciais com fornecedores, instituições financeiras e terceiros em geral. Às vezes, o mais prudente é a aprovação da retenção de valores pela assembleia geral, como forma de preservação da própria saúde financeira da companhia.

Logo, o hipotético parágrafo segundo do art. 114 deverá prever a possibilidade de voto pelo nu-proprietário, sem a anuência do usufrutuário, em casos de retenção de lucro apenas com justa motivação. Isto protegeria o usufrutuário do arbítrio do nu-proprietário, ao mesmo tempo permite um voto livre no interesse da saúde financeira da companhia. Independentemente disso, este trabalho reconhece que caberá ao usufrutuário o ônus da prova da inexistência de justa motivação do nu-proprietário, em aprovar a retenção de lucros.

Vale reforçar, conforme descrito no capítulo 3.4, a aplicabilidade das questões supracitadas às sociedades limitadas. Não deveria haver diferenças na aplicação desta interpretação sugerida às companhias ou às limitadas. As considerações tecidas neste capítulo deverão ser reconhecidamente aplicáveis aos dois tipos societários, uma vez que não há incompatibilidade do usufruto acionário com os ditames das limitadas.

O reconhecimento legal da existência de limites não tem como objetivo restringir novamente o princípio da liberdade de contratar. No entanto, é buscando uma relação harmônica entre o nu-proprietário e o usufrutuário no exercício do direito de voto, que existe a primazia dos interesses da companhia.

Conclusões

Feitas todas as considerações sobre o objeto de estudo, é possível inferir que os direitos políticos aplicados à realidade do usufruto acionário podem gerar algumas controvérsias relevantes. Em razão disso, o trabalho buscou esmiuçar tanto as controvérsias como as interpretações alternativas do art. 114 da Lei das Sociedades por Ações.

É possível, primeiramente, identificar a possibilidade do usufrutuário reter para si os direitos políticos, em conjunto com os direitos econômicos, ou seja, sobre os frutos da ação. Este trabalho tende a concordar com a posição de Nelson Eizirik, citado no trabalho acima sobre a nulidade de um usufruto constituído apenas sobre os direitos políticos de determinada quantidade de ações.

Ademais, o trabalho conseguiu observar a possibilidade do usufrutuário, então titular dos direitos de sócio, como o próprio direito de voto, poder ser considerado o controlador de uma companhia. Por consequência, o usufrutuário enquadra-se na definição do art. 116 e sujeita-se às responsabilidades típicas de controlador. Apesar de não ter sido possível encontrar um precedente judicial, em que houve uma ação de responsabilidade contra um usufrutuário-controlador, os casos levantados discutem a existência de abuso do direito de voto do controlador, em prejuízo aos nu-proprietários.

Sequencialmente, o estudo buscou trazer interpretações dos órgãos registrais como Juntas Comerciais sobre os direitos políticos de ações gravadas com usufruto. A JUCESP dá argumentos aos nu-proprietários de ações gravadas reclamarem para si o direito de voto, principalmente no caso de inexistência de acordo prévio entre as partes. Os manuais de registro, em nada auxiliam na difícil tarefa de definir a quem cabe a titularidade do direito de voto, em casos de usufruto legal ou se não houver um instrumento próprio de definição do mecanismo de exercício do direito de voto.

De todo modo, as posições dos órgãos registrais apresentaram entendimentos favoráveis sobre a aplicação do usufruto acionário dentro da realidade das sociedades limitadas. Há uma notória lacuna legislativa no Código Civil sobre a possibilidade da constituição de usufruto sobre quotas sociais, incluindo o mecanismo de atribuição dos direitos políticos. Apesar disso, os entendimentos da doutrina, dos órgãos registrais e até alguns precedentes judiciais demonstram a possibilidade da existência de usufruto sobre quotas sociais, além da reserva dos direitos políticos ao usufrutuário ou ao nu-proprietário, nos mesmos termos aplicados às sociedades anônimas. Na prática, a sociedade limitada baseia-se supletivamente na aplicação do art. 114 das Sociedades por Ações para permitir a constituição de usufruto de quotas sobre os direitos políticos. Restaria, apenas, o questionamento sobre a possibilidade da sociedade limitada valer-se dessa regência supletiva, mesmo em casos de silêncio do seu respectivo contrato social da aplicação supletiva.

Coube a parte da doutrina, na prática, adotar o parecer antigo da CVM sobre a impossibilidade do exercício do direito de voto, caso inexista o dito acordo prévio previsto pelo art. 114 da Lei das Sociedades por Ações. A maioria dos doutrinadores pesquisados tendem a concordar com o parecer da CVM, o qual suspende o direito de voto. Conforme salientado acima, não parece ser razoável a simples suspensão do direito de voto, principalmente em casos que a maioria das ações estejam gravadas com usufruto. Na essência, a aplicação pura e simples da suspensão do direito de voto poderia, em última análise, impedir deliberações sociais relevantes da companhia.

Outra temática de extrema importância abordada diz respeito aos limites do acordo de votos definidos entre nu-proprietário e usufrutuário. Embora este ponto seja ainda pouco abordado diretamente pelos doutrinadores, o limite do exercício do direito de voto é o pano de fundo das discussões e embates entre as partes.

Em resumo, quaisquer deliberações que possam prejudicar a capacidade de pagamento de dividendos ao usufrutuário sem um justo motivo, pode ser interpretado como um limite no exercício de voto do nu-proprietário. Como o atributo essencial de existência do usufruto é o direito real sobre os poderes de uso, gozo e fruição da ação, ou seja, o recebimento de parte dos lucros distribuídos, a impossibilidade do recebimento por decisão única e exclusiva do nu-proprietário inviabiliza o próprio gravame. Cabe, apesar disso, ao usufrutuário o ônus da prova de inexistência de justo motivo da retenção de lucros reiteradamente aprovada pelo nu-proprietário.

Na linha oposta, existem mais limites ao exercício dos direitos políticos pelo usufrutuário. Não poderia, em tese, o usufrutuário aprovar certas deliberações que resultem na redução de valor ou mesmo na extinção das ações. Deliberações típicas que poderiam ter esses resultados são as reorganizações societárias (*e.g* cisão, incorporação e fusão), a liquidação e a dissolução. Por hipótese, poderia o usufrutuário prejudicar o nu-proprietário, extinguindo ou reduzindo o seu patrimônio, em função dos seus votos proferidos em assembleia geral. O poder de dispor do bem gravado com usufruto caberia, exclusivamente, ao nu-proprietário e, segundo interpretações doutrinárias (notavelmente a posição de Fábio Comparato) certas deliberações sociais podem resultar efetivamente na disposição das ações.

Conforme descrito neste trabalho, o usufruto acionário é um instituto com diversas nuances e gera discussões de toda monta. Em razão dessas diversas possibilidades de conflitos entre o nu-proprietário e o usufrutuário salientadas ao longo do trabalho, o art. 114 da Lei das Sociedades por Ações não poderia ter sido redigido de maneira simplificada, como a existente. E, infelizmente, o instituto não foi demasiadamente explorado pelos Tribunais pesquisados para ser possível traçar um entendimento pleno e consolidado.

Por fim, esse trabalho buscou a análise de um tema não exaurido que tende a ser explorado no futuro, com maior profundidade. Esses questionamentos virão, principalmente, como forma de teste dos planejamentos sucessórios das empresas familiares. Seria prudente o poder legislativo pensar em uma reforma na legislação societária, como meio de clarear entendimentos e fixar parâmetros básicos no relacionamento societário entre o nu-proprietário e o usufrutuário, independentemente do detentor do direito de voto.

Referências

BRASIL. Comissão de Valores Mobiliários. **Exposição de Motivos nº 196, de 24 de junho de 1976**, do Ministério da Fazenda. <http://www.cvm.gov.br/export/sites/cvm/legislacao/leis-decretos/anexos/EM196-Lei6404.pdf>. Acesso em: 5 nov. 2019.

BRASIL. Junta Comercial do Estado de São Paulo. **Manual de Registro de Sociedades Anônimas**, do Departamento Nacional de Registro Empresarial e Integração. <http://www.institucional.jucesp.sp.gov.br/downloads/anexo3_SA.pdf>. Acesso em: 5 nov. 2019.

BRASIL. Junta Comercial do Estado de São Paulo. **Manual de Registro de Sociedades Limitadas**, do Departamento Nacional de Registro Empresarial e Integração. <http://www.institucional.jucesp.sp.gov.br/downloads/anexo2_ltda.pdf>. Acesso em: 5 nov. 2019.

BRASIL. Junta Comercial do Estado de São Paulo. **Enunciados da Junta Comercial do Estado de São Paulo**. Deliberação Jucesp nº 13, de 4 de dezembro de 2012. <http://www.institucional.jucesp.sp.gov.br/downloads/enunciados_2012.pdf>. Acesso em: 5 nov. 2019.

BRASIL. Comissão de Valores Mobiliários. **Parecer/CVM/SJU/Nº 005-1980**. Referência: Processo Superintendência de Relações com Empresas, Assunto: Suspensão do direito de voto de ações gravadas com usufruto, tendo em vista a dissenção entre nu-proprietário e usufrutuário. Disponível em: <http://docvirt.com/docreader.net/DocReader.aspx?bib=juris_cvm_wi&pagfis=3363>. Acesso em: 07 nov. 2019.

BRASIL. Comissão de Valores Mobiliários. **Decisão do Colegiado nº 4788/2005**. Relator: Pedro Oliva Marcilio de Sousa. Rio de Janeiro, RJ, 11 de abril de 2006. Recurso Contra Decisão da Superintendência de Empresas e da Superintendência de Registro – Proc. RJ 2005/4069. [s. L.]. Disponível em: <http://www.cvm.gov.br/export/sites/cvm/decisoes/anexos/0002/4788-0.pdf>. Acesso em: 07 nov. 2019.

BRASIL. Comissão de Valores Mobiliários. **Decisão do Colegiado nº 2003/10947**. Relator: Luiz Antonio de Sampaio Campos. Rio de Janeiro, RJ, 16 de dezembro de 2003. Recurso contra decisão da SEP – Solicitação de Dispensa de Publicação. [s. L.]. Disponível em: <http://d1ao0r2iuz522v.cloudfront.net/c9b7e63727a70b83f233f1ec8942da2b.pdf>. Acesso em: 07 nov. 2019

BRASIL. Comissão de Valores Mobiliários. **Decisão do Colegiado nº 2011/12232**. Relator: Otávio Yazbek. Rio de Janeiro, RJ, 17 de abril de 2012. Consulta à CVM referente a plano de incentivos. [s. L.]. Disponível em: <http://www.cvm.gov.br/export/sites/cvm/decisoes/anexos/0008/7990-0.pdf>. Acesso em: 07 nov. 2019, p. 03.

BRASIL. Comissão de Valores Mobiliários. **Inquérito Administrativo nº TA-RJ2002/2405**. Relator: Luiz Antônio de Sampaio Campos. Rio de Janeiro, RJ, 09 de outubro de 2003. Disponível em: < http://www.cvm.gov.br/export/sites/cvm/sancionadores/sancionador/anexos/2003/20031009_PAS_RJ20022405.pdf>. Acesso em: 07 nov. 2019.

BRASIL. Comissão de Valores Mobiliários. Decisão do Colegiado nº 4244/2003. Relator: Luiz Antônio de Sampaio Campos. Rio de Janeiro, RJ, 16 de dezembro de 2003. **Recurso Contra Decisão da SEP – Proc. RJ2003/10947**. [s. L.]. Disponível em: <http://d1ao0r2iuz522v.cloudfront.net/c9b7e63727a70b83f233f1ec8942da2b.pdf>. Acesso em: 07 nov. 2019.

BRASIL. Superior Tribunal de Justiça. **REsp. nº 1.169.202 – SP (2009/0236742-3)**, Relatora: Ministra Nancy Andrighi. Brasília, Disponível em: <https://stj.jusbrasil.com.br/jurisprudencia/21076368/recurso-especial-resp-1169202-sp-2009-0236742-3-stj>. Acesso em: 07 nov. 2019.

BRASIL. Superior Tribunal de Justiça. **REsp. nº 1.008.263 – SC (2007/0273030-8)**, Relatora: Ministra Nancy Andrighi. Brasília, Disponível em: < https://stj.jusbrasil.com.br/jurisprudencia/1561/recurso-especial-resp-1008263>. Acesso em: 07 nov. 2019.

BRASIL. Tribunal de Justiça do Distrito Federal. **AgIn nº 20120020045316**. Relator: Luciano Moreira Vasconcellos. Brasília, Disponível em: < https://tj-df.jusbrasil.com.br/jurisprudencia/21839344/agravo-de-instrumento-ai-45358320128070000-df-0004535-8320128070000-tjdf/inteiro-teor-110463079?ref=serp>. Acesso em: 07 nov. 2019.

BRASIL. Tribunal de Justiça do Estado de São Paulo. **Apelação Cível nº 053.836.4/2 – São Paulo**, Relator: Cândido da Cunha Cintra. São Paulo, Disponível em: <https://esaj.tjsp.jus.br/cjsg/getArquivo.do?cdAcordao=1292682&cdForo=0 >. Acesso em: 07 nov. 2019.

BRASIL. Tribunal de Justiça do Estado de São Paulo. **Apelação Cível nº 93.056/1 – São Paulo**. Relator: Fonseca Tavares. São Paulo, Disponível em: LEX Jurisprudência dos Tribunais. Vol. 22, nº122.

BRASIL. Tribunal de Justiça do Estado de São Paulo. **AgIn nº 308.8 90-4/0-00**, Relator: Carlos Stroppa. São Paulo, Disponível em: <https://esaj.tjsp.jus.br/cjsg/getArquivo.do?cdAcordao=1946911&cdForo=0>. Acesso em: 07 nov. 2019.

BRASIL. Tribunal de Justiça do Estado de Minas Gerais. **AgIn nº 1.0024.05.827925-8/001**. Relator: Alberto Aluízio Pacheco de Andrade. Belo Horizonte, Disponível em: <https://tj-mg.jusbrasil.com.br/jurisprudencia/5879095/100240582792580011-mg-1002405827925-8-001-1/inteiro-teor-12021848?ref=amp>. Acesso em: 07 nov. 2019.

BRASIL. Tribunal de Justiça do Estado de Minas Gerais. **Apelação Cível nº 406.316-5 – Belo Horizonte**. Relatora: Desembargadora Teresa Cristina da Cunha Peixoto. Disponível em: <https://www5.tjmg.jus.br/jurisprudencia/pesquisaPalavrasEspelhoAcordao.do?&numeroRegistro=1&totalLinhas=1&paginaNumero=1&linhasPorPagina=1&palavras=%2522ILEGITIMIDADE%20PASSIVA%20DA%20EMPRESA%20AFASTADA%2522&pesquisarPor=ementa&orderByData=2&listaRelator=0-34199&referenciaLegislativa=Clique%20na%20lupa%20para%20pesquisar%20as%20refer%EAncias%20cadastradas...&pesquisaPalavras=Pesquisar& >. Acesso em: 07 nov. 2019.

BRASIL. Tribunal de Justiça do Estado de São Paulo. **AgIn nº 275.405-4/5-00 – São Paulo**. Relator: Paulo Hungria. Disponível em: < https://esaj.tjsp.jus.br/cjsg/getArquivo.do?conversationId=&cdAcordao=1868490&

cdForo=0&uuidCaptcha=sajcaptcha_b11b3e0d8533439d9c61060e2c840e5b&vlCaptcha=SWzyD&novoVlCaptcha=>. Acesso em: 07 nov. 2019.

BRASIL. Tribunal de Justiça do Estado de São Paulo. **Apelação Cível com Revisão nº 394.754-4/5-00**. Relator: Oscarlino Moeller. Disponível em: <https://esaj.tjsp.jus.br/cjsg/getArquivo.do?cdAcordao=2553664&cdForo=0>. Acesso em: 07 nov. 2019.

Carvalhosa, Modesto. *Comentários à Lei De Sociedades Anônimas*. Vol. 2, 6ª ed. São Paulo: Saraiva Jurídica, 2010.

Comparato, Fabio Konder. *O poder de controle na sociedade anônima*. 3. ed. Rio de Janeiro: Forense, 1983.

Comparato, Fabio Konder. "Sociedade Anônima – Ações ao Portador – Inexistência de Quase Usufruto – Limites ao Exercício dos Direitos do Usufrutuário". In *Doutrinas Essenciais de Direito Empresarial*. Vol. 3, p. 1153 – 1175, 2010.

Botrel, Sérgio; Fiorini, Bernardo. H. M. *Usufruto de ações: compatibilização e harmonização das regras do Código Civil com a Lei das Sociedades Anônimas*. XXI Encontro Nacional do CONPEDI – Uberlândia. 1ª ed., 2012, v. 1, p. 5918-5936.

De Plácido e Silva, Oscar Joseph; atualizado por Nagib Slaibi Filho e Priscila Pereira Vasques Gomes. *Vocabulário Jurídico*. 29ª ed. Rio de Janeiro: Forense, 2007. p. 1446.

Diniz, Maria Helena. *Direito das coisas*. 20ª ed. São Paulo: Saraiva, 2007.

Eizirik, Nelson. *A Lei das S/A Comentada*. Vol. 2, 2ª ed. São Paulo: Quartier Latin, 2015.

Eizirik, Nelson. *Sociedades Anônimas – Jurisprudência*. Tomo III, Vol. I. São Paulo: Renovar, 2008.

Fioraneli, Ademar. "O Direito Real de Usufruto." In *Doutrinas Essenciais – Direito Registral*, org. Ricardo Dip & Sérgio Jacomino. Vol. 5, 1ª ed. São Paulo: Revista dos Tribunais, 2012.

Gomes, Orlando. *Usufruto de Direitos*. Vol. 180 Rio de Janeiro: Revista Forense, 1958.

Gomes, Orlando. *Direitos reais*. 18ª ed., Rio de Janeiro, Forense, 2002.

Gomes, Orlando. *Contratos*. 14ª ed. Rio de Janeiro: Revista Forense, 1994.

Kulcsar, Daniel Fernandes "O Usufruto de Ações: Uma Análise sobre os Desdobramentos de seus Direitos Políticos e Econômicos." In *Estudos Aplicados de Direito Empresarial Societário*, org. Ana Cristina Kleindienst. Vol. 1, 1ª ed. São Paulo: Almedina, 2019.

Lamy, Alfredo; Bulhões Pedreira, José Luiz (Coord.). *Direito das Companhias*. 2ª ed. São Paulo: Forense, 2017.

LAZZARESCHI, Alfredo. *Lei das Sociedades por Ações Anotada*. Vol. I, 4ª ed. São Paulo: Societatis Edições, 2017.

LEÃES, Luiz Gastão Paes de Barros. *O Direito de Voto de Ações Gravadas com Usufruto Vidual*; em Pareceres. São Paulo: Editora Singular, 2004.

LUCENA, José Waldecy. *Das Sociedades Anônimas – Comentários à Lei*. Volume 1. Rio de Janeiro: Renovar, 2009.

MAGALHÃES, Roberto Barcellos de Magalhães. *A Nova Lei das Sociedades por Ações Comentada*. Volume II. Rio de Janeiro: Livraria Freiras Bastos, 1997.

MARTINS, Fran. *Comentários à Lei das Sociedades Anônimas*. 4ª ed. São Paulo: Forense, 2017.

NERY JÚNIOR, Nelson; ANDRADE NERY, Rosa Maria. *Código Civil Comentado*. 8ª ed. São Paulo: Revista dos Tribunais, 2011.

NUNES, Dirle e OLIVEIRA, Moisés M. *Momento é oportuno para antecipação de transmissões gratuitas de bens*. <https://www.conjur.com.br/2015-out-05/momento-oportuno-antecipacao-transmissoes-patrimonio>. Acesso em: 5 ago. 2019.

PEIXER, Leonardo. *O exercício do direito de voto do usufrutuário de ações da sociedade anônima*. Disponível em: https://jus.com.br/artigos/36058/o-exercicio-do-direito-de-voto-do-usufrutuario-de-acoes-da-sociedade-anonima/. Acesso em: 23 de julho de 2019.

PINHEIRO FRANCO, Antonio Celso, PINHEIRO FRANCO, Celina. "O usufruto e o direito do nu-proprietário das ações das companhias e das quotas das sociedades de responsabilidade limitada". In *Revista do Instituto dos Advogados de São Paulo*. Vol. 17, pp. 275-280, 2006.

PONTES DE MIRANDA, Francisco Cavalcanti. *Tratado de Direito Privado, tomo XIX*. Rio de Janeiro: Borsoi, 1970.

PRADO, Roberta Nioac; VILELA, Renato. *Litígios Societários 2 – Divórcios*. 1ª ed. São Paulo: Saraiva, 2013.

RIBEIRO, Renato Ventura. *Direito de Voto nas Sociedades Anônimas*. São Paulo: Quartier Latin, 2009.

ROCHA, João Luiz Coelho. *O voto nas ações em usufruto*. Disponível em: <https://www.migalhas.com.br/dePeso/16,MI250202,51045-O+voto+nas+acoes+em+usufruto/>. Acesso em: 23 de novembro de 2019.

RODRIGUES, Tatiana Antunes Valente. "Planejamento Sucessório e a Doação de Quotas com Direito de Usufruto". In *Temas Relevantes de Direito Empresarial*, org. Tatiana Bonatti Peres. 1ª ed. Rio de Janeiro: Editora Lumen Juris, 2014.

SILVA, Carla Daniele. "*Usufruto de Quotas na Sociedade Limitada: Razões para sua Instituição e Direitos e Obrigações Assumidos por Usufrutuário e Nu-Pro-*

prietário". Dissertação (dissertação em direito). Faculdade de Direito da Universidade de São Paulo. São Paulo, 2014.

VALVERDE, Trajano de Miranda. *Sociedades por Ações*. Vol. I. São Paulo: Forense, 1941.

VENOSA, Sílvio de Salvo. *Direito civil: direitos reais*. 2ª ed. São Paulo: Atlas, 2011.

VERSANI, Fernanda Valle. *Usufruto de Participações Societárias: Uma visão de planejamento sucessório em empresas familiares*. São Paulo: D'Plácido, 2017.

VIDIGAL, Geraldo de Camargo, MARTINS, Ives Gandra da Silva. *Comentários à Lei das Sociedades por Ações*. 1ª ed. Rio de Janeiro: Forense, 1999.

WALD, Arnoldo. *Dos Efeitos da Doação Feita pelo Pai aos Filhos com Reserva de Usufruto*. Revista dos Tribunais. Vol. 657, pp. 10 – 16, 1990.

WALD, Arnoldo. *Do regime jurídico do usufruto de cotas de sociedade de responsabilidade limitada e de ações de sociedades anônimas*. Revista de Direito Mercantil, n. 77, pp. 5 – 14, 1990.

ALIENAÇÃO FIDUCIÁRIA DE AÇÕES EM GARANTIA E SUAS CONSEQUÊNCIAS SOBRE DIREITOS DO ACIONISTA FIDUCIANTE

Pedro Moura de Almeida

Introdução

O presente trabalho se propôs analisar as implicações societárias causadas nas Companhias brasileiras – ou sociedades anônimas – em razão de operações de financiamento envolvendo a utilização de garantia fiduciária de ações. Muito embora a alienação fiduciária se insira no âmbito dos direitos reais de garantia, o seu emprego tendo como objeto os títulos representativos do capital social de uma sociedade por ações tem a possibilidade de causar repercussões diretas no dia a dia das Companhias e nos direitos dos seus acionistas.

A alienação fiduciária de ações está relacionada com o modo de financiamento eleito pelas Companhias para o desenvolvimento e exploração dos seus objetivos sociais. Neste contexto, a estrutura de capital[1] destas entidades econômicas, ou seja, a

[1] Segundo Alexandre Couto Silva: "Pode-se afirmar, *grosso modo*, que uma companhia que necessite de novos recursos ou novos investimentos possui basicamente duas opções de financiamento: (i) capital próprio, por meio da captação de recursos pela emissão privada ou pública de ações; ou (ii) capital de terceiros, por meio de contratação ou emissão de dívida" (Silva, Alexandre Couto. **Opções de financiamento da companhia e sua estrutura.** *In:* **Finanças**

relação *equity* x *debt*[2] é um ponto fulcral nas discussões rotineiras das empresas. Saber qual é a melhor combinação de endividamento – seja com terceiros externos à Companhia seja com sócios/acionistas – é um dos pilares para se alcançar a melhor rentabilidade possível e, consequentemente, o maior retorno aos acionistas.

Partindo desta premissa, é preciso considerar que na obtenção de recursos via *debt* há, normalmente, um custo que deve ser considerado relacionado ao oferecimento de garantias. O terceiro possuidor dos recursos não pode e não quer ficar sujeito ao risco do negócio como ficam os acionistas. Por isso, é comum – e razoável – que neste tipo de operação se utilize de meios para garantir o recebimento, pelo credor, da quantia disponibilizada acrescida dos juros, a título de remuneração do capital.

Ao mesmo tempo em que as Companhias necessitam de capital para o desenvolvimento das suas atividades, conforme previsto no objetivo social, o terceiro financiador, quando não está sujeito ao risco do negócio com o estabelecimento do *status socii*[3], precisa de um certo grau de previsibilidade para ter um

corporativas: aspectos jurídicos e estratégicos; coordenação Sérgio Botrel, Henrique Barbosa. – 1. ed. – São Paulo: Atlas, 2018. p. 465.

[2] Sobre o tema, interessante a contribuição de Mario Engler Pinto Júnior, segundo o qual: "[...] o ponto ótimo na estrutura de financiamento de uma empresa resulta da combinação adequada entre as duas fontes de recursos (próprios e de terceiros). As taxas internas de retorno exigidas por investidores racionais variam conforme os riscos a que está sujeita cada modalidade de investimento (participação acionária ou dívida). Naturalmente, a participação acionária pressupõe maior retorno financeiro, pois depende de inúmeras vicissitudes, enquanto a posição de credor carrega maior certeza sobre a recuperação dos valores investidos, com os acréscimos pactuados" (PINTO JUNIOR, Mario Engler. A Capitalização da Companhia, em FINKELSTEIN, Maria Eugênia Reis e PROENÇA, José Marcelo Martins. **Direito Societário**. São Paulo, Saraiva, 2007, fls. 263-264).

[3] Em relação ao conceito de *status socii*, Daniela Marino, citando Tullio Ascarelli, afirma que: "[...] o autor chega à noção de *status socii* para descrever a

mínimo de segurança jurídica na recuperação do crédito em eventual inadimplência do devedor. A garantia funciona, assim, como uma espécie de atenuação do risco do credor financiador de não receber o pagamento dos valores emprestados.

Em nosso ordenamento jurídico, os operadores do direito dispõem de diferentes tipos de garantias, todos inseridos no âmbito de dois gêneros: as garantias reais (penhor, hipoteca e anticrese) e as garantias fidejussórias (fiança e aval). Enquanto as primeiras possuem como lastro bens – objetos corpóreos ou incorpóreos, suscetíveis de avaliação econômica, que podem constituir relações jurídicas – as garantias fidejussórias têm como contraponto o patrimônio do devedor, e não apenas um bem determinado.

Apesar da existência das diferentes modalidades de garantia, o legislador se viu obrigado a criar novos mecanismos que possibilitassem a recuperação mais ágil e eficiente do crédito. O Poder Judiciário não acompanhava a velocidade requerida pelos agentes financiadores na execução de garantias. Além disso, procedimentos criados justamente para se evitar a ida à justiça, como a execução extrajudicial da hipoteca, por muitas vezes levavam a discussões intermináveis que resultavam em litígios judiciais. Isto refletia diretamente no custo do crédito no país, pois quanto mais provável for a recuperação do crédito pelo credor mais acessível tende a ser a tomada de financiamentos pelos agentes econômicos. É neste contexto que surge o negócio fiduciário no Brasil, na tentativa de reduzir as dificuldades na excussão das garantias.

natureza da posição jurídica de sócio. Explica Ascarelli que tal posição seria um pressuposto do qual decorrem diversos direitos e obrigações [...] Ascarelli passou a vislumbrar na relação entre sócio e sociedade uma posição muito semelhante à do cidadão em relação ao Estado." (MARINO, Daniela Ramos Marques. O *status socii*, em FRANÇA, Erasmo Valladão Azevedo e Novaes. **Direito societário contemporâneo I**. São Paulo: Quartier Latin, 2009. p. 173.

Em razão de suas particularidades, conforme será explicado no presente trabalho, a alienação fiduciária se diferencia dos meios usuais de garantia já que a sua utilização leva à transferência da propriedade, ainda que limitada ao escopo da garantia, para o patrimônio do credor financiador. Daí decorre a maioria das problemáticas envolvendo a alienação fiduciária de ações.

Como qualquer outro bem, assim entendido como algo economicamente relevante suscetível de ser objeto de relações jurídicas, as ações, enquanto títulos representativos da menor fração do capital social de uma Companhia, podem ser utilizadas como garantias em operações de alienação fiduciária. As consequências deste tipo de operação para os direitos dos acionistas, bem como para a rotina das sociedades por ações, são diversas.

A título de exemplo, a primeira situação que se pode destacar diz respeito ao direito de voto. Ora, em sendo as ações alienadas em garantia detentoras do direito político na Companhia, como poderá o devedor fiduciante exercer esta prerrogativa? A Lei nº 6.404, de 15 de dezembro de 1976 ("Lei das Sociedades Por Ações" ou "LSA") dispõe apenas que o credor fiduciário não poderá votar, e que o devedor fiduciante somente poderá fazê-lo nos termos do contrato. Pergunta-se: quais os limites do contrato de alienação fiduciária? Pode o credor ter a prerrogativa de vetar determinados posicionamentos do devedor em deliberações ditas "mais sensíveis"? Até que ponto não se configuraria como um exercício de voto pelo próprio credor fiduciário?

Poderá o contrato estabelecer que o credor fiduciário receberá os dividendos enquanto não adimplida a obrigação garantida? Pode-se ressaltar também a hipótese da Companhia deliberar aumentar o capital. A quem caberá acompanhar a subscrição das novas ações: o devedor fiduciante ou o credor fiduciário? É preciso regular esta situação no contrato de alienação fiduciária?

Adicione-se às hipóteses acima a questão envolvendo o exercício de direito de recesso por parte do acionista, enquanto um dos direitos essenciais conferidos pelo artigo 109 da Lei nº 6.404/76. A quem caberá o exercício?

Outro ponto potencialmente problemático é relativo à obrigatoriedade de realização de oferta pública de ações em razão de uma operação de alienação fiduciária. Em sendo as ações alienadas em garantia fiduciária capazes de conferir o controle da Companhia ao seu detentor, estaremos diante de obrigatoriedade da OPA nos termos do artigo 254-A da Lei de Sociedades por Ações, considerando que há a alienação da propriedade resolúvel dos referidos bens? De outro modo, em sendo executada a garantia, de modo que um terceiro adquira as ações objeto da alienação fiduciária, poderá ser configurada a hipótese de alienação de controle?

Para tentar responder a estes questionamentos, a análise apenas da LSA é insuficiente, pois traz em apenas 3 dos seus 300 artigos o assunto da alienação fiduciária de ações, sendo, portanto, bastante econômica ao tratar deste importante instituto. Foi preciso nos debruçar sobre outros diplomas legais, a exemplo da Lei nº 4.728, de 14 de julho de 1965 ("Lei do mercado de capitais"), Decreto-Lei nº 911, de 1º de outubro de 1969, além do próprio Código Civil (Lei nº 10.406, de 10 de janeiro de 2002). Isto não significa que este trabalho possui apenas um viés contratual. Ao contrário, a pesquisa foi centrada apenas nas repercussões do negócio fiduciário no ambiente do direito societário brasileiro.

A análise deste tema é fundamental para o bom desenvolvimento do ambiente de negócios no país, pois a obtenção de crédito pelas Companhias é algo natural e que demandará estruturação de garantias, por onde passará a alienação fiduciária de ações. Muitos são os conflitos que podem ser gerados de situações como estas, principalmente em caso de estresse creditício pelo inadimplemento da obrigação pelo devedor fiduciante e/ou pelo terceiro garantido. Aliás, deve-se ressaltar que o estudo a que se propõe é necessário até mesmo para a elaboração do próprio contrato, cujos contornos e limites ainda não são conhecidos nem pela doutrina e nem pela jurisprudência.

Para tanto, o estudo a que se propôs o presente trabalho se iniciará com uma análise da evolução do negócio fiduciário no Brasil, passando depois pela análise dos diplomas legais que tratam sobre a alienação fiduciária, especialmente a Lei nº 6.404/76, ainda que ela discorra brevemente sobre os negócios fiduciários. O estudo culminará no exame das consequências da garantia fiduciária de ações no âmbito das Companhias brasileiras.

1. Evolução do negócio fiduciário

1.1. Origens no direito romano

Para entrarmos nas discussões a que se propôs o presente trabalho, é necessário fazermos antes uma breve análise do contexto em que se insere o negócio fiduciário. Naturalmente, este reconhecimento prévio das circunstâncias que cercam dito instituto nos levará a perseguir as suas origens históricas.

Esta abordagem, contudo, não importará em reconhecer e concordar que o negócio fiduciário como conhecemos hoje é o mesmo ou, de certa forma, assemelha-se bastante à figura da fidúcia no direito romano. O exame da sua perspectiva histórica nos servirá apenas como um esforço na tentativa de chegarmos o mais próximo possível da evolução – se é que assim possa ser reconhecido – dos contratos fiduciários até os dias atuais. Aliás, este olhar para o passado pode permitir ir além da norma jurídica que está posta, entendendo o seu sentido e significado[4].

[4] Calixto Salomão Filho afirma que: A menção às origens não é meramente acadêmica, mas sim muito importante para fins aplicativos. Duas características jurídicas se firmam desde as origens e passarão a marcar a evolução do instituto tanto no campo privado como no campo de direito dos negócios e também mais

Por óbvio, esta reduzida apuração não alcançará as minúcias das figuras históricas que, de uma forma ou de outra, são geralmente associadas ao negócio jurídico fiduciário. Aliás, dado o compromisso deste trabalho em ter uma abordagem majoritariamente voltada ao direito societário, o propósito deste capítulo é apenas possibilitar que cheguemos aos debates envolvendo alienação fiduciária de ações com o maior número possível dos elementos que compõem esta figura jurídica.

Etimologicamente, a palavra fidúcia, quando utilizada no contexto jurídico, remete à ideia de confiança[5]. Em termos gerais, denota uma forma de garantia real, quando um determinado bem é utilizado para garantir o adimplemento de alguma obrigação, ao contrário das garantias fidejussórias, nas quais o patrimônio do devedor, em sua integralidade, funciona como forma de garantia da dívida.

A fidúcia se refere ao pacto por meio do qual uma pessoa (fiduciante) transfere a outra (fiduciário) um determinado bem para lhe seja devolvido após o cumprimento de determinada condição, a qual normalmente se relaciona ao cumprimento de alguma obrigação. Por esta definição, nota-se que há três aspectos principais que precisam ser destacados, os quais conferem os contornos básicos deste instituto.

O primeiro é o fato de que o negócio fiduciário é, via de regra, acessório[6]. Ou seja, há por trás alguma outra convenção

tarde no campo do direito societário. A primeira é a desproporção entre fins econômicos e meios jurídicos utilizados, geralmente transmissão de propriedade. A segunda, decorrente da primeira, é a natureza ampla, plena de deveres de natureza ética, do fiduciário em relação ao fiduciante. Ambas inteiramente presentes na alienação fiduciária em garantia do direito brasileiro (SALOMÃO FILHO, Calixto. **O novo direito societário: eficácia e sustentabilidade** – 5. ed. – São Paulo: Saraiva Educação, 2019. p. 296)

[5] Ibidem. p. 295

[6] O negócio fiduciário será principal nos casos em que for feito sob o escopo de administração de patrimônio, conforme ensina Pontes de Miranda (CHALHUB,

entre as partes que geralmente requer a concessão de alguma garantia. Em segundo lugar, na fidúcia há a efetiva transmissão da propriedade do bem para o fiduciário, diferentemente do que ocorre com outras espécies de garantia reais, como o penhor e a hipoteca. Por último, há a criação de um vínculo obrigacional contra o fiduciário, já que este fica obrigado a restituir ao fiduciante o bem transferido em garantia, uma vez cumprida a condição acertada.

É ao direito romano que se atribui a origem da fidúcia, apesar de haver figuras semelhantes no direito anglo-saxão e no direito germânico, como será abordado mais adiante. No entanto, a doutrina afirma que é difícil dizer com precisão o exato momento em que este instituto foi incorporado ao direito romano, pelo fato de que já era utilizado antes mesmo de qualquer compilação em normas, leis e códigos da época[7]. Em sua origem, a boa-fé do fiduciante era elemento essencial para o negócio, uma vez que inexistia qualquer tipo de sanção caso o fiduciário se negasse a devolver a coisa dada em garantia mesmo após implementada a condição (p.e. pagamento da dívida).

De toda forma, diz-se que a primeira previsão legal da fidúcia veio na Lei das XII Tábuas, por volta do ano 450 a.C[8]. Após isto, a fidúcia foi novamente prevista em um diploma legal, dessa vez nas Institutas de Gaio[9]. Neste segundo momento, o instituto

Melhim Namem. **Alienação fiduciária: negócio fiduciário.** 6. ed. – Rio de Janeiro: Forense, 2019. p. 34).

[7] Sobre o uso da fidúcia nos tempos mais primitivos do direito romano, Aderbal da Cunha Gonçalves afirma que ela foi criada a partir da necessidade de se ter uma melhor garantia ao crédito, largamente utilizada antes mesmo da figura do penhor (GONÇALVES, Aderbal da Cunha. **Da propriedade resolúvel.** São Paulo: Ed. Revista dos Tribunais, 1979, p. 214).

[8] BUZAID, Alfredo. **Ensaio sobre a alienação fiduciária em garantia.** São Paulo: ACREDFI, 1969, p. 12.

[9] POLILLO, Renato Romero. **Alienação fiduciária de bens imóveis.** 2013. Dissertação (Mestrado em Direito Civil) – Faculdade de Direito, Universidade

figurava como um negócio acessório a duas formas de transmissão de propriedade então previstas no direito romano: a *mancipatio* e a *in iure cessio.*

Havia dos tipos de fidúcia no direito romano: a *fiducia cum amico* e a *fiducia cum creditore.* A primeira acontecia quando um indivíduo confiava a outro a guarda e conservação de um determinado bem, transferindo-lhe a propriedade, em razão de algum fator ameaçador ao exercício do direito de propriedade. Esta figura guarda muita semelhança com os institutos do depósito e do comodato, estes com previsão em nosso ordenamento jurídico. Contudo, a principal diferença reside no fato de que na *fiducia cum amico* a propriedade do bem, e os direitos a ele inerentes, eram efetivamente transferidos ao fiduciário, o qual podia usar, fruir e gozar da coisa alienada.

Daí que surge a ideia fundamental para as ditas garantias reais, posteriormente materializadas com o surgimento do penhor e da hipoteca. No entanto, antes disso, surgiu a derivação da *fiducia cum amico* que foi a *fiducia cum creditore.* Esta, ao contrário da primeira, possuía um propósito de garantia ao pagamento de alguma dívida ou cumprimento de determinada obrigação pela fiduciante. Era, portanto, um pacto acessório ao negócio principal, diferentemente de como se configurava a *fiducia cum amico.*

Considerando que na fidúcia havia a transferência de propriedade do bem, ficando o fiduciante sujeito à conservação que o fiduciário exerceria sobre o bem, sem poder utilizá-lo enquanto não quitada a dívida, este tipo de pacto era extremamente custoso para o devedor. Além disso, ao menos em um primeiro momento, não existiam meios eficazes para reaver a coisa transferida caso o fiduciário se negasse a devolvê-la

de São Paulo, São Paulo, 2013. doi:10.11606/D.2.2017.tde-01082017-142024. Acesso em: 2020-11-19.

mesmo após o pagamento da dívida. Em algumas situações, inclusive, o fiduciário poderia vender a coisa dada em garantia, sem que o fiduciante pudesse ter qualquer direito contra o terceiro adquirente. Ficava restrito apenas a cobrança de indenizações contra o fiduciário.

Por isso, como o direito é um fenômeno histórico-cultural[10], sendo desenvolvido e transformado a partir das necessidades que se apresentam pelas novas demandas sociais, surgem as figuras do penhor e da hipoteca. Semelhante à *fiducia cum creditore*, o penhor e a hipoteca passaram a permitir a utilização de bens como garantia sem que isto significasse a efetiva transferência da coisa para o credor. Ou seja, ficava o devedor com a posse e a propriedade do bem dado em garantia e, ao mesmo tempo, o credor se reservava ao direito de se apropriar do objeto em caso de inadimplemento da obrigação.

Apesar do que muito se fala sobre a fidúcia romana, não se pode esquecer que os estudos sobre tal instituto a que se tem acesso atualmente são frutos de análises da doutrina jurídica moderna sobre obras do passado, muitas vezes incompletas, sobre o direito romano. Portanto, como dito no início deste capítulo, trata-se apenas de um esforço para nos aproximarmos do conceito histórico do negócio fiduciário, sem nos desviar da discussão central do presente trabalho.

1.2. Direito anglo-saxão

O sistema do *Common Law* dispunha de formas jurídicas semelhantes à fidúcia romana, resumidas nas figuras do *mortgage* e do *trust*. Apesar das diferenças entre ambas, o traço comum – a imprescindível presença da boa-fé e da confiança entre as partes – era o que as conectava com o negócio fiduciário desenvolvido no direito romano.

[10] Silva, José Afonso da. **Curso de direito constitucional positivo**. 23. ed., rev. e atual. São Paulo: Malheiros Editores, 2004. p. 33.

A figura do *mortgage* em muito se assemelhava ao negócio fiduciário como é atualmente conhecido. Para garantir o pagamento de uma dívida, o fiduciante (*mortgagor*) transferia para o fiduciário (*mortgagee*) um bem de sua propriedade, conferindo ao credor todos os direitos sobre a coisa objeto da garantia. Ou seja, tornava-se o fiduciário proprietário pleno do bem. Neste aspecto, o *mortgage* se aproximava muito da *fiducia cum creditore* do direito romano.

As semelhanças foram desaparecendo à medida que o *mortgage* foi sendo desenvolvido. Os direitos então conferidos ao *mortgagee* passaram a ser paulatinamente limitados, distanciando-se do *fiducia cum creditore*, cujos poderes do fiduciário eram amplos. Estas mudanças tinham um propósito: evitar que o *mortgagor* ficasse impedido de reaver a coisa dada em garantia mesmo após o pagamento da dívida.

A figura do Chanceler – órgão da jurisdição do direito inglês no período medieval – passou a exercer importante função para os interesses dos devedores fiduciantes. Conforme aponta Eduardo Salomão Neto[11], o Chanceler decidia as questões, que lhe eram postas para análise, a partir da equidade (*equity*), ou seja, baseado nos princípios de sua própria consciência. Ao ser procurado, o *Chancellor* impunha determinados deveres que, apesar de não estarem contemplados pelo *common law*, alinhavam-se com preceitos fundados na *equity*.

Como exemplo, não parecia "correto" o *mortgagor* não poder reaver a coisa dada em garantia, cujo valor superava em muito o montante da dívida, apenas por não ter adimplido a sua obrigação no dia previsto. Foi a partir disto que se construiu o instituto do *equity of redemption*, que nada mais era do que um meio de permitir que ao devedor fosse permitido recuperar o bem

[11] SALOMÃO NETO, Eduardo. **O trust e o direito brasileiro [livro eletrônico]** – São Paulo: Trevisan Editora, 2016. 20 Mb; ePUB. p. 15.

após o inadimplemento do contrato principal[12], desde que realizasse o pagamento do que estava em atraso. De certo modo, era uma forma de impedir a venda do bem pelo *mortgagee* a um terceiro após qualquer atraso pelo devedor.

Ao lado da figura do *mortgage*, o direito inglês também contava com o *trust*. De acordo com Melhim Namem Chalhub[13], citando Giuseppe Messina, o *trust* teve como precursor a figura dos *uses*[14]. Esta forma jurídica do direito anglo-saxão possibilitava um determinado indivíduo outorgar poderes a uma pessoa (*feoffee to use*) a fim de que este utilizasse do bem recebido do instituidor em benefício de um terceiro (*cestui que use*).

Assim como ocorreu nos primórdios do *mortgage*, nos *uses* os beneficiários não contavam com qualquer poder em face do *feoffee to use*. Para o direito inglês, o fiduciário se tornava pleno proprietário da coisa que lhe era transferida. Da mesma forma que aconteceu com o *mortgage*, os *cestui que use* passaram a recorrer ao Chanceler a fim de evitar abusos pelos *feoffee to use*, no que diz respeito à violação dos seus deveres de fiduciário; tudo com base na *equity*.

No ano de 1535, sob o reinado do Rei Henrique VIII, o Parlamento britânico aprovou o *Statute of Uses*, ato por meio do qual foram abolidos os *uses* e, ao mesmo tempo, foram consolidadas as propriedades dos bens para os beneficiários[15]. A partir de então,

[12] Chalhub, Melhim Namem. **Alienação fiduciária: negócio fiduciário.** 6. ed. – Rio de Janeiro: Forense, 2019. p. 14.

[13] Ibidem. p. 16.

[14] Eduardo Salomão Neto afirma que os *uses* correspondiam a uma cessão de direitos, por meio da qual um indivíduo era incumbido da administração de um bem em favor ou do próprio cedente ou de uma terceira pessoa (Salomão Neto, Eduardo. **O trust e o direito brasileiro [livro eletrônico]** – São Paulo: Trevisan Editora, 2016. 20 Mb; ePUB. p. 17.)

[15] Chalhub, Melhim Namem. **Alienação fiduciária: negócio fiduciário.** 6. ed. – Rio de Janeiro: Forense, 2019. p. 17.

delineado pelos precedentes até então firmados, firmou-se a figura do *trust*, chamado dessa forma para ser diferido dos *uses*.

No *trust*, o *settlor* (instituidor) transfere a uma pessoa (*trustee*) um determinado bem para que este administre em benefício do fiduciante ou de um terceiro (*beneficiary*), cabendo ao *trustee* a devolução da coisa após cumprida a condição definida contratualmente[16]. Para esta figura, a propriedade do bem é desdobrada na figura do *settlor* (propriedade formal) e do *trustee*, o qual poderia exercer os direitos inerentes à propriedade da coisa, desde que para cumprir as condições determinadas pelo instituidor.

É justamente sobre este último aspecto que reside a maioria das polêmicas envolvendo a figura do *trust* e a sua aplicabilidade nos sistemas jurídicos baseados no direito romano (*civil law*)[17]. Isto porque, para os ordenamentos jurídicos que se filiam às bases romanas, o desdobramento da propriedade não é algo permitido acontecer[18]. Muito embora a figura do *trust* guarde inúmeras controvérsias, sendo um instituto que possibilita fartas discussões no meio jurídico, não serão exploradas as suas

[16] Ibidem.

[17] FARO, Alexandre Gereto de Mello. **Alienação fiduciária de ações e regime jurídico da alienação fiduciária em garantia**. 2016. 175 f. Dissertação (Mestrado em Direito) - Programa de Estudos Pós-Graduados em Direito, Pontifícia Universidade Católica de São Paulo, São Paulo, 2016. Acesso em: 2020-11-19 p. 27.

[18] Sobre o tema, Renato Romero Polillo também destaca que o desdobramento da propriedade é conflitante com "com os sistemas de filiação romana, na qual prevalece o princípio da unicidade do domínio e da incidibilidade do direito subjetivo do proprietário" (POLILLO, p. 26). No mesmo sentido, Melim Chalhub afirma: "Efetivamente, cotejando-se a estrutura da fidúcia com a do *trust*, verifica-se que em ambos os institutos o princípio da boa-fé desempenha papel preponderante, mas, de outra parte, há discrepâncias entre certos princípios fundamentais do *civil law* e da *common law*, que constituem sério obstáculo à transladação do instituto anglo-americano para os sistemas de tradição romanística (CHALHUB p. 25).

minúcias tendo em vista não corresponderem ao objetivo deste trabalho.

1.3. Direito germânico

O direito germânico também deu suas contribuições para o desenvolvimento do negócio fiduciário. Assim como no anglo-saxão, também havia na tradição jurídica alemã um instituto semelhante à fidúcia romana. Apesar da existência de certa polêmica em torno da influência ou não direito romano na figura da fidúcia germânica, não entraremos em tal discussão.

Certo é que principal diferença entre a fidúcia romana e a figura do direito germânico estava no grau de poder que era concedido ao fiduciário em relação ao bem utilizado como garantia. Enquanto no direito romano o credor recebia a coisa com todos os direitos inerentes ao direito de propriedade, podendo inclusive dela dispor, no direito germânico a transferência ao fiduciário era acompanhada da celebração de um pacto adjeto – denominado de *venditionis* – que condicionava a transmissão do bem ao inadimplemento da obrigação. Ao mesmo tempo, fiduciante e fiduciário firmavam outro pacto, intitulado de *contra-carta*, o qual tinha por escopo a devolução automática da coisa objeto da garantia[19].

Outro ponto de contraste era em relação aos poderes que o fiduciante detinha em face de um terceiro adquirente do bem objeto da garantia. No direito romano, o devedor poderia ajuizar apenas ação pessoal contra o fiduciário, não tendo qualquer pretensão em face de um terceiro que eventualmente houvesse adquirido a coisa. Já para a figura germânica, o devedor fiduciante, após cumprida a condição junto ao fiduciário, poderia exigir do terceiro adquirente.

[19] CHALHUB, Melhim Namem. **Alienação fiduciária: negócio fiduciário.** 6. ed. – Rio de Janeiro: Forense, 2019. p. 12.

São três as figuras do direito germânico normalmente apontadas como exemplos do negócio fiduciário na tradição jurídica alemã: *manusfidelis*, *Salmann* e *Treuhand*. A primeira se referia à figura de um encarregado (fiduciário) de concretizar a vontade de um doador (fiduciante) após a sua morte. Ou seja, um indivíduo atribuía a alguém de sua confiança – presença marcante do elemento da boa-fé – a função de dar a destinação manifestada pelo fiduciante enquanto vivo.

De certa forma, pode-se notar alguma semelhança da figura do *manusfidelis* com o fideicomisso previsto em nosso Código Civil (Lei nº 10.406, de 10 de janeiro de 2002), em seu art. 1.951. Na substituição fideicomissária, o testador, ao instituir herdeiro ou legatários, prevê que a herança ou legado, quando ocorrer a sua morte, será transmitido ao fiduciário. Este, por sua vez, terá a obrigação de transferir a herança ou legado ao fideicomissário, o qual necessariamente deve ser uma pessoa ainda não concebida no momento da morte do testador.

A segunda figura é a do *Salmann*. Este se portava como um intermediário (fiduciário) mediante outorga de poderes conferidos por um alienante para que pudesse transferir o bem recebido a terceiro indicado pelo fiduciante[20]. Esta configuração foi posteriormente modificada, de modo que o *Salmann* passou a ser um intermediário do adquirente e não mais do alienante. Ou seja, o fiduciário passou a ser incumbido de adquirir a mercadoria, e não mais aliená-la.

Por fim, a figura germânica compatível com a fidúcia se referia ao *Treuhand*, normalmente utilizada em questões sucessórias e familiares. O *Treuhand* recebia a propriedade com seus poderes limitados de um certo bem sob uma condição resolutiva, obrigando-se a restituir a coisa ao fiduciante após implementada a condição.

[20] Ibidem. p. 13.

2. Evolução do negócio fiduciário no Brasil e suas bases jurídicas

A partir da breve exposição do capítulo anterior, sobre figuras jurídicas históricas que, potencialmente, conferiram os principais traços e característica para o negócio fiduciário como conhecemos hoje, tentaremos resumir nos próximos parágrafos como se deu a sua instituição no ordenamento jurídico brasileiro. Para tanto, vamos retomar o conceito trabalhado anteriormente a respeito das definições de negócio fiduciário, bem como acrescentar elementos importantes para melhor entendimento sobre a matéria.

Ao olhar todas estas figuras do negócio fiduciário, presentes nos sistemas jurídicos romano, germânico e anglo-saxão, pode-se perceber que eram utilizadas e manuseadas conforme as necessidades apresentadas pela realidade econômica e social de cada época. Aliás, não é errado afirmar que elas foram fruto das demandas criadas a partir do desenvolvimento das atividades econômicas, as quais requeriam meios jurídicos muitas vezes ainda não tipificados para a concretização das mais diversas transações.

É fato que o direito, enquanto um fenômeno histórico-cultural, não consegue acompanhar na mesma velocidade as mudanças ocorridas nas sociedades. Portanto, o direito posto nasce como consequência do contexto em que se insere cada nação, a partir de suas demandas e necessidades[21].

[21] A respeito deste ponto, Melhim Namem Chalhub, ao falar sobre as origens do negócio fiduciário, discorre que: "(...) o negócio fiduciário surge, em regra, no mundo dos negócios, como forma de realização de determinados objetivos para os quais os mecanismos e institutos jurídicos em vigor no ordenamento não servem com a necessária eficácia e precisão. É um dos casos de adaptação dos velhos institutos para superar o permanente conflito entre a tendência conservadora do ordenamento jurídico e o processo desbravador da atividade econômica, que, necessitando de instrumentos para expandir e diversificar, abre

Foi justamente sob circunstâncias em que existia uma carência para meios mais seguros e eficazes de garantir a recuperação do crédito que o negócio fiduciário – enquanto gênero – desenvolveu-se nos diferentes sistemas jurídicos. De acordo com Otto de Sousa Lima, o negócio fiduciário corresponde ao pacto no qual há "aquele em que se transmite uma coisa ou direito a outrem, para determinado fim, assumindo o adquirente a obrigação de usar deles segundo aquele fim e, satisfeito este, de devolvê-los ao transmitente[22]"

Em termos gerais, o negócio fiduciário se resume na situação em que uma parte (fiduciante) entrega a uma outra parte (fiduciária) a propriedade de determinado bem, ficando esta última com a incumbência de adimplir uma obrigação ou de administrar o bem conforme indicação do fiduciante. Há, no primeiro caso, um escopo de garantia, enquanto no segundo o negócio fiduciário objetiva possibilitar a gestão de bem ou mesmo um patrimônio.

É por isso que se afirma que o negócio fiduciário é, na realidade, um gênero do qual decorrem suas espécies: compra e venda com a finalidade de garantia e transmissão da propriedade de um bem a um terceiro para que este possa administrá-lo a partir das orientações do fiduciante. Além destas duas espécies, Melhim Namem Chalhub[23] cita ainda a cessão fiduciária de direitos creditórios, a qual, de certo modo, também tem por escopo a garantia de uma dívida.

perspectivas para a utilização de institutos já integrados ao ordenamento, mas eventualmente com funções diferentes daquelas para os quais originalmente foram moldados" (CHALHUB, Melhim Namem. **Alienação fiduciária: negócio fiduciário**. 6. ed. – Rio de Janeiro: Forense, 2019. p. 28).

[22] LIMA, Otto de Sousa. **Negócio fiduciário**. São Paulo: Revista dos Tribunais, 1962. p. 170

[23] CHALHUB, Melhim Namem. **Alienação fiduciária: negócio fiduciário**. 6. ed. – Rio de Janeiro: Forense, 2019. p. 45.

No Brasil, a primeira menção ao negócio fiduciário remete às Ordenações Filipinas, elaboradas em 1603 no reinado do Rei Ibérico Felipe II. Como Portugal ficou sob o domínio da coroa espanhola até o ano de 1640, o Código Filipino, como também era conhecido, aplicava-se também no território brasileiro, sendo somente revogado com o advento do Código Civil brasileiro de 1916. Nas Ordenações, havia a seguinte figura:

> Licita cousa he, que o comprador e vendedor ponham na compra e venda, que fizerem, qualquer cautela, pacto e condição, em que ambos acordarem, com tanto que seja honesta, e conforme o direito: e por tanto, se o comprador e vendedor na compra e venda se acordassem, que houvesse pela cousa vendida, até tempo certo, ou quando quisesse, a venda fosse desfeita, e a cousa vendida tornara ao vendedor, tal avença e condição, assim acordada pelas partes, val; e o comprador, havendo a cousa comprada a seu poder, ganhará e fará cumpridamente seus todos os frutos e novos, e rendas, que houver da coisa comprada, até que lhe o dito preço seja restituído[24].

No Código Civil de 1916 havia a previsão da retrovenda, no seu art. 1.140[25]. Segundo afirma Alexandre Gereto de Mello Faro[26], a doutrina discutia sobre serem estes dispositivos – das

[24] Disponível em: http://www1.ci.uc.pt/ihti/proj/filipinas/l4p781.htm. Acesso em 2020-09-12.

[25] BRASIL. **Lei nº 3.071, de 1º de janeiro de 1916.** Código Civil dos Estados Unidos do Brasil. Art. 1.140. O vendedor pode reservar-se o direito de recobrar, em certo prazo, o imóvel, que vendeu, restituindo o preço, mais as despesas feitas pelo comprador. Parágrafo único. Além destas, reembolsará também, nesse caso, o vendedor ao comprador as empregadas em melhoramentos do imóvel, até ao valor por esses melhoramentos acrescentado á propriedade. Disponível em: http://www.planalto.gov.br/ccivil_03/leis/l3071.htm. Acesso em 2020-09-12.

[26] Faro, Alexandre Gereto de Mello. **Alienação fiduciária de ações e regime jurídico da alienação fiduciária em garantia**. 2016. 175 f. Dissertação

Ordenações Filipinas e do Código Civil de 1916 – as primeiras referências em termos legais, no Brasil, ao negócio fiduciário. No entanto, segue afirmando o aludido autor que tal discussão foi superada pelo fato do próprio Código Filipino proibia a retrovenda com o escopo de garantia.

Não obstante, o Código Civil de 1916, além da figura da retrovenda, instituiu o fideicomisso[27], o qual resumimos no capítulo anterior. De certa forma, o fideicomisso se insere no rol dos negócios ditos fiduciários, uma vez que estão presentes os elementos essenciais: (i) há a transmissão da propriedade de um bem a um indivíduo (fiduciário), o qual terá (ii) a obrigação de dar uma determinada destinação à coisa após a morte do instituidor.

Certo é que o marco legal normalmente mencionado como responsável pela criação do negócio fiduciário com escopo de garantia no Brasil foi a Lei n. 4.728, de 14 de julho de 1965. Conhecida como "Lei do Mercado de Capitais", este diploma legal, até hoje em vigor, introduziu em nosso ordenamento jurídico a alienação fiduciária em garantia de bens móveis. Na redação original, o art. 66 da referida lei dispunha que "nas obrigações garantidas por alienação fiduciária de bem móvel,

(Mestrado em Direito) – Programa de Estudos Pós-Graduados em Direito, Pontifícia Universidade Católica de São Paulo, São Paulo, 2016. p. 32.

[27] BRASIL. **Lei nº 3.071, de 1º de janeiro de 1916.** Código Civil dos Estados Unidos do Brasil. Art. 1.733. Pode também o testador instituir herdeiros ou legatários por meio de fideicomisso, impondo a um deles, o gravado ou fiduciário, a obrigação de, por sua morte, a certo tempo, ou sob certa condição, transmitir ao outro, que se qualifica de fideicomissário, a herança, ou o legado. Art. 1.734. O fiduciário tem a propriedade da herança ou legado, mas restrita e resolúvel. Parágrafo único. É obrigado, porém, a proceder ao inventário dos bens gravados, e, se lhe exigir o fideicomissário, a prestar caução de restituí-los. Disponível em: http://www.planalto.gov.br/ccivil_03/leis/l3071.htm. Acesso em 2020-09-12.

o credor tem o domínio da coisa alienada, até a liquidação da dívida garantida."[28]

Essa novidade no direito brasileiro decorreu da falibilidade dos meios usuais de garantia até então existentes no país. Para além das garantias reais (penhor, hipoteca e anticrese) e fidejussórias (fiança e aval), foi desenvolvido outro meio para impossibilitar a frustração do credor em caso de algum evento de inadimplência por parte do devedor. Muito disso se deveu à dificuldade histórica de execução de garantias no Brasil, seja pela própria insegurança jurídica presente de forma tão latente em nosso ordenamento jurídico, seja pela usual demora do Poder Judiciário para dar coercitividade às garantias executadas.

Neste cenário, inseriu-se a alienação fiduciária em garantia[29], a qual pode, de certo modo, ser considerada como um direito real de garantia. Esta modalidade surge como uma alternativa à dinâmica dos meios de garantia usualmente utilizados. Apesar do negócio fiduciário ser gênero do qual decorrem suas espécies, conforme já apontado, preocupar-nos-emos apenas com a alienação fiduciária em garantia, pois é onde se inserem as operações fiduciárias envolvendo ações.

Após sofrer diversas alterações, o então art. 66 da Lei n. 4.728/65 deu lugar ao atual art. 66-B[30], o qual prevê a realiza-

[28] BRASIL. **Lei nº 4.728, de 14 de julho de 1965.** Disciplina o mercado de capitais e estabelece medidas para o seu desenvolvimento. Art. 66. Disponível em: http://www.planalto.gov.br/ccivil_03/leis/l4728.htm. Acesso em 2020-09-12.

[29] Importante é a contribuição de Orlando Gomes, o qual afirma: "A alienação é meio para alcançar o fim de garantia. Desnatura-se, porque se destina a um fim menor do que decorre de sua causa e constitui uma propriedade temporária. Na formação desse negócio jurídico, conjugam-se dois vínculos: o de transmissão da propriedade e o do seu retorno ao patrimônio do transmitente (GOMES, Orlando. **Alienação Fiduciária em Garantia**. 4ed. rev. ampl. São Paulo: Editora "Revista dos Tribunais", 1972, p.34).

[30] BRASIL. **Lei nº 4.728, de 14 de julho de 1965.** Disciplina o mercado de capitais e estabelece medidas para o seu desenvolvimento. Art. 66-B. O contrato

ção de alienação fiduciária em garantia, no âmbito dos mercados financeiro e de capitais, bem como em operações de garantia a créditos fiscais e previdenciários.

Posteriormente, tivemos o Decreto-Lei nº 911, de 1º de outubro de 1969, o qual não só alterou certas disposições da Lei nº 4.728, como também estabeleceu os procedimentos para execução da garantia fiduciária. Importante mencionar também – ainda que não seja o foco da análise que será feita – a Lei nº 9.514, de 20 de novembro de 1997, a qual veio para tratar sobre

de alienação fiduciária celebrado no âmbito do mercado financeiro e de capitais, bem como em garantia de créditos fiscais e previdenciários, deverá conter, além dos requisitos definidos na Lei no 10.406, de 10 de janeiro de 2002 – Código Civil, a taxa de juros, a cláusula penal, o índice de atualização monetária, se houver, e as demais comissões e encargos. § 1º Se a coisa objeto de propriedade fiduciária não se identifica por números, marcas e sinais no contrato de alienação fiduciária, cabe ao proprietário fiduciário o ônus da prova, contra terceiros, da identificação dos bens do seu domínio que se encontram em poder do devedor. § 2º O devedor que alienar, ou der em garantia a terceiros, coisa que já alienara fiduciariamente em garantia, ficará sujeito à pena prevista no art. 171, § 2º, I, do Código Penal. § 3o É admitida a alienação fiduciária de coisa fungível e a cessão fiduciária de direitos sobre coisas móveis, bem como de títulos de crédito, hipóteses em que, salvo disposição em contrário, a posse direta e indireta do bem objeto da propriedade fiduciária ou do título representativo do direito ou do crédito é atribuída ao credor, que, em caso de inadimplemento ou mora da obrigação garantida, poderá vender a terceiros o bem objeto da propriedade fiduciária independente de leilão, hasta pública ou qualquer outra medida judicial ou extrajudicial, devendo aplicar o preço da venda no pagamento do seu crédito e das despesas decorrentes da realização da garantia, entregando ao devedor o saldo, se houver, acompanhado do demonstrativo da operação realizada. § 4º No tocante à cessão fiduciária de direitos sobre coisas móveis ou sobre títulos de crédito aplica-se, também, o disposto nos arts. 18 a 20 da Lei no 9.514, de 20 de novembro de 1997. § 5º Aplicam-se à alienação fiduciária e à cessão fiduciária de que trata esta Lei os arts. 1.421, 1.425, 1.426, 1.435 e 1.436 da Lei nº 10.406, de 10 de janeiro de 2002. § 6º Não se aplica à alienação fiduciária e à cessão fiduciária de que trata esta Lei o disposto no art. 644 da Lei nº 10.406, de 10 de janeiro de 2002. Disponível em: http://www.planalto.gov.br/ccivil_03/leis/l4728.htm. Acesso em 2020-09-12.

a alienação fiduciária de bens imóveis, cujo intuito principal foi viabilizar a concessão de financiamento imobiliário e, com isto, diminuir o déficit habitacional no Brasil. Por fim, menciona-se a Lei nº 10.406, de 10 de janeiro de 2002 ("Código Civil") que trata, nos artigos 1.361 ao 1.368-B, da alienação fiduciária de bem móvel fungível.

Para além dos diplomas legais acima mencionados, encontra-se referências à alienação fiduciária em garantia na Lei das Sociedades por Ações e na Lei n. 8.929, de 22 de agosto de 1994, a qual dispõe sobre a Cédula de Produto Rural.

Esta complexidade decorrente do grande número de normas tratando sobre o mesmo tema leva a inúmeras discussões envolvendo, principalmente, o objeto da alienação fiduciária e a legitimidade do sujeito para a sua celebração. Aliás, estes dois pontos irão, a rigor, estabelecer qual será o regime jurídico aplicável à alienação fiduciária em garantia, tendo em vista a aparente sobreposição de normas em relação a este assunto.

Tendo em vista o propósito do presente estudo, iremos nos ater às peculiaridades das operações de alienação fiduciária de ações. Contudo, será necessário abordarmos, ainda que de forma breve, os conceitos de alguns diplomas legais acima mencionados relativamente ao negócio fiduciário com o escopo de garantia. Não iremos nos debruçar sobre o Decreto-Lei n. 911/69, a Lei n. 9.514/97 e a Lei n. 8.929/94 pois não se relacionam com o objeto central deste trabalho.

2.1. A lei n. 4.728/65

A maioria das polêmicas envolvendo a alienação fiduciária prevista na Lei 4.728/65 decorre da extensão da expressão "no âmbito do mercado financeiro e de capitais". Ou seja, quais os agentes econômicos que estão habilitados a celebrar um negócio fiduciária com o escopo de garantia com base na Lei do Mercado de Capitais? A definição desta questão é importantíssima para avaliarmos a aplicação ou não do referido diploma legal às operações de alienação fiduciária de ações.

Para Arnaldo Rizzardo[31], a Lei n. 4.728/65 restringe a celebração da alienação fiduciária em garantias às entidades autorizadas a funcionar pelo Banco Central do Brasil. No entanto, a Lei n. 4.728/65 não mencionou o termo "instituições financeiras", sendo, aparentemente, mais abrangente ao prever operações realizadas no âmbito do mercado financeiro e de capitais. Orlando Gomes[32] afirma que apenas podem figurar como credor fiduciário os agentes econômicos identificados como "sociedades de crédito e financiamento autorizadas a funcionar pelas autoridades monetárias do país".

Em que pese o entendimento dos aludidos autores, entendemos que a expressão prevista no art. 66-B da Lei n. 4.728/65 não restringe o uso da alienação fiduciária em garantia, tendo por objeto bens móveis fungíveis ou infungíveis, bem como direitos creditórios, aos participantes do sistema financeiro nacional. Isto decorre do fato de que a Lei n. 4.595, de 31 de dezembro de 1964 ("Lei do Sistema Financeiro"), em seu art. 17, apenas reserva às instituições financeiras, e às entidades a elas equiparadas, as atividades de "intermediação ou aplicação de recursos financeiros próprios ou de terceiros, em moeda nacional ou estrangeira, e a custódia de valor de propriedade de terceiros[33]". Ou seja, não há qualquer restrição à celebração de contratos de alienação fiduciária em garantia aos agentes econômicos que não se enquadram como instituições financeiras.

[31] Rizzardo, Arnaldo. **Contratos de crédito bancário**. 6. ed. rev., atual. e ampl. São Paulo: Revista do Tribunais, 2003, p. 376.

[32] Gomes, Orlando. **Alienação Fiduciária em garantia**. 3ª edição, 1972. p. 56.

[33] BRASIL. **Lei nº 4.595, de 31 de agosto de 1964**. Dispõe sobre a Política e as Instituições Monetárias, Bancárias e Creditícias, Cria o Conselho Monetário Nacional e dá outras providências. Art. 17. Disponível em: http://www.planalto.gov.br/ccivil_03/leis/l4595.htm. Acesso em 2020-09-12.

Aliás, o próprio Decreto-Lei n. 911/69, ao regular regras sobre a alienação fiduciária da Lei n. 4.728/65, prevê em seu art. 6º que "o avalista, fiador ou terceiro interessado que pagar a dívida do alienante ou devedor, se sub-rogará, de pleno direito no crédito e na garantia constituída pela alienação fiduciária[34]". Esta mesma norma é repetida pelo Código Civil atual, quando em seu art. 1.368 dispõe que "o terceiro, interessado ou não, que pagar a dívida, se sub-rogará de pleno direito no crédito e na propriedade fiduciária[35]."

Ou seja, há a permissão expressa de que um terceiro que não seja, necessariamente, uma instituição financeira, figure como credor fiduciário. Não nos parece que a lei vedaria a celebração de alienação fiduciária em garantia sob o escopo da Lei n. 4.728/65 para sociedades não financeiras e, ao mesmo tempo, permitisse a cessão da posição de credor fiduciário para terceiros que não se enquadram como instituição financeira[36].

No entanto, o entendimento jurisprudencial mais recente é de que a alienação fiduciária em garantia do art. 66-B da Lei n. 4.728/65 é autorizada apenas quando o credor fiduciário for instituição financeira ou entidade a ela equiparada[37]. Tal polêmica

[34] BRASIL. **Decreto-Lei nº 911, de 1º de outubro de 1969.** Altera a redação do Artigo 66 da Lei nº 4.728, de 14 de julho de 1965, Estabelece Normas de Processo Sobre Alienação Fiduciária, e dá outras providências. Art. 6º. Disponível em: http://www.planalto.gov.br/CCIVIL_03/Decreto-Lei/1965-1988/Del0911.htm. Acesso em 2020-10-14.

[35] BRASIL. **Lei nº 10.406, de 10 de janeiro de 2002.** Institui o Código Civil. Art. 1.368. Disponível em: http://www.planalto.gov.br/ccivil_03/leis/2002/l10406compilada.htm. Acesso em: 2020-10-14.

[36] Esta posição é também defendida por Frans Martins (MARTINS, Fran. **Contratos e Obrigações Comerciais**. 16ed. rev e aum. Rio de Janeiro: Forense, 2010, pág. 170.).

[37] TJ-SP – **AI: 21481579020148260000 SP 2148157-90.2014.8.26.0000,** Relator: Silvia Rocha, Data de Julgamento: 24/09/2014, 29ª Câmara de Direito Privado, Data de Publicação: 25/09/2014. "A Lei nº 4728, de 14 de julho de 1965, por sua vez, trata da alienação fiduciária em garantia contratada no âmbito do

foi superada quando da edição do atual Código Civil[38] e da Lei n. 10.931/2004, conforme aponta Melhim Namem Chalhub[39]:

> A controvérsia foi solucionada com a entrada em vigor do novo Código Civil e da Lei 10.931/2004, pois, de uma parte, o Código possibilita a utilização generalizada dessa figura, para garantia de quaisquer negócios jurídicos, e não apenas como garantia dos financiamentos concedidos pelas entidades financeiras ou para as hipóteses previstas de maneira restritiva pela legislação especial, e, de outra parte, a Lei 10.931/2004 estabelece características especiais para o contrato de alienação fiduciária de que seja parte

mercado financeiro e de capitais. Como a agravante não é instituição financeira, mas sociedade que realiza negócios de fomento mercantil, foi e é inadequado o ajuizamento da ação fundada no Decreto-Lei nº 911/69". Disponível em: https://tj-sp.jusbrasil.com.br/jurisprudencia/141568970/agravo-de-instrumento-ai-21481579020148260000-sp-2148157-9020148260000/inteiro-teor-141568980. Acesso em 2020.11.10. TJ-SP – **AI: 816569620118260000 SP 0081656-96.2011.8.26.0000**, Relator: Palma Bisson, Data de Julgamento: 09/06/2011, 36ª Câmara de Direito Privado, Data de Publicação: 14/06/2011. "Agravo de instrumento alienação fiduciária – ação de busca e apreensão fundada em instrumento de transação, com reconhecimento e repactuação de dívida e outras avenças, e instrumento de constituição de propriedade fiduciária – decisão que defere liminarmente aquela medida inconformismo da ré – somente as instituições financeiras podem se valer, para excutir garantia fiduciária, da ação de busca e apreensão prevista no DL 911/69; sociedade comercial (como é a empresa de factoring) tornada credora.

[38] "(...) Alienação fiduciária, que era restrita às instituições financeiras, foi estendida, em parte, às relações privadas com o advento do CC/02, sem maiores exigências no tocante à qualificação do credor fiduciário. (...)" (TJ-SP **20789059220178260000 SP 2078905-92.2017.8.26.0000**, Relator: Hamid Bdine, Data de Julgamento: 04/10/2017, 1ª Câmara Reservada de Direito Empresarial, Data de Publicação: 05/10/2017. Disponível em: https://tj-sp.jusbrasil.com.br/jurisprudencia/508953815/20789059220178260000-sp-2078905-9220178260000. Acessado em 2020-11-10).

[39] CHALHUB, Melhim Namem. **Alienação fiduciária: negócio fiduciário**. 6. ed. – Rio de Janeiro: Forense, 2019. p. 203.

entidade financeira, intitulando a Seção XIV da Lei 4.728/1965 de "Alienação Fiduciária em Garantia no âmbito do Mercado Financeiro e de Capitais".

Como se pode perceber, grande parte da polêmica envolvendo quais operações estariam sob o regime jurídico da Lei n. 4.728/65 decorre da possibilidade de aplicação dos procedimentos para a excussão da garantia previstos no Decreto-Lei n. 911/69. Neste diploma legal, há a chamada ação de busca e apreensão que pode ser manejada pelo credor fiduciário em caso de mora. Comparativamente com os procedimentos ordinários de execução previstos no Código de Processo Civil, a busca e apreensão tende a ser mais célere. No entanto, esta ferramenta fica restrita às operações de alienação fiduciária em garantia feitas com base na Lei n. 4.728/65.

Sobre este ponto, vale mencionar o seguinte precedente oriundo do Superior Tribunal de Justiça[40]:

> PROCESSO CIVIL. RECURSO ESPECIAL. ALIENAÇÃO FIDUCIÁRIA EM GARANTIA CELEBRADA ENTRE PESSOA JURÍDICA E PESSOA NATURAL. REGIME JURÍDICO DO CÓDIGO CIVIL. BUSCA E APREENSÃO DE BEM MÓVEL PREVISTA NO DECRETO-LEI N. 911/1969, COM REDAÇÃO DADA PELA LEI N. 10.931/2004. ILEGITIMIDADE ATIVA AD CAUSAM. 1. Há regime jurídico dúplice a disciplinar a propriedade fiduciária de bens móveis: (i) o preconizado pelo Código Civil (arts. 1.361 a 1.368), que se refere a bens móveis infungíveis, quando o credor fiduciário for pessoa natural ou jurídica; e (ii) o

[40] STJ – **REsp: 1101375 RS 2008/0240416**-2, Relator: Ministro LUIS FELIPE SALOMÃO, Data de Julgamento: 04/06/2013, T4 – QUARTA TURMA, Data de Publicação: DJe 01/07/2013. Disponível em: https://scon.stj.jus.br/SCON/jurisprudencia/doc.jsp?livre=1101375&b=ACOR&p=false&l=10&i=2&operador=mesmo&tipo_visualizacao=RESUMO. Acesso em 2020-11-10.

> estabelecido no art. 66-B da Lei n. 4.728/1965 (acrescentado pela Lei n. 10.931/2004) e no Decreto-Lei n. 911/1969, relativo a bens móveis fungíveis e infungíveis, quando o credor fiduciário for instituição financeira. 2. A medida de busca e apreensão prevista no Decreto-Lei n. 911/1969 consubstancia processo autônomo, de caráter satisfativo e de cognição sumária, que ostenta rito célere e específico com vistas à concessão de maiores garantias aos credores, estimulando, assim, o crédito e o fortalecimento do mercado produtivo. 3. O art. 8º-A do referido Decreto, incluído pela Lei n. 10.931/2004, determina que tal procedimento judicial especial aplique-se exclusivamente às seguintes hipóteses: (i) operações do mercado financeiro e de capitais; e (ii) garantia de débitos fiscais ou previdenciários. Em outras palavras, é vedada a utilização do rito processual da busca e apreensão, tal qual disciplinado pelo Decreto-Lei n. 911/1969, ao credor fiduciário que não revista a condição de instituição financeira lato sensu ou de pessoa jurídica de direito público titular de créditos fiscais e previdenciários. 4. No caso concreto, verifica-se do instrumento contratual (fl. 12) a inexistência de entidade financeira como agente financiador. Outrossim, a recorrente intentou a presente demanda em nome próprio pleiteando direito próprio, o que aponta inequivocamente para a sua ilegitimidade ativa para o aforamento da demanda de busca e apreensão prevista no Decreto-Lei n. 911/1969. 5. Recurso especial não provido.

Em todo caso, como o presente trabalho não entrará nas nuances dos procedimentos para a excussão da garantia fiduciária, iremos adotar daqui em diante a premissa de que a Lei n. 4.728/65 apenas autoriza que instituições financeiras e entidades equiparadas figurem na posição de credor fiduciário. Para que outros agentes econômicos celebrem negócio fiduciário de garantia com bem móvel deverão se utilizar do Código Civil, cujas regras estão adiante abordadas.

2.2. O Código Civil

Diferentemente do que ocorre com a Lei n. 4.728/65, o Código Civil não fez restrições à celebração do negócio fiduciário em garantia no que diz respeito à legitimidade. Neste particular, o art. 1.361[41] do referido diploma legal foi bem sucinto ao definir a propriedade fiduciária, dispondo que: "Considera-se fiduciária a propriedade resolúvel de coisa móvel infungível que o devedor, com escopo de garantia, transfere ao credor".

A ressalva quanto à limitação é feita apenas para o objeto da garantia. Segundo o citado art. 1.361, a propriedade fiduciária se dará sobre coisa móvel infungível, ficando de fora do âmbito do Código Civil, portanto, a alienação fiduciária de bens móveis fungíveis. Contudo, a fungibilidade de um bem é um assunto que desperta algumas discussões. De acordo com o art. 85 do Código Civil, "são fungíveis os móveis que podem substituir-se por outros da mesma espécie, qualidade e quantidade".

Na lição de Paulo Lôbo[42], a fungibilidade pode ser determinada pela própria natureza, ou pela lei, ou pela vontade das partes. Orlando Gomes[43] afirma que se trata de um conceito relativo, pois será sempre necessário fazer um paralelo com outros bens, e não a partir da análise de um bem individualmente considerado.

De toda sorte, o Código Civil é expresso ao limitar o tipo de objeto da alienação fiduciária em garantia ao se referir a bens móveis infungíveis. Veremos que esta abordagem será impor-

[41] BRASIL. **Lei nº 10.406, de 10 de janeiro de 2002.** Institui o Código Civil. Art. 1.361. Disponível em: http://www.planalto.gov.br/ccivil_03/leis/2002/l10406compilada.htm. Acesso em 2020-10-14.

[42] Lôbo, Paulo. **Direito civil: volume 1: parte geral** – 8. ed. – São Paulo: Saraiva Educação, 2019. p. 237.

[43] Gomes, Orlando. **Introdução ao direito civil**; coordenador e atualizador Edvaldo Brito; atualizadora Reginalda Paranhos de Brito. – 22. ed. – Rio de Janeiro: Forense, 2019. p. 163

tante no próximo capítulo para verificarmos qual é o regime jurídico aplicável na alienação fiduciária de ações, tendo em vista a caracterização deste bem quanto à sua fungibilidade.

2.3. Requisitos gerais da alienação fiduciária em garantia

Ultrapassadas a questão envolvendo a dualidade dos regimes jurídicos para as operações de alienação fiduciária de bens móveis infungíveis, as quais, a depender da caracterização do credor fiduciário como instituição financeira ou não, será aplicável ou o Código Civil ou a Lei n. 4.728/65, certo é que o negócio fiduciário com escopo de garantia deve obedecer, para a sua correta formalização, as diretrizes previstas em lei, como qualquer outro contrato. Nas palavras de Alexandre Gereto de Mello Faro[44], o negócio jurídico fiduciário com o escopo de garantia fica sujeito às regras de existência, validade e eficácia.

A análise destes três planos, sobre os quais se encontra o fato jurídico[45], é muito útil ao se analisar a regularidade de um contrato, enquanto negócio jurídico. No primeiro plano – o da existência – precisamos saber apenas se o fato existe no mundo

[44] Faro, Alexandre Gereto de Mello. **Alienação fiduciária de ações e regime jurídico da alienação fiduciária em garantia**. 2016. 175 f. Dissertação (Mestrado em Direito) – Programa de Estudos Pós-Graduados em Direito, Pontifícia Universidade Católica de São Paulo, São Paulo, 2016. p. 67.

[45] Marcos Bernardes de Mello, em sua obra Teoria do Fato Jurídico – Plano da Existência – citando Pontes de Miranda, define fato jurídico da seguinte forma: "o fato jurídico é o que fica do suporte fáctico suficiente, quando a regra jurídica incide e porque incide. Tal precisão é indispensável ao conceito de fato jurídico (...) no suporte fáctico se contém, por vezes, fato jurídico, ou ainda se contêm fatos jurídicos. Fato jurídico é, pois, o fato ou complexo de fatos sobre o qual incidiu a regra jurídica; portanto, o fato de que dimana, agora, ou mais tarde, talvez condicionalmente, ou talvez não dimane, eficácia jurídica. Não importa se é singular, ou complexo, desde que, conceptualmente, tenha unidade" (Pontes de Miranda, Tratado de direito privado, t. I, § 23, 1. *Apud.* Mello, Marcos Bernardes de. **Teoria do fato jurídico: plano da existência** – 22. ed. – São Paulo: Saraiva Educação, 2019. p. 175)

jurídico. Marcos Bernardes de Mello[46], em sua obra de três volumes (Teoria do Fato Jurídico), cada um abordando um dos três planos da escada ponteana, afirma que "no plano da existência não se cogita de invalidade ou eficácia do fato jurídico, importa, apenas, a realidade da existência". Segue dizendo que "tudo, aqui, fica circunscrito a saber se o suporte fático suficiente se compôs, dando ensejo à incidência".

No segundo plano, o negócio jurídico existente deve ser válido. Para isto, deve-se verificar se o negócio jurídico contém o que demanda o art. 107 do Código Civil, segundo o qual a validade exige que o agente seja capaz, o objeto lícito, possível, determinado ou determinável, e forma prescrita ou não defesa em lei. Marcos Bernardes de Mello[47] afirma que:

> No campo da Teoria Jurídica em que o direito é visto sob a perspectiva da Dogmática Jurídica, validade é qualificação que se atribui a atos jurídicos, inclusive de natureza legislativa, que são conformes com o direito daquela comunidade, especificamente, não contendo qualquer mácula que os torne defeituosos. Sob esse aspecto é que se fala em atos jurídicos válidos ou, ao contrário, em atos jurídicos nulos ou anuláveis (= inválidos), bem assim em leis e atos normativos válidos ou inválidos, nestes casos por conflitos com disposições constitucionais (inconstitucionalidade) ou com normas jurídicas infralegais de hierarquia superior (ilegalidade), por exemplo.

Por último, o plano da eficácia se relaciona com as condições que o negócio jurídico tem de produzir efeitos no mundo concreto, sendo imprescindível a análise da existência ou não, neste ponto, de condição, termo ou encargo, previstos nos arts.

[46] Ibidem. p. 163.

[47] MELLO, Marcos Bernardes de. **Teoria do fato jurídico: plano da validade** – 15. ed. – São Paulo: Saraiva Educação, 2019. p. 40.

121 a 137 do Código Civil, fatores estes que podem influenciar no momento em que o fato jurídico produzirá efeitos.

Relacionando os três planos ao contrato de alienação fiduciária, Alexandre Gereto de Mello Faro[48] afirma que a existência do negócio fiduciário se vincula à ocorrência ou não de manifestação de vontade das partes aliada a um objetivo imediato.

Em relação ao plano da validade, é preciso atentar às regras de legitimidade agente, relacionada ao regime jurídico aplicável à operação de alienação fiduciária (p.e. em caso de negócio fiduciário baseado na Lei n. 4.728/65, é necessário que o credor fiduciário seja instituição financeira ou entidade equiparada, de acordo com entendimento mais recente da jurisprudência). Além disso, o objeto da alienação fiduciária deve ser lícito. Ou seja, não é possível ceder fiduciariamente a herança, já que o Código Civil veda em seu art. 426 qualquer tipo de negociação envolvendo tal objeto. Por último, a forma de materialização da alienação fiduciária deve ser aquela prescrita em lei. Logo, tendo em vista que o art. 1.361, § 1º do Código Civil cita o uso de "instrumento público ou particular" para a constituição da propriedade fiduciária, não seria válida uma alienação fiduciária mediante contrato celebrado apenas verbalmente. Em relação ao plano da eficácia, Alexandre Gereto de Mello Faro[49] cita o exemplo "da extinção do pacto fiduciário em razão da implementação da condição resolutiva da propriedade em favor do fiduciante (pelo cumprimento de suas obrigações)".

No que diz respeito aos requisitos específicos dos contratos de alienação fiduciária de ações, iremos fazer tal abordagem no capítulo seguinte.

[48] FARO, Alexandre Gereto de Mello. **Alienação fiduciária de ações e regime jurídico da alienação fiduciária em garantia**. 2016. 175 f. Dissertação (Mestrado em Direito) – Programa de Estudos Pós-Graduados em Direito, Pontifícia Universidade Católica de São Paulo, São Paulo, 2016. p. 68

[49] Ibidem.

3. Alienação fiduciária de ações

Grande parte do desenvolvimento pelo qual passou o mercado de capitais brasileiro nas últimas décadas decorre da edição da Lei n. 4.728/65[50], assim como das Leis n. 6.404/76 e 6.385/76, esta última responsável pela criação da Comissão de Valores Mobiliários. Analisando a exposição de motivos da Lei das Sociedades por Ações, é possível encontrar um dos principais propósitos que se buscou alcançar com a referida lei. Vejamos:

> (...) 4. O Projeto visa basicamente a criar a estrutura jurídica necessária ao fortalecimento do mercado de capitais de risco no País, imprescindível à sobrevivência da empresa privada na fase atual da economia brasileira. A mobilização da poupança popular e o seu encaminhamento voluntário para o setor empresarial exigem, contudo, o estabelecimento de uma sistemática que assegure ao acionista minoritário o respeito a regras definidas e eqüitativas, as quais, sem imobilizar o empresário em suas iniciativas, ofereçam atrativos suficientes de segurança e rentabilidade[51].

Os aludidos diplomas legais foram, portanto, os principais responsáveis pelo pujante ambiente de negócios que encontramos atualmente no Brasil, não obstante suas inúmeras falhas e vicissitudes sobre as quais não trataremos aqui.

[50] Sobre a Lei n. 4.728/65, Melhim Chalhub afirma que a garantia fiduciária veio suprir a "insuficiência de garantias incidentes sobre bens móveis, como o penhor e a reserva de domínio, que já então não eram compatíveis com as características de circulação do crédito na sociedade contemporânea" (CHALHUB, Melhim Namem. **Alienação fiduciária: negócio fiduciário.** 6. ed. – Rio de Janeiro: Forense, 2019. p. 194.)

[51] BRASIL. **Exposição de motivos da Lei n. 6.404/76.** Disponível em: http://www.cvm.gov.br/export/sites/cvm/menu/acesso_informacao/institucional/sobre/anexos/EM196-Lei6404.pdf. Acesso em 2020-09-15.

Certo é que todo ambiente de negócio necessita de crédito que para possa ser expandido. Os agentes econômicos, ao avaliarem os riscos e oportunidades das atividades que se propõem a explorar, "colocam na balança" o custo do capital empregado em um determinado empreendimento versus os possíveis retornos decorrentes do investimento.

O crédito assume, então, uma função importantíssima no progresso econômico e social de um país[52]. Por óbvio, o financiamento de atividades de terceiros envolve riscos para o detentor dos recursos e, por isso, cobra-se um valor que, via de regra, é diretamente proporcional aos riscos assumidos pelo financiador ao disponibilizar capital para o mercado.

As garantias surgem como um fator atenuante do risco de crédito. Na lição de Mauro Penteado[53], a garantia tenta "aumentar a expectativa do credor ver o adimplemento da obrigação principal, reduzindo, por conseguinte, o risco de crédito". A rigor, quanto mais eficaz e líquida se mostra a garantia dada pelo tomador dos recursos, mais acessível tende a ser o crédito. Isto decorre do fato de que o credor não precisará envidar grandes esforços para reaver o capital emprestado em caso de inadimplemento por parte do devedor.

Mas não é somente a proteção ao crédito a função das garantias. É preciso também possibilitar ao devedor o cumprimento

[52] Sobre a importância do crédito para a atividade econômica, Mauro Penteado, citando Túlio Ascarelli, afirma: "Qualquer atividade de produção ou intermediação de bens e serviços requer o recurso ao crédito. Afinal, somente com uma boa linha de crédito, o empresário poderá 'criar culturas e melhorar a terra; erguer fábricas e abrir estabelecimento; construir vias de comunicação e escavar minas'; vale dizer, somente com o crédito o empresário levará a cabo o objeto de sua companhia, alcançando seu objetivo último: o lucro (PENTEADO, Mauro Bardawill. **O penhor de ações no direito brasileiro**. Ed. Malheiros – São Paulo. p. 22.)

[53] Ibidem. p. 24.

da obrigação à qual a garantia está atrelada[54]. Neste contexto, a fidúcia romana entrou em declínio pois retirava do devedor não só a propriedade do bem dado em garantia, mas também a sua posse, conforme destacamos no capítulo 1.

A partir disso, foram sendo desenvolvidos outros meios de garantia na tentativa de conciliar, ao mesmo tempo, a proteção ao crédito com a possibilidade do devedor de usar do bem dado em garantia enquanto estivesse em dia com as obrigações assumidas. Estamos falando da hipoteca, do penhor e da anticrese. Estas três formas de garantia se classificam como direitos reais[55].

Na tentativa de conceituar os direitos reais, algumas teorias foram elaboradas, a exemplo da teoria clássica ou realista e da teoria personalista[56]. Na lição de Caio Mário[57], os direitos reais "traduzem uma dominação sobre a coisa, atribuída ao sujeito, e oponível *erga omnes*".

Apesar de terem momentaneamente corrigido as distorções inerentes à fidúcia romana, as garantias reais começaram a se mostrar um pouco ineficazes diante de alguns contextos, principalmente quando se estava em jogo a preferência de outros

[54] CHALHUB, Melhim Namem. **Alienação fiduciária: negócio fiduciário.** 6. ed. – Rio de Janeiro: Forense, 2019. p. 27.

[55] A hipoteca, o penhor e a anticrese são apenas 3 dos 13 direitos reais listados pelo Código Civil em seu art. 1.225.

[56] Mauro Penteado cita a teoria realista ao dizer que o direito real seria caracterizado "pelo poder direto e imediato de um sujeito sobre a coisa". Já para a teoria personalista, "a relação direta e imediata do titular do direito real sobre a coisa seria um mero poder de fato, um atributo que surgiria como consequência do poder de exclusão e do correlativo dever universal de abstenção próprio dos direitos reais" (PENTEADO, Mauro Bardawill. **O penhor de ações no direito brasileiro.** Ed. Malheiros – São Paulo. p. 34 e 40).

[57] PEREIRA, Caio Mário da Silva. **Instituições de direito civil: direitos reais.** revista, atualizada e ampliada por Carlos Edison do Rêgo Monteiro Filho. – 27. ed. – Rio de Janeiro: Forense, 2019. p. 1.

créditos, principalmente aqueles de natureza fiscal, conforme aponta Chalhub[58].

Aliado a esta dificuldade em razão da concorrência com relação a outros créditos, havia ainda a dificuldade na excussão da garantia. Ora, em sendo o procedimento para executar a garantia fornecida moroso e cheio de obstáculos, é certo que o custo do crédito irá se tornar mais caro para quem o obtém. Neste ponto, remetemos o leitor ao capítulo anterior, no qual abordamos um pouco a superação dos meios usuais de garantia em razão das dificuldades atreladas à sua utilização.

A partir do surgimento do negócio fiduciário no Brasil, especificamente a possibilidade de utilizá-lo como garantia de adimplemento de determinada obrigação, a alienação fiduciária de ações passou a ser largamente utilizada pelos agentes econômicos. Nos próximos parágrafos, iremos abordar as principais características deste tipo de operação, começando pela conceituação e caracterização bem objeto da garantia: as ações.

3.1. Conceituando a ação

Como anteriormente abordado, as características do bem objeto da alienação fiduciária, ao lado de outros fatores como as partes do contrato, influenciarão no regime jurídico aplicável, ou seja, a qual ou a quais diplomas legais que preveem o negócio fiduciário o intérprete precisará recorrer na análise da operação. Ademais, as qualidades e propriedades do bem influirão também na forma de excussão da garantia.

Em razão disto, tentaremos conceituar, nos próximos parágrafos, a ação, definindo quais os seus atributos a fim de que encontremos, ao final, o regime jurídico ao qual uma alienação

[58] CHALHUB, Melhim Namem. **Alienação fiduciária: negócio fiduciário**. 6. ed. – Rio de Janeiro: Forense, 2019. p. 27.

fiduciária de ações deve se subordinar. Faz-se a ressalva de que as características que não forem imprescindíveis para as conclusões que se pretende chegar neste trabalho não serão abordadas.

Historicamente, costuma-se atribuir à Holanda do século XVI, na época das grandes navegações, a origem do termo "ação", originada do da palavra *aktie*[59], a qual designava a quota que poderia ser adquirida para a participação do investidor nos resultados dos negócios ultramarinos. Muito embora existam divergências em torno da origem das sociedades por ações, é certo que elas foram bem desenvolvidas para possibilitar o financiamento dos empreendimentos navais.

No aspecto legal, dispõe a Lei das S/A que o capital social das Companhias é dividido em ações. Ou seja, pode-se dizer que as ações, a partir da Lei n. 6.404/76, configuram-se como sendo a menor fração do capital social de uma Sociedade Anônima. Este é o resultado da leitura do art. 28 da LSA, segundo o qual a "ação é indivisível em relação à companhia", não sendo vedado, contudo, a copropriedade.

Sobre a indivisibilidade da ação, Modesto Carvalhosa[60] preceitua que a característica de ser indivisível que carrega a ação nada mais é do que a impossibilidade de fracionar os direitos que lhe são inerentes (p.e. direito de voto, se existente, direito aos dividendos, direito de participar na assembleia de acionistas, etc.). Esta qualidade é importante ao analisarmos algumas consequências da alienação fiduciária de ações como garantia

[59] IGLESIAS, Felipe Campana Padin. **Opção de compra ou venda de ações no direito brasileiro**: natureza jurídica e tutela executiva judicial. 2011. Dissertação (Mestrado em Direito Comercial) – Faculdade de Direito, Universidade de São Paulo, São Paulo, 2011. doi:10.11606/D.2.2011.tde-21082012-112205. Acesso em: 2020-09-21. p. 215

[60] CARVALHOSA, Modesto. **Comentários à lei de sociedades anônimas, 1º volume: artigos 1º a 74** – 6. ed. rev. e atual. – São Paulo: Saraiva, 2011. p. 377.

nos direitos do acionista devedor fiduciante, conforme abordaremos no capítulo 4.

Nelson Eizirik[61] afirma que a "ação" é utilizada sob três diferentes prismas pela Lei das S/A. O primeiro é de que a ação corresponde a uma fração do capital social, atribuindo a quem a detém a qualidade de acionista, como previsto nos artigos 1º, 28, 30 e 169 da LSA. O segundo corresponderia ao conjunto de direitos e obrigações do acionista, a exemplo do que consta no art. 45, 57, 107, II e225, IV da Lei n. 6.404/76. Por último, havia o significado de instrumento que possibilita a condição de acionista, ou seja, o certificado que representa a ação ou o comprovante de lançamento a crédito do acionista das suas ações pela instituição financeira encarregada. Para Modesto Carvalhosa[62], a ação pode ser definida simplesmente como "a fração negociável em que se divide o capital social, representativa dos direitos e obrigações do acionista.

O art. 11 da LSA autoriza que as ações tenham ou não um valor nominal, o qual corresponde à quantia disponibilizada pelo acionista subscritor para a aquisição da ação. Conforme afirma Eizirik[63], o valor nominal serve apenas de referência no momento da emissão da ação, a fim de que seja verificado o montante expresso em dinheiro que será direcionado à conta de capital. Isto porque o valor da ação, para os fins previstos na Lei das S/A, é flutuante, e, a rigor, não corresponde à quantia empregada pelo acionista na subscrição.

Com relação às espécies, a Lei n. 6.404/76 prevê três tipos de ações quanto à natureza dos direitos e vantagens que terão ou

[61] EIZIRIK, Nelson. **A lei das S/A comentada. Volume I** – 2ª edição revista e ampliada – Artigos 1º ao 79. São Paulo: Quartier Latin, 2015. p. 137-138.

[62] CARVALHOSA, Modesto. **Comentários à lei de sociedades anônimas, 1º volume: artigos 1º a 74** – 6. ed. rev. e atual. – São Paulo: Saraiva, 2011. p. 232.

[63] EIZIRIK, Nelson. **A lei das S/A comentada. Volume I** – 2ª edição revista e ampliada – Artigos 1º ao 79. São Paulo: Quartier Latin, 2015. p. 144.

não os seus titulares, podendo ser ordinárias, preferenciais ou de fruição. Quanto à forma, atualmente as ações apenas podem ser "nominativas", sendo presumida a sua propriedade pela inscrição do nome de seu titular no "Livro de Registro de Ações Nominativas" ou pelo extrato que seja fornecido pela instituição custodiante, conforme art. 31 da LSA. Até o advento da Lei n. 8.021/90, existiam, além das ações nominativas, as ações endossáveis e ao portador. Daí decorre o fato de que não é imprescindível, atualmente, o requisito da cartularidade para que o titular da ação exerça a posição de acionista perante a Companhia. Este fator influenciará, como veremos, a questão do desdobramento ou não da posse quando realizada uma alienação fiduciária de ações, bem como no diploma legal aplicável à operação, tendo em vista a fungibilidade ou não do bem objeto da garantia.

Por disposição expressa da Lei n. 6.385, de 7 de dezembro de 1976, as ações se caracterizam como sendo valores mobiliários. Há, na doutrina, uma discordância sobre a natureza jurídica da ação, se tais bens podem ou não ser considerados como títulos de crédito. Muito embora a conclusão dessa celeuma não influencie diretamente na problemática do presente trabalho, é oportuno ressaltar a opinião de José Edwaldo Tavares Borba[64], segundo o qual as ações não se caracterizam como títulos de crédito, uma vez que o acionista não ostenta, perante a Companhia, a posição de credor propriamente dito, muito embora guarde certa similitude com os títulos de créditos no que diz respeito à sua circulabilidade.

Ainda assim, é importante ressaltar que uma conclusão diferente enseja reconhecer que o negócio fiduciário envolvendo ações de uma Companhia estaria submetido à hipótese de cessão fiduciária de direitos creditórios, ao invés de alienação fidu-

[64] BORBA, José Edwaldo Tavares. **Direito societário** – 17. ed. – São Paulo: Atlas, 2019. p. 226.

ciária em garantia, como bem observa Alexandre Gereto de Mello Faro[65].

A partir da classificação dos bens utilizada pelo Código Civil, as ações são bens móveis, considerando serem suscetíveis de remoção por força alheia, sem que lhe cause alteração da sua substância ou da destinação econômico social[66]. Com relação à fungibilidade, tendo em vista ser este um atributo que pode ser resultante da vontade das partes[67], as ações podem sim ser caracterizadas como infungíveis quando comparadas com ações de outra classe e/ou de outra Companhia[68].

[65] FARO, Alexandre Gereto de Mello. **Alienação fiduciária de ações e regime jurídico da alienação fiduciária em garantia.** 2016. 175 f. Dissertação (Mestrado em Direito) - Programa de Estudos Pós-Graduados em Direito, Pontifícia Universidade Católica de São Paulo, São Paulo, 2016. p. 106.

[66] PARENTE, Norma Jonssen. **Mercado de capitais;** coordenação Modesto Carvalhosa - São Paulo: Editora Revista dos Tribunais, 2016, - (Coleção tratado de direito empresarial; v. 6. p. 139.

[67] GONÇALVES, Carlos Roberto. **Direito civil brasileiro, volume 1: parte geral** - 17. ed. - São Paulo: Saraiva Educação, 2019. Fl. 313

[68] Há doutrina defendendo que as ações não se enquadram na classificação de bens fungíveis ou infungíveis. Na lição de Modesto Carvalhosa, por exemplo, considerando que são bens incorpóreos, as ações não poderiam ser consideradas bens fungíveis ou infungíveis, "pois esses atributos jurídicos resultam da própria qualidade material e corpórea da coisa" (CARVALHOSA, Modesto. **Comentários à lei de sociedades anônimas, 1º volume: artigos 1º a 74** - 6. ed. rev. e atual. - São Paulo: Saraiva, 2011. p. 233). Plínio Pinheiro Guimarães Neto, Fábio Yanitchkis Couto e Bernardo Araújo da Costa Cunha manifestam opinião diversa. Segundo os referidos autores: "(...) é possível argumentar que determinados bens, considerados um a um, são considerados fungíveis (dinheiro e ações de uma companhia, por exemplo). Por outro lado, a totalidade desses bens pode ser considerada infungível, uma vez que se trata da totalidade, ou seja, não há nada igual ao todo. Com base no referido artigo 85 do Código Civil, o todo não pode ser substituído por outro bem da mesma espécie, qualidade e quantidade, ou seja, é infungível. Por exemplo, dinheiro e ações de uma companhia (aberta ou fechada) são bens tipicamente fungíveis. Entretanto, se considerarmos em uma conta bancária ou a totalidade das ações do capital social de uma companhia, por exemplo, os mesmos podem ser considerados infungíveis e, como

Na prática, se nominativas, as ações que forem alienadas fiduciariamente ficarão "marcadas" no Livro de Registro de Ações, conforme art. 40, I, da Lei n. 6.404/76. Caso sejam escriturais, a alienação fiduciária deverá ser averbada nos livros da instituição financeira custodiante, conforme inciso II do mesmo artigo. Ou seja, as ações serão devidamente "individualizadas", não podendo o devedor fiduciante delas dispor livremente, como ocorreria caso fossem bens fungíveis (passíveis de serem substituídos por outros da mesma espécie, qualidade e quantidade).

Esta noção de fungibilidade é importante para permitir a alienação fiduciária de ações fora do âmbito do mercado financeiro e de capitais, com base, portanto, na Lei n. 4.728/65, tendo em vista que o Código Civil prevê apenas o negócio fiduciário com coisa móvel infungível.

3.2. Regime jurídico aplicável à alienação fiduciária de ações e seus requisitos

A partir das considerações sobre as características da ação, no que diz respeito à sua classificação dentro dos "bens", é possível chegar a conclusões sobre qual o regime jurídico aplicável à alienação fiduciária cujo objeto sejam os títulos representativos de fração do capital social das Companhias. Para isso, também é importante que sejam considerados os aspectos subjetivos do negócio fiduciário, ou seja, quem são as partes integrantes da operação.

Sabendo que o instituto da alienação fiduciária, no Brasil, é matéria de diversos diplomas legais, um dos maiores desafios do

consequência, poderão ser alienados fiduciariamente em garantia mesmo fora do âmbito do mercado financeiro e de capitais brasileiro, sendo tal garantia regida pelo Código Civil (NETO, Plinio Pinheiro Guimarães. COUTO, Fábio Yanitchkis. CUNHA, Bernardo Araujo da Costa. **Alienação Fiduciária em Garantia – Evolução Legislativa e os Dilemas Atuais.** *In:* CANTIDIANO, Luiz Leonardo e MUNIZ, Igor (orgs.). **Temas de direito bancário e do mercado de capitais** – Rio de Janeiro: Renovar, 2014. p. 499.

intérprete ao lidar com este tipo de negócio se refere ao estabelecimento de qual deve ser o regramento aplicável ao caso. Esta primeira análise pode ser iniciada mediante verificação de duas características básicas do negócio fiduciário em questão: (i) a classificação do bem objeto da garantia como sendo bem imóvel ou móvel e (ii) quem são os sujeitos do contrato.

Antes de tudo, é preciso definir que o Código Civil, ainda que não seja o único diploma legal aplicável ao caso, funciona como regime subsidiário. Nos termos do art. 1.368-A[69], "*as demais espécies de propriedade fiduciária ou de titularidade fiduciária submetem-se à disciplina específica das respectivas leis especiais, somente se aplicando as disposições deste Código naquilo que não for incompatível com a legislação especial*". Além disso, a Lei n. 4.728/65, em seu art. 66-B, faz referência aos requisitos do contrato de alienação fiduciária previstos no Código Civil.

Em sendo bem imóvel, o contrato será regido pela Lei n. 9.514/1997 e pelo Código Civil, naquilo que não for incompatível com a legislação especial. Em sendo bem móvel, será preciso verificar a incidência ou não da Lei n. 4.728/1965. Para tanto, conforme já abordado anteriormente, é necessário que a alienação fiduciária tenha sido firmada por credor fiduciário enquadrado como instituição financeira ou entidade a ela equiparada, a fim de que sejam aplicáveis as regras da Lei n. 4.728/1965 e, por consequência, do Decreto-Lei n. 911/1969. Para o caso específico de alienação fiduciária de ações em garantia, deve-se aplicar, em qualquer caso, a Lei n. 6.404/1976, a qual menciona o instituto em três dos seus artigos.

Considerando que as ações são classificadas como bens móveis, a alienação fiduciária deste tipo de bem se enqua-

[69] BRASIL. **Lei nº 10.406, de 10 de janeiro de 2002**. Institui o Código Civil. Art. 1.368-A. Disponível em: http://www.planalto.gov.br/ccivil_03/leis/2002/l10406compilada.htm. Acesso em 2020-10-14.

drará ou no Código Civil em conjunto com a LSA ou na Lei n. 4.728/1965, em conjunto com o Código Civil e com a Lei n. 6.404/76, sendo certo que a aplicação da Lei n. 10.406/2002 será sempre subsidiária para a alienação fiduciária de ações.

Em todo caso, o contrato de alienação fiduciária de ações deverá conter (i) o total da dívida ou a sua estimativa, (ii) o prazo ou a época do pagamento, (iii) a taxa de juros, se houver e (iv) a descrição exata do bem alienado fiduciariamente, conforme previsão do art. 1.362 do Código Civil. Ainda segundo o mesmo diploma legal, o contrato deve ser firmado por instrumento público ou particular, sendo vedado, portanto, a contratação verbal deste tipo de garantia.

Em relação aos sujeitos do contrato, a alienação fiduciária de ações deverá conter o titular do bem que está sendo objeto da garantia, podendo ser o próprio devedor (lembrando que o negócio fiduciário em garantia é acessório ao cumprimento de alguma obrigação) ou um terceiro garantidor, e o credor fiduciário. É para este último que a propriedade resolúvel da ação é transmitida para garantir o adimplemento da dívida.

Ainda sobre os sujeitos do contrato de alienação fiduciária de ações em garantia, em alguns casos pode ser necessária a participação da Companhia emissora das ações como interveniente anuente, ou que tenha contado com autorização obtida pela Assembleia Geral, em caso de restrições a este tipo de operação no Estatuto Social ou mesmo em Acordos de Acionistas. Em todo caso, será necessário ao menos a participação da Companhia, por meio dos seus Diretores, para fazer as anotações necessárias ao registro da alienação fiduciária de ações.

A Lei n. 6.404/76 apenas menciona a alienação fiduciária de ações nos arts. 40, 100 e 113. No primeiro, a LSA dispõe que o negócio fiduciário de ações em garantia deverá ser averbado no Livro de Registro de Ações Nominativas ou nos livros da instituição financeira custodiante, caso as ações sejam escriturais.

Em seguida, o art. 100 reforça a necessidade de averbação da alienação fiduciária em garantia no Livro de Registro de Ações Nominativas. Por fim, o art. 113, parágrafo único, sendo talvez o mais polêmico na matéria, informa que o "*credor garantido por alienação fiduciária da ação não poderá exercer o direito de voto*", apenas o "devedor" exercê-lo nos termos do contrato. Voltaremos a análise deste último dispositivo mais à frente.

Percebe-se que a Lei das S/A não regula a constituição da propriedade fiduciária sobre as ações. Desta forma, deve-se seguir o previsto no art. 1.361, § 1º, do Código Civil, segundo o qual a operação deve ser prevista em instrumento público ou particular, e registrado em Cartório de Títulos e Documentos do domicílio do fiduciante. De modo a reforçar tal entendimento, percebe-se que a LSA ao tratar sobre o penhor de ações estabelece, em seu art. 39, que a averbação do respectivo instrumento no Livro de Registro de Ações Nominativas possui caráter constitutivo. De outra forma, quando a Lei n. 6.404/76 trata sobre a alienação fiduciária de ações, no artigo seguinte, dispõe que o negócio fiduciário deve ser "averbado", levando-nos a entender que o registro nos livros não é constitutivo, sendo necessário apenas para produzir os efeitos perante a Companhia.

Em resumo, a alienação fiduciária de ações em garantia se subordina sempre ao Código Civil em conjunto com a Lei n. 6404/76. Caso o credor fiduciário seja instituição financeira ou entidade a ela equiparada, deve-se adicionar à base legal de interpretação do negócio a Lei n. 4.728/65. Ademais, a garantia deve ser averbada nos Livros de Registros de Ações Nominativas ou nos registros da instituição financeira custodiante, caso as ações sejam escriturais.

4. Implicações da alienação fiduciária de ações em direitos do acionista fiduciante

Com a celebração de um contrato de alienação fiduciária de ações em garantia, a propriedade resolúvel das ações é transferida ao credor fiduciário, sendo tal propriedade "resolúvel" em razão da condição de extinção automática em caso de cumprimento da obrigação garantida. Normalmente, o negócio fiduciário de ações em garantia é feito para obtenção de recursos para a própria Companhia. Ou seja, o titular do bem alienado fiduciariamente não se confunde com o devedor da obrigação principal, sendo um terceiro garantidor (no caso, um acionista).

No entanto, há também a possibilidade do próprio titular do bem utilizá-lo para garantir obrigações ao qual ele está obrigando, confundindo-se, neste caso, as pessoas do fiduciante e do devedor, conforme ilustração abaixo:

Figura 1 – Alienação fiduciária

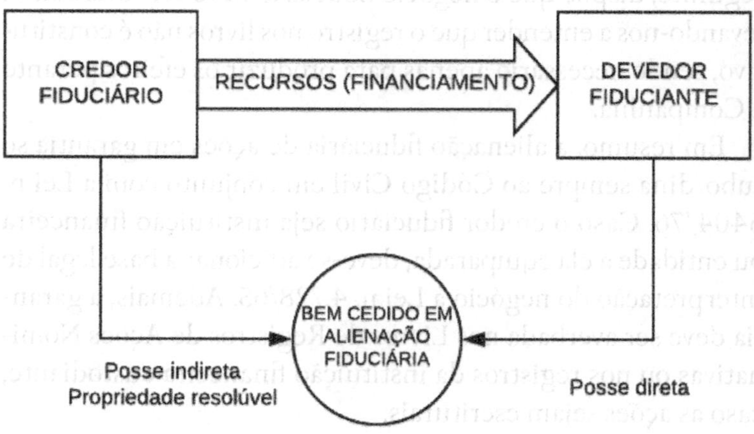

Fonte: Elaborado pelo autor.

Pelo Código Civil, constituída a propriedade fiduciária, há o desdobramento da posse, tornando-se o fiduciante possuidor direto da coisa e, por consequência, o credor fiduciário assume a posse indireta. Na lição de Caio Mário[70], ambas as formas de posse não são excludentes entre si, pois elas coexistem e são igualmente tuteladas. Esta é a regra geral que é fácil de ser visualizada em alienação fiduciária de bens imóveis, por exemplo, em que o fiduciante permanece com a posse do bem.

Contudo, para a alienação fiduciária de ações em garantia, a regra acima não é facilmente percebida. Isto se deve ao fato de que as ações, a rigor, são bens incorpóreos, em razão do fim das ações endossáveis e ao portador. Ou seja, o fiduciante exerce a posse enquanto manifestação de alguns dos poderes inerentes à propriedade, como o uso e o gozo das ações transferidas fiduciariamente.

A partir desta conclusão, veremos que ao fiduciante caberá o exercício dos direitos inerentes à qualidade de acionista da Companhia, bem como os frutos decorrentes das ações alienadas fiduciariamente, uma vez que ele detém a posse da coisa. Para tanto, deverão ser observadas as regras previstas entre credor fiduciário e fiduciante no âmbito do contrato, bem como os princípios gerais de boa-fé contratual e função social do negócio jurídico.

Neste sentido, Nelson Eizirik[71] afirma que o credor fiduciário não se torna pleno proprietário da coisa dada em garantia, detendo apenas a propriedade resolúvel, de forma que deve respeitar o direito de uso do fiduciante, conservando este a posse direta da ação. Daí decorre que a previsão do parágrafo único,

[70] Pereira, Caio Mário da Silva. **Instituições de direito civil: direitos reais;** revista, atualizada e ampliada por Carlos Edison do Rêgo Monteiro Filho. – 27. ed. – Rio de Janeiro: Forense, 2019.p. 25

[71] Eizirik, Nelson. **A Lei das S/A Comentada. Volume I** – 2ª edição revista e ampliada – Artigos 1º ao 79. São Paulo: Quartier Latin, 2015. p. 287.

art. 113, da Lei n. 6.404/76, impede o exercício do direito de voto pelo credor fiduciário, ainda que lhe tenha sido transferida a propriedade – resolúvel – das ações do fiduciante. No mesmo sentido, Modesto Carvalhosa[72] preceitua que a propriedade, neste caso, é meramente instrumental e resolúvel, não se confundindo, portanto, com o domínio pleno das ações.

Partindo, então, das conclusões acima, acerca do exercício do direito de posse pelo fiduciante, especialmente pela previsão do art. 113, parágrafo único da LSA, analisar-se-ão algumas implicações da celebração de contrato de alienação fiduciária de ações em garantia sobre direitos do acionista titular das ações cedidas fiduciariamente.

4.1. A alienação fiduciária de ações e o direito de voto

O voto do acionista se caracteriza como a exteriorização da sua vontade no âmbito da Assembleia Geral da Companhia. Pelo conjunto dos votos obtidos no conclave é que será possível definir a vontade social. Muito embora tenha enorme valor, a Lei n. 6.404/76 não o define como sendo um direito essencial, podendo o Estatuto Social restringir o exercício do direito de voto para as ações preferenciais.

No âmbito de uma alienação fiduciária de ações em garantia, o fiduciante, caso seja titular de ações ordinárias, ou mesmo preferenciais com direito a voto, não perde a possibilidade de manifestar a sua vontade na Assembleia Geral. Pelo teor do art. 113, parágrafo único, da Lei das S/A, fica claro que o fiduciário, ainda que seja proprietário da ação, não poderá exercer o direito de voto, devendo o "devedor" exercê-lo nos termos do contrato.

Aqui, faz-se uma crítica ao termo "devedor" utilizado pela LSA. Como já dito, nem sempre o devedor da obrigação garan-

[72] CARVALHOSA, Modesto. **Comentários à Lei de sociedades anônimas, 2º volume: artigos 75 a 137** – 6. ed. rev. e atual. – São Paulo: Saraiva, 2014. p. 522.

tida é o titular do bem alienado fiduciariamente. É usual que terceiros disponibilizem bens para a garantia de obrigações alheias, quando ocorre, por exemplo, na captação de recursos pela Companhia, sendo seus acionistas responsáveis pelo oferecimento de garantias. Ou seja, deveria a lei ter utilizado apenas o termo "fiduciante", uma vez que englobaria ambas as situações.

Apesar da clareza da primeira parte do parágrafo único do art. 113 da Lei das S/A, o legislador parece ter deixado uma grande margem de interpretação ao dizer que o "devedor" somente poderá exercer o direito de voto nos limites do contrato. O questionamento que se põe sob análise é: quais os limites possíveis e válidos dentro de um contrato de alienação fiduciária de ações em garantia? Esta pergunta deve ser respondida caso as partes – fiduciário e fiduciante – estabeleçam no contrato regras quanto ao exercício do direito de voto.

Para Nelson Eizirik[73], apenas as matérias aptas a modificar o estado patrimonial ou institucional da Companhia é que poderiam contar com restrições de voto ao fiduciante. Para o referido autor, seriam exemplos de deliberações passíveis de constar no contrato de alienação fiduciária: (i) alteração na política de distribuição de dividendos; (ii) mudança nos objetivos sociais da Companhia; (iii) incorporação das ações ou da própria Companhia, fusão, cisão e dissolução; (iv) alienação ou oneração de bens e aquisições relevantes que possam comprometer a situação financeira da Companhia. Prossegue dizendo que não seria possível limitar, por exemplo, o voto do fiduciante em matérias como eleição dos administradores bem como aprovação das contas. Modesto Carvalhosa[74] sustenta entendimento parecido, fazendo

[73] EIZIRIK, Nelson. **A lei das S/A comentada. Volume II – 2ª edição revista e ampliada – Artigos 80 ao 137**. São Paulo: Quartier Latin, 2015. p. 199.

[74] CARVALHOSA, Modesto. **Comentários à Lei de sociedades anônimas, 2º volume: artigos 75 a 137** – 6. ed. rev. e atual. – São Paulo: Saraiva, 2014.p. 526.

referência às matérias do art. 136 da Lei n. 6.404/76, as quais exigem quórum qualificado para aprovação em Assembleia Geral.

Os referidos autores divergem, contudo, na possibilidade de restrição de voto do fiduciante quando está sendo deliberado o aumento de capital da Companhia. Para Eizirik, considerando que o aumento pode levar à diluição da participação do fiduciante, seria lícita a exigência de consentimento prévio do credor fiduciário. Na opinião de Carvalhosa, a validação prévia do credor fiduciário não pode ser exigida.

Na obra que trata sobre o penhor de ações, Mauro Penteado[75] aborda o tema do exercício do direito de voto pelo devedor em face de limitações impostas pelo credor pignoratício. Ainda que o penhor e a alienação fiduciária tenham regimes jurídicos diferentes, é possível fazer um paralelo com o raciocínio do aludido autor, segundo o qual:

> (...) o legislador outorgou a possibilidade de o credor não consentir com a aprovação de certas matérias tendo por fundamento o *escopo da garantia*, isto é, visando proteger sua posição de credor. Portanto, e seguindo as lições de Giuseppe Ferri, o exercício desse poder pelo credor pignoratício deverá sempre ser realizado com vistas à realização desse fim de garantia, qual seja, conservação do valor econômico do bem dado em segurança.

Modesto Carvalhosa[76] vai ainda mais adiante. Para ele, o não consentimento do credor fiduciário deve ser sempre fundamentado. Caso contrário, "poderá a Companhia o ou o acionista devedor exigir reparação por danos que o veto injustificado do credor causou a um deles ou a ambos".

[75] PENTEADO, Mauro Bardawil. **O penhor de ações no direito brasileiro.** São Paulo: Malheiros, 2008, p. 172.

[76] CARVALHOSA, Modesto. **Comentários à Lei de sociedades anônimas, 2º volume: artigos 75 a 137** – 6. ed. rev. e atual. – São Paulo: Saraiva, 2014.p. 527.

Para se chegar a uma conclusão, é necessário retornarmos ao principal objetivo de um negócio fiduciário em garantia. Como já abordado, prima tal negócio jurídico pela possibilidade do credor receber o seu pagamento em caso de frustração em caso da inadimplemento pelo devedor. Nada mais é do que uma tentativa de reduzir o risco do crédito.

Tendo isto em mente, entende-se que quaisquer deliberações que possam, de uma maneira ou de outra, levar ao esvaziamento do objeto da garantia, ou seja, que leve à diminuição de valor das ações, são passíveis de serem inseridas no rol de matérias com restrições ao direito de voto do fiduciante. Este tipo de previsão deve contar com a observância do princípio da boa-fé contratual e da função social dos contratos[77]. Além do mais, cabe lembrar que o acionista deve exercer o seu direito de voto sempre no melhor interesse da Companhia, conforme prevê o art. 115 da Lei n. 6.404/76.

Nesta linha, em uma hipótese de alienação fiduciária de ações de emissão de uma Companhia fechada, por exemplo, na qual fosse posta sob deliberação a transferência da integralidade dos ativos para uma outra sociedade, seria razoável e adequado que o credor fiduciário pudesse interferir no que diz respeito ao exercício do direito de voto do fiduciante. Nesta situação, fica evidente que a garantia dada perderia o seu valor. O ideal, então, é a previsão de matérias como estas no contrato de alienação fiduciária de ações e, também, soluções como vencimento antecipado da dívida ou necessidade de substituição imediata da garantia em caso de perda substancial do valor das ações.

Outra situação polêmica é em caso de completa omissão a este quesito no contrato de alienação fiduciária de ações em

[77] FARO, Alexandre Gereto de Mello. **Alienação fiduciária de ações e regime jurídico da alienação fiduciária em garantia**. 2016. 175 f. Dissertação (Mestrado em Direito) – Programa de Estudos Pós-Graduados em Direito, Pontifícia Universidade Católica de São Paulo, São Paulo, 2016. p. 122.

garantia. O que ocorre se o credor fiduciário e o fiduciante nada disserem a respeito do exercício do direito de voto?

Para Nelson Eizirik[78], no silêncio do contrato, o direito de voto do fiduciante será integral. Carvalhosa[79] também é categórico ao afirmar que a tentativa de impedir o voto do fiduciante, em caso de omissão no contrato, não tem nenhum fundamento. Segundo o referido autor, "a suspensão do direito de voto somente é admitida na lei diante do descumprimento de obrigação imposta ao acionista e desde que assim entenda, em cada caso, a assembleia geral".

Afinal, não se pode esquecer que o direito de voto decorre da qualidade de titular da ação. Embora o credor fiduciário detenha a propriedade (resolúvel), é ao fiduciante que é atribuída a posse e, portanto, detém ele a possibilidade de usar e gozar do bem objeto da garantia, não podendo dela dispor.

4.2. Dividendos

O art. 202 da LSA dispõe que o acionista tem direito a receber, como dividendo mínimo obrigatório, a parcela dos lucros estabelecida no estatuto social ou, sendo este omisso, a importância determinada segundo as regras ali previstas. Ademais, o art. 109, I, da mesma lei, informa que nem o estatuto nem a Assembleia Geral podem privar o acionista dos direitos de participar dos lucros sociais. Ao contrário do direito de voto, portanto, o direito à participação dos resultados positivos se configura como um direito essencial do acionista.

Considerando que o credor fiduciário se torna proprietário da ação, a quem caberá os dividendos relacionados às ações que forem objeto de alienação fiduciária em garantia? Para respon-

[78] EIZIRIK, Nelson. **A lei das S/A comentada. Volume II – 2ª edição revista e ampliada – Artigos 80 ao 137.** São Paulo: Quartier Latin, 2015. p. 200.

[79] CARVALHOSA, Modesto. **Comentários à Lei de sociedades anônimas, 2º volume: artigos 75 a 137** – 6. ed. rev. e atual. – São Paulo: Saraiva, 2014.p. 528.

der a este questionamento, também devemos voltar ao objetivo central do negócio fiduciário em garantia: diminuir o risco de crédito para o financiador. Além disso, recordemos que a posse das ações dadas em garantia continua com o fiduciante, podendo ele usar e gozar da coisa, muito embora não seja o proprietário[80].

Caso o credor fiduciário passe a receber os dividendos atribuídos às ações alienadas fiduciariamente, o propósito do contrato de alienação fiduciária em garantia estaria sendo desvirtuado. O credor, ao invés de ter apenas assegurado o adimplemento da obrigação garantida, estaria, na realidade, tendo a sua garantia constantemente majorada.

Esta situação é ainda mais fácil de ser visualizada em alienação fiduciária de bem imóvel. Quando o devedor dá o seu imóvel em garantia para o seu próprio financiamento, por exemplo, embora o credor fiduciário detenha a propriedade do bem, não caberá a ele os aluguéis, por exemplo, que o fiduciante receber caso explore o imóvel por meio de aluguel. O mesmo ocorre em contratos de financiamento de veículos com alienação fiduciária. Também não caberá à instituição financeira os frutos decorrentes da exploração do automóvel.

[80] Importa mencionar a opinião trazida por José Edwaldo Tavares Borba, o qual afirma: "na alienação fiduciária, as ações têm a propriedade resolúvel transferida ao credor, única e exclusivamente para o efeito de garantia de determinadas obrigações. O alienante mantém-se, porém, no exercício dos direitos de fruição que da ação decorrem, ressalvado, naturalmente, o vínculo real que subordina essas ações ao cumprimento das obrigações garantidas. O legislador (art. 113, parágrafo único) explicitou, nessa linha de entendimento, que o credor fiduciário não teria direito de voto; concedeu, contudo, que o devedor somente poderia exercê-lo de acordo com o contrato. A percepção de dividendos e a preferência para a subscrição permanecem, da mesma forma, com o devedor3, mas as bonificações, que têm natureza de acessões, apenas expandem o volume das ações alienadas." (BORBA, José Edwaldo Tavares. **Direito societário** – 17. ed. – São Paulo: Atlas, 2019.p. 265)

No caso de contrato de alienação fiduciária de ações, não parece haver dúvidas de que os dividendos devem ser pagos ao fiduciante. Esta opinião é sustentada por Ives Gandra e Geraldo Vidigal, segundo os quais:

> (...) os dividendos e as bonificações de ações alienadas em garantia correspondem ao fiduciante; de outra feita, a garantia do credor ir-se-ia avolumando, e não se trata disso. A capitalização de lucros e reservas, pelo mesmo motivo, corresponde ao fiduciante. Aliás, pode-se observar que o §22, do art. 169, quando dispõe a respeito, se refere apenas ao usufrutuário e ao fiduciário do fideicomisso, mas não faz menção do credor fiduciário da alienação fiduciária. Certamente, destacar a capitalização das ações capitalizadas não é simples, mas tampouco é impossível[81].

Opinião contrária sustenta Bruno Robert[82], segundo o qual "o direito ao dividendo é transmitido ao credor juntamente com a propriedade resolúvel, a menos que as partes disponham em contrário". Não obstante relevante posição, entendemos que em caso de omissão no contrato de alienação fiduciária de ações, ao fiduciante caberá os frutos das ações objetos da garantia.

Por óbvio, tal polêmica é inexistente caso as partes, exercendo a liberdade de contratar inerente às relações de direito

[81] VIDIGAL, Geraldo de Camargo; MARTINS, Ives Gandra da Silva. (coord.). Comentários à lei das sociedades por ações: Lei n. 6.404, de 15.12.1976, atualizada pela Lei n. 9.457, de 5.5.1997. p. 127-128. *Apud*. FARO, Alexandre Gereto de Mello. **Alienação fiduciária de ações e regime jurídico da alienação fiduciária em garantia**. 2016. 175 f. Dissertação (Mestrado em Direito) – Programa de Estudos Pós-Graduados em Direito, Pontifícia Universidade Católica de São Paulo, São Paulo, 2016.

[82] ROBERT, Bruno. **Apuração, declaração e pagamento do dividendo mínimo obrigatório nas companhias brasileiras**. 2009. Dissertação (Mestrado em Direito Comercial) – Faculdade de Direito, Universidade de São Paulo, São Paulo, 2009. doi:10.11606/D.2.2009.tde-03052010-110333. Acesso em: 2020-09-27. p. 77.

privado, disponham no contrato de alienação fiduciária de ações em garantia que os dividendos e quaisquer outros frutos decorrentes das ações, a exemplo das bonificações, sejam atribuídos ao credor fiduciário.

4.3. Direito de recesso

O direito de recesso – ou direito de retirada – assim como o direito de participar dos lucros sociais, encontra-se dentro da Lei n. 6.404/76 como um direito essencial do acionista, na forma que consta no art. 109, V da LSA. Nada mais é do que a faculdade prevista pela legislação societária de o acionista se retirar da Companhia mediante o reembolso do valor de suas ações. De acordo com o art. 45 do mesmo diploma legal, "o reembolso é a operação pela qual, nos casos previstos em lei, a companhia paga aos acionistas dissidentes de deliberação da assembleia geral o valor de suas ações." Na lição de Egberto Lacerda Teixeira e José Alexandre Tavares Guerreiro[83], o direito de recesso se configura como uma prerrogativa do acionista minoritário que se vê vencido em uma decisão assemblear tomada pela maioria.

O art. 109, V da Lei das S/A fez referência à retirada da sociedade "nos casos previstos" em lei. Ocupam-se desta matéria o art. 137 da Lei n. 6404/76 e alguns outros dispositivos desta mesma lei, a exemplo do art. 221, o qual trata sobre transformação da Companhia em outro tipo societário.

Tendo em vista que todas as hipóteses de direito de retirada decorrem de lei, e que são passíveis de ocorrerem a partir de alguma deliberação no âmbito da assembleia dos acionistas, percebe-se que é a partir do direito de voto exercido (vencido pela maioria) que esta prerrogativa do acionista minoritário pode se manifestar.

[83] TEIXEIRA, Egberto Lacerda; GUERREIRO, José Alexandre Tavares. **Das sociedades anônimas no direito brasileiro, volume I.** São Paulo: Livraria e Editora Jurídica José Bushatsky LTDA, 1979. p. 427

Naturalmente, como já expusemos acima, o direito de voto cabe ao fiduciante. Contudo, o exercício do direito de recesso implicará na alienação das ações à Companhia, conforme previsto no art. 45, § 5º da LSA. Desta forma, considerando que o fiduciante detém apenas a posse, e não a propriedade, das ações alienadas fiduciariamente, não poderá ele delas dispor.

Logo, o direito de recesso só poderá ser exercido pelo acionista dissidente em caso de anuência prévia do credor fiduciário, inclusive para fins de registro perante a própria Companhia. Do contrário, ficaria a Sociedade "responsável pelos prejuízos que causar aos interessados por vícios ou irregularidades verificadas nos livros sociais", na forma prevista no art. 104 da Lei n. 6404/76.

4.4. O art. 254-A da lei n. 6404/76 e a alienação fiduciária de ações

O art. 254-A da Lei das S/A disciplina a realização de Oferta Pública de Ações ("OPA") em caso de alienação, direta ou indireta, do controle da Companhia de capital aberto. Segundo o referido dispositivo legal, aos minoritários caberá o pagamento de pelo menos 80% do preço pago por ação integrante do bloco de controle. Isto decorre da qualidade que está atrelada às ações do bloco de controle, pois elas permitem que o seu titular – ou os seus titulares – determinem a direção dos negócios sociais já que poderá, quando quiser, preponderar nas matérias que forem postas sob deliberação. Na lição de Modesto Carvalhosa[84], o poder de controle carrega consigo um valor intangível, não presente nas ações cujos titulares são os acionistas minoritários.

Para fins do presente estudo, a compreensão da extensão do art. 254-A da Lei n. 6404/76 é importante, uma vez que na alienação fiduciária de ações há a transferência da propriedade

[84] CARVALHOSA, Modesto. **Comentários à Lei de sociedades anônimas, 2º volume: artigos 75 a 137** – 6. ed. rev. e atual. – São Paulo: Saraiva, 2014. p. 622

dos bens objetos da garantia ao credor fiduciário. Para tanto, é necessário que abordemos, ainda que de forma breve, os conceitos de controle e de acionista controlador que se pode extrair da LSA. Obviamente, não teremos a pretensão de alcançar as minúcias deste tema, dada a sua abrangência e tendo em vista não se inserir no objeto deste trabalho.

Por controle, entende-se o poder efetivo de comandar as orientações dos negócios da companhia. A Lei n. 6.404/76 não define o controle de forma direta, mas o faz indiretamente ao conceituar o acionista controlador. De acordo com o art. 116 da referida lei, o acionista controlador é a "pessoa, natural ou jurídica, ou grupo de pessoas vinculadas por acordo de voto ou sob controle comum, que é titular de direitos de sócios que lhe assegurem, de modo permanente, a maioria dos votos nas deliberações da assembleia geral e o poder de eleger a maioria dos administradores da companhia".

Para além do requisito de preponderar, de modo permanente, nas deliberações assembleares, é necessário que o acionista use "efetivamente seu poder para dirigir as atividades sociais e orientar o funcionamento dos órgãos da companhia". Não basta, então, deter a maioria das ações com direito a voto para que o acionista seja considerado como controlador.

Muito embora exista ampla discussão doutrinária a respeito do conteúdo e alcance da expressão "de modo permanente", uma vez que parte da doutrina afirma ser necessário a detenção de percentual majoritário do capital votante[85], e outra parte entendendo que o controle se configura como um poder de fato[86], não havendo regra legal que possa garanti-lo, adotaremos para os fins deste trabalho o conceito legal acima abordado.

[85] CARVALHOSA, Modesto. **Sociedades anônimas** – São Paulo: Editora Revista dos Tribunais, 2016. – (Coleção tratado de direito empresarial; v. 3) p. 551.

[86] EIZIRIK, Nelson. **A lei das S/A comentada. Volume II – 2ª edição revista e ampliada – Artigos 80 ao 137**. São Paulo: Quartier Latin, 2015.p. 226. Em

Vê-se, então, que o controle de uma Companhia decorre diretamente do exercício do direito de voto pelo acionista controlador ou pelo grupo de acionistas controladores, neste último caso reunidos por meio de um acordo de acionistas. Será por meio do voto que os interesses do controlador serão materializados, no que diz respeito à escolha dos administradores que conduzirão os negócios sociais, à aprovação ou rejeição das contas destes mesmos administradores, à escolha da destinação do lucro líquido, se houver, e a outros assuntos que sejam de competência da assembleia geral dos acionistas.

Analisando o propósito do art. 254-A – permitir aos minoritários exercerem o *tag-along* em caso de troca de comando da companhia da qual são acionistas – juntamente com a conclusão que chegamos acima, de que ao fiduciante caberá o exercício do direito de voto, e não ao credor fiduciário, constata-se que não deve haver, *a priori*, oferta pública de ações em caso de alienação fiduciária das ações integrantes do bloco de controle. A rigor, em uma operação com tal formato, não é o credor fiduciário que passará a exercer o controle sobre a sociedade cujas ações foram alienadas fiduciariamente.

Caso a obrigação garantida por meio de alienação fiduciária não seja adimplida, o credor fiduciário terá, como se sabe, a possibilidade de promover a excussão da garantia mediante

obra conjunta com outros autores, Nelson Eizirik afirma ainda que: "A orientação adotada na Lei das S.A é no sentido de identificar a figura do acionista controlador com aquele que, de fato, comanda os negócios sociais, fazendo prevalecer, de modo permanente, sua vontade nas deliberações assembleares, elegendo a maioria dos administradores da companhia e utilizando o seu poder para determinar, efetivamente, os rumos da sociedade. Tal preponderância da vontade do acionista controlador pode ocorrer diretamente, quando ele é acionista da companhia, ou indiretamente, quando ele é acionista controlador da sociedade controladora" (EIZIRIK, Nelson; GAAL, Ariádna B.; PARENTE, Flávia; HENRIQUES, Marcus de Freitas. **Mercado de capitais – regime jurídico**. 2ª ed. revisada e atualizada. Rio de Janeiro: Renovar, 2008. p. 374) venda das ações oneradas a terceiros, judicial ou extrajudicialmente, a fim de aplicar o produto de tal operação no pagamento do seu crédito e das despesas com a cobrança, entregando ao fiduciante eventual saldo. Nesta situação, poderá ficar evidente a troca de comando na companhia, eis que é possível a aquisição das ações do bloco de controle por um terceiro estranho ao quadro de acionistas, ou mesmo por um acionista que, até então, não exercia o controle da sociedade.

Assim, a excussão da garantia fiduciária, por meio dos procedimentos previstos na legislação aplicável, conforme veremos no próximo capítulo, poderá ensejar a necessidade de realização de oferta pública de ações, à luz do que determina o art. 254-A da Lei n. 6.404/76.

5. Excussão da garantia fiduciária – o caso da "Atvos Industrial S/A"

Vimos nos capítulos anteriores que a alienação fiduciária de ações sempre terá como suporte legal o Código Civil, a Lei n. 6.404/76 e, quando for contratada no âmbito do mercado financeiro e de capitais, a Lei n. 4.728/65. Esta distinção afetará, como será adiante abordado, a forma de excussão da garantia. Noutros termos, o regime jurídico aplicável à operação de alienação fiduciária de ações em questão implicará no modo como o credor fiduciário poderá se beneficiar da garantia fornecida em caso de mora ou inadimplemento por parte do devedor. Para permitir ao leitor uma melhor visualização da excussão de garantia em alienação fiduciária de ações, abordaremos, ao final, o caso da Atvos Industrial S/A.

A Lei n. 6.404/76 não fornece qualquer regra no que diz respeito à excussão da garantia fiduciária de ações. Como dito, a legislação societária neste tema é modesta, tratando apenas sobre a forma de registro da propriedade fiduciária das ações e da potencial limitação ao exercício do direito de voto pelo fiduciante.

É no Código Civil que o operador do direito deve se socorrer primeiro em caso de mora ou inadimplemento da dívida garantida por uma alienação fiduciária de ações. De acordo com o art. 1.364 do referido diploma legal, vencida a dívida, o credor fiduciário fica obrigado a vender, judicial ou extrajudicialmente, a coisa dada em garantia, aplicando o produto da venda no pagamento do crédito que lhe é devido e devolvendo ao fiduciante, se for o caso, o saldo resultante.

Tendo em vista a proibição do pacto comissório[87] em nosso ordenamento jurídico, o art. 1.365 dispõe que será nula a cláusula que autorize o credor fiduciário a ficar com o objeto da garantia em caso de inadimplemento da dívida garantida. Não obstante esta previsão, o parágrafo único do mesmo dispositivo legal permite que o fiduciante, após o vencimento da dívida, dê ao proprietário fiduciário seu direito eventual à coisa alienada fiduciariamente.

O Código Civil não é muito elucidativo ao dispor a forma que deverá ser realizada a venda do bem alienado fiduciariamente[88].

[87] Sobre o tema, Gisela Sampaio da Cruz Guedes e Aline de Miranda Valverde Terra afirmam: "De fato, se o pacto comissório fosse mesmo lícito no direito brasileiro, sua presença no contrato de garantia eliminaria praticamente todos os riscos relacionados à insolvência do devedor e, por consequência, ao concurso de credores, nas figuras da recuperação judicial e extrajudicial, da falência à insolvência civil" (CRUZ GUEDES, Gisela Sampaio da. TERRA, Aline de Miranda Valverde. **Pacto Comissório vs. Pacto Marciano: estruturas semelhantes com repercussões diversas.** *In:* **Direito das garantias** / Coordenação de Gisela Sampaio da Cruz Guedes, Maria Celina Bodin de Moraes e Rose Melo Vencelau Meireles – São Paulo: Saraiva, 2017. p. 173).

[88] Sobre o tema, interessante é a contribuição de Orlando Gomes, segundo o qual: "Em se tratando de venda particular, não se exige, porém, avaliação prévia, nem intermediária. O próprio credor pode realizá-la diretamente pelo preço que encontrar. Contudo, tem de efetuá-la por forma que permita o devedor inteirar-se do montante do seu produto, porquanto não só terá ele direito ao saldo apurado, mas também, continuará pessoalmente responsável pela diferença, se não bastar ao pagamento. Caso se sinta prejudicado, porque o preço

Ou seja, para evitar questionamentos por parte do fiduciante, principalmente no que diz respeito aos parâmetros de definição do preço, o ideal é dispor tais regras, de forma detalhada, no contrato de alienação fiduciária.

Caso estejamos diante de ações de emissão de companhia de capital aberto, será fácil verificar o seu valor para venda e aplicação do produto na quitação da dívida. Contudo, caso as ações dadas em garantia fiduciária sejam de emissão de uma sociedade anônima de capital fechado, problemas podem ocorrer na sua precificação, possibilitando a alegação de venda a preço vil, por exemplo, ou mesmo a aquisição por terceiro com alguma proximidade ao credor fiduciário, neste último caso podendo significar em uma tentativa de burlar a regra prevista no art. 1.365 do Código Civil.

foi vil, as despesas excessivas, ou por qualquer outra razão, assiste ao devedor direito ao ressarcimento dos prejuízos ou à restituição de que foi indevidamente cobrado. No caso de venda por preço vil, o fundamento pode encontrar-se no abuso de direito, se objeções de ordem técnica prevalecerem quanto à aplicação do princípio condenatório do enriquecimento sem causa" (Gomes, Orlando. **Alienação Fiduciária em Garantia.** 4. ed. rev. ampl. São Paulo: Editora Revista dos Tribunais, 1972. p. 116). A posição de Gustavo Tepedino também merece ser destacada: "Ante a omissão do Código Civil, reconhece-se às partes liberdade para dispor no contrato acerca do procedimento a ser observado pelo credor na venda extrajudicial, contanto que não se desvirtue a finalidade de garantia da propriedade fiduciária, transformando-a em fonte de enriquecimento para o credor e de empobrecimento para o fiduciante. A jurisprudência tem reconhecido em favor desse último, como proteção mínima que não depende de previsão expressa, o direito de ser previamente comunicado da venda para que possa fiscalizá-la, bem como o de exigir do credor a prestação de contas, depois de consumada a execução da garantia. Cumpre ao credor agir em conformidade com os ditames da boa-fé objetiva, zelando não só por seus próprios interesses mas também pelos do devedor e do alienante, se for outra pessoa, sob pena de ser responsabilizado pelo dano que ensejar" (Tepedino, Gustavo. Monteiro Filho, Carlos Edison do Rêgo. Renteria, Pablo. **Direitos Reais.** Rio de Janeiro: Forense, 2020, p. 538).

Neste caso, sugere-se que o proprietário fiduciário e o fiduciante estipulem regras de avaliação do preço das ações, a partir, por exemplo, de realização de *valuation* da Companhia, indicando, se possível, o(s) método(s) aplicável(is) por empresas especializadas. Mostra-se ainda mais seguro já dispor de uma lista taxativa de possíveis avaliadores ou indicar um terceiro para nomear a empresa avaliadora.

Na hipótese da alienação fiduciária de ações em garantia ter sido contratada sob a égide da Lei n. 4.728/65, serão aplicáveis os procedimentos constantes no Decreto-Lei n. 911/69, o qual, já em seu art. 2º[89] prevê que: "*No caso de inadimplemento ou mora nas obrigações contratuais garantidas mediante alienação fiduciária, o proprietário fiduciário ou credor poderá vender a coisa a terceiros, independentemente de leilão, hasta pública, avaliação prévia ou qualquer outra medida judicial ou extrajudicial, salvo disposição expressa em contrário prevista no contrato, devendo aplicar o preço da venda no pagamento de seu crédito e das despesas decorrentes e entregar ao devedor o saldo apurado, se houver, com a devida prestação de contas*"

Da mesma forma que previsto no Código Civil, a alienação fiduciária celebrada no âmbito do mercado financeiro e de capitais autoriza o credor fiduciário alienar a ação dada em garantia para fins de aplicação do produto da venda na quitação da dívida contraída. No entanto, além da forma de excussão por venda extrajudicial do bem, o Decreto-Lei n. 911/65 prevê a chamada "ação de busca e apreensão" em seu art. 3º.

Nesta segunda forma de excussão da garantia, contratada no âmbito da Lei n. 4.728/65, o credor fiduciário pode se valer de procedimento judicial para tomar do fiduciante a posse do

[89] BRASIL. **Decreto-Lei nº 911, de 1º de outubro de 1969**. Altera a redação do Artigo 66 da Lei nº 4.728, de 14 de julho de 1965, Estabelece Normas de Processo Sobre Alienação Fiduciária, e dá outras providências. Disponível em: http://www.planalto.gov.br/CCIVIL_03/Decreto-Lei/1965-1988/Del0911.htm. Acesso em 2020-10-14.

bem dado em garantia, sendo consolidada a propriedade, em favor do credor, após 5 dias do cumprimento de eventual liminar concedida.

Lembremos que no caso de alienação fiduciária de ações, ainda que a propriedade seja transferida ao credor fiduciário, é sob o fiduciante que permanece a posse do bem, ainda que de forma fictícia, tendo em vista as ações são, a rigor, bens incorpóreos, em razão do fim das ações endossáveis e ao portador. O fiduciante exerce a posse, portanto, enquanto manifestação de alguns dos poderes inerentes à propriedade, como o uso e o gozo das ações transferidas fiduciariamente, conforme abordamos no início do capítulo anterior. Em decorrência disto, a busca e apreensão das ações não é feita diretamente contra o fiduciante, e sim mediante o respectivo registro nos Livros de Registro e Transferência de ações da Companhia ou, se for o caso, por meio de registro perante a instituição custodiante, caso sejam ações escriturais. Em todo caso, é importante ressaltar que a aplicação do procedimento de busca e apreensão para excussão de garantia em alienação fiduciária de ações não é consenso na doutrina societária e processual.

É importante ficar claro, ainda, que o procedimento de busca e apreensão constante no Decreto-Lei n. 911/69, caso seja entendido como compatível com ações de emissão de uma sociedade anônima, não poderá ser aplicado às operações de alienação fiduciária celebradas apenas sob o fundamento do Código Civil, conforme previsão do art. 8º-A do referido Decreto-Lei. Ou seja, apenas instituições financeiras ou entidades a elas equiparadas podem se valer do procedimento judicial para excussão da garantia fiduciária previsto no art. 2º do Decreto-Lei n. 911/69.

A partir destas breves considerações sobre as formas de excussão da garantia em operações de alienação fiduciária de ações, podemos visualizar algumas problemáticas relacionadas a este tema no recente caso envolvendo a Atvos Agroindustrial

Investimentos S/A ("Atvos Investimentos") e o LSF10 Brazil U.S Holding, LLC ("LSF10"), pessoa jurídica domiciliada no exterior controlada pelo fundo Lone Star ("Lone Star"). A polêmica[90] girou em torno da aquisição de controle, pelo LSF10, da Atvos Agroindustrial S/A ("Atvos Agroindustrial"), então de titularidade da Atvos Investimentos, em razão de procedimento de excussão extrajudicial pela Natixis, New York Branch ("Natixis").

Apesar de parte da controvérsia ser decorrente do fato do Grupo Atvos ter submetido pedido de recuperação judicial e, por isso, a mudança de controle demandaria autorização da assembleia de credores, a abordagem que faremos será restrita à questão da forma pela qual o credor fiduciário excutiu a garantia, levando à alienação das ações de emissão da Atvos Agroindustrial.

As ações da Atvos Agroindustrial haviam sido alienadas fiduciariamente para garantir dívidas da Odebrecht S/A, controladora da Atvos Investimentos. Neste contexto, em razão da ocorrência de "Eventos de Inadimplemento", o credor fiduciário realizou a excussão extrajudicial da garantia, alienando as ações de emissão da Atvos Agroindustrial para o LSF10. Para evitar a concretização de tal transferência, a Atvos Investimentos, além de requerer a instauração de arbitragem, ajuizou medida cautelar antecedente com pedido liminar, distribuída originalmente perante a 2ª Vara Empresarial e Conflitos de Arbitragem do foro central cível de São Paulo – SP, tombada sob o nº 1039147-12.2020.8.26.0100.

Para a Atvos Investimentos, a transferência de controle da Atvos Agroindustrial em favor do LSF10 seria indevida principalmente em razão da ausência de participação da fiduciante

[90] Um resumo jornalístico do caso pode ser visualizado em https://jornalcana.com.br/atvos-entra-na-justica-contra-a-lone-star/. Acesso em 14/11/2020.

no processo de venda das ações. Segundo consta na petição inicial da referida medida cautelar, a falta de sua presença nos procedimentos que levaram à excussão da garantia teria causado grandes prejuízos, pois às ações foi atribuído um preço vil, muito abaixo do seu real valor, além de que não lhe foi oferecido a preferência para evitar a transferência do controle da Atvos Agroindustrial a terceiros.

Considerando o caráter sigiloso que recai sobre os procedimentos arbitrais, é de conhecimento público apenas o resultado da medida cautelar, cujo julgamento foi de improcedência pelo juízo de primeiro grau[91] e ratificado pela 2ª Câmara Reservada de Direito Empresarial do Tribunal de Justiça de São Paulo, quando a liminar requerida no Agravo de Instrumento n. 2130635-40.2020.8.26.0000 da Atvos Investimentos não foi deferida pelo Desembargador Relator, Alexandre Lazzarini.

Em termos gerais, o Tribunal de Justiça do Estado de São Paulo ("TJSP") manifestou entendimento de que não haveria obrigatoriedade legal de oferecer à devedora fiduciante o direito de preferência para aquisição do bem objeto da garantia. Além disso, inexistiria qualquer regra que impusesse ao credor fiduciário a obrigação de incluir a devedora no processo de venda das ações.

[91] Neste sentido, importa citar alguns trechos da decisão que indeferiu a medida cautelar: "Mas não há, repita-se, a obrigatoriedade legal de cientificação da devedora, no momento da alienação do bem, para exercer eventual direito de preferência, porque esse não existe: ou purgou a mora preteritamente ou ficará sujeito à perda do ativo. Tal solução resta ainda mais evidenciada na hipótese concreta em que o contrato dispôs dessa forma, repita-se, no claro dever imperativo no âmbito da autonomia da vontade (...)" (TJSP. Tutela Cautelar Antecedente n. 1039147-12.2020.8.26.0100. Juiz: Luis Felipe Ferrari Bedendi. São Paulo – SP, 11 de junho de 2020, DJE: 15 de junho de 2020. Disponível em: https://esaj.tjsp.jus.br/esaj/portal.do?servico=190090. Acesso em: 14 de novembro de 2020.

Não se pode perder de vista, ainda, as disposições constantes no contrato de alienação fiduciária. A partir de considerações feitas nos pareceres jurídicos anexados à medida cautelar, de ambos os lados – requerente e requeridas – pode-se perceber que o instrumento particular que instituiu a garantia fiduciária com as ações da Atvos Agroindustrial não estabelecia a necessidade de notificação à Atvos Investimentos para a excussão extrajudicial das ações. O contrato ainda dispensava a Natixis, credora fiduciária, de informar, prévia ou posteriormente, à Atvos Investimentos as condições da venda das ações ou mesmo o preço.

O que se extrai deste caso é que, muito embora ambas as partes – credor fiduciário e devedora fiduciante – tenham estabelecido, pelo que se pôde notar, com muito detalhe as regras e procedimentos para o momento da excussão da garantia, isto não foi o suficiente para se evitar que houvesse questionamentos sobre a forma pela qual as ações foram vendidas. Contudo, o posicionamento adotado pelo TJSP neste emblemático caso demonstra uma tendência em observar o que foi ajustado entre credor fiduciário e devedor fiduciante no âmbito do contrato de alienação fiduciária de ações, atribuindo relevância, portanto, à autonomia da vontade frente às lacunas existentes em nosso ordenamento jurídico no que diz respeito à metodologia para excussão da garantia fiduciária.

Dado esse fértil campo para discussões envolvendo a forma de excussão da garantia fiduciária de ações, é aconselhável que as partes estabeleçam, com o maior nível de detalhes possível, os procedimentos em caso de ocorrência de evento de inadimplemento da dívida garantida. Não só a forma de obtenção do preço das ações para a venda, mas também a necessidade ou não da presença do devedor fiduciante no processo de alienação, são previsões importantes que devem constar no contrato. De outro lado, deve-se ter o cuidado para não prever inúmeros procedimentos e terminar por prejudicar a própria venda do bem e frustrar os interesses do credor fiduciário.

A excussão da garantia, nas operações de alienação fiduciária de ações, não é nem de longe um tema pacífico e com respostas certas. A negligência dos agentes econômicos a este elemento do contrato de alienação fiduciária de ações em garantia pode levar a graves prejuízos ao credor fiduciário ao tentar se valer da garantia para não ver ser frustrado o seu direito de crédito.

Conclusões

Como conclusão ao presente trabalho, podemos afirmar que o contrato de alienação fiduciária de ações em garantia se mostra como um grande aliado das Companhias na obtenção de recursos para o financiamento das suas atividades. Ao lado dos meios usuais de garantia, como o penhor, hipoteca e anticrese, enquanto garantias reais, e a fiança e o aval, enquanto garantias fidejussórias, o negócio fiduciário de ações, em razão de suas características próprias, permite que o credor financiador da Companhia veja atenuado o seu risco de crédito.

Isto se deve, principalmente, à forma pela qual o credor fiduciário pode reaver o crédito, assim como à agilidade em que a excussão da garantia é realizada, em caso de inadimplemento por parte da Companhia tomadora dos recursos. Na alienação fiduciária, tendo em vista que há a efetiva transferência da propriedade dos bens dados em garantia, ainda que de forma resolúvel, o credor fica em uma posição mais confortável no momento da ocorrência de algum evento de inadimplemento.

Ocorre que o negócio fiduciário é tratado no ordenamento jurídico brasileiro por diferentes diplomas legais, não havendo uma uniformização das regras e procedimentos para este tipo de operação. Como vimos, o marco legal usualmente mencionado como responsável pela instituição no Brasil do negócio fiduciário com escopo de garantia foi a Lei n. 4.728/65, a qual foi logo em seguida alterada pelo Decreto-Lei n. 911/69, sendo este último o responsável pela previsão dos procedimentos para a execução da garantia fiduciária. Em um momento posterior, foi editada a Lei n. 9.514/97, sobre a qual não nos debruçamos tendo em vista tratar sobre a alienação fiduciária de bens imóveis. Por fim, o Código Civil de 2002 trouxe algumas disposições aplicáveis à alienação fiduciária de bens móveis fungíveis.

Somado aos diplomas legais acima, não podemos deixar de mencionar a Lei n. 6.404/76 que, em apenas três dos seus trezentos artigos, traz o regramento específico para a alienação fiduciária de ações. Em seu art. 40 e 100, a LSA nos traz a necessidade de averbação da garantia nos livros competentes, enquanto o art. 113 traz a impossibilidade do credor fiduciário exercer o direito de voto, devendo o fiduciante exercê-lo nos termos do contrato. Vimos, portanto, que a Lei n. 6.404/76 pouco trata sobre a alienação fiduciária de ações, razão pela qual o operador jurídico, ao se deparar com este tipo de garantia, deve recorrer a outros diplomas legais que, de certo modo, "dialogam" com a legislação societária.

Considerando que as ações são classificadas como bens móveis, a alienação fiduciária destes bens será enquadrada ou (i) no Código Civil em conjunto com a LSA ou (ii) na Lei n. 4.728/65 em conjunto com a LSA e o Código Civil. Temos que lembrar, aqui, que a Lei n. 10.406/2002 servirá sempre como legislação subsidiária para a alienação fiduciária de ações. Além disso, verificamos que o entendimento jurisprudencial mais recente é de admitir a aplicação da Lei n. 4.728/65 e, por consequência, do Decreto-Lei n. 911/69, apenas aos negócios fiduciários cujos credores são instituições financeiras ou entidades a elas equiparadas.

Diante da sobreposição de diplomas legais relacionados à alienação fiduciária de ações, algumas problemáticas surgem no contexto da Companhia emissora das ações dadas em garantia, especificamente relacionadas aos direitos do acionista fiduciante. Neste contexto, verificamos que é o acionista fiduciante que permanece com a possibilidade do exercício do direito de voto relacionado às ações cedidas fiduciariamente, ainda que a propriedade – resolúvel – seja transferida ao credor fiduciário. O direito de voto é atribuído àquele que detém a posse – ainda que fictícia – da ação.

Outro fator importante se refere ao pagamento dos dividendos. Como o propósito do negócio fiduciário de ações em garantia é reduzir o risco do crédito do credor, tal como ocorre com qualquer outra forma de garantia, a atribuição dos dividendos a proprietário fiduciário, a rigor, desvirtuaria tal objetivo. Estaríamos diante de uma majoração da garantia oferecida. Desta forma, tendo em vista que é o fiduciante que exerce a posse das ações, é ele que poderá usar e fruir do bem, sendo-lhe atribuído os frutos das ações objetos da garantia.

Neste contexto, o contrato de alienação fiduciária é o instrumento por meio do qual as partes poderão dispor das regras relativas à utilização das ações por parte do fiduciante. É sugerido que sejam estabelecidos critérios para impedir que o devedor pratique atos que possam levar à diminuição do valor da garantia ou mesmo ao seu esvaziamento. Será não apenas lícito, como também necessário, que credor fiduciário e devedor fiduciante estipulem situações nas quais será necessária uma anuência prévia do proprietário fiduciário, bem como os procedimentos a serem realizados em caso de necessidade de excussão da garantia.

A partir das considerações feitas no presente trabalho, baseadas nos dispositivos legais aplicáveis, na doutrina societária e contratual, bem como em alguns precedentes judiciais, pudemos concluir que o negócio fiduciário de ações em garantia é um campo extremamente fértil de estudo, tendo em vista, ainda, a sua ampla utilização como forma de garantir operações de financiamento dos agentes econômicos. Muito embora não termos a pretensão de exaurir a matéria dada a extensão, sofisticação e riqueza do tema, este singelo artigo buscou trazer para discussão algumas possíveis polêmicas envolvendo os direitos do acionista que tem suas ações cedidas fiduciariamente a um terceiro.

Referências

BORBA, José Edwaldo Tavares. **Direito societário** – 17. ed. – São Paulo: Atlas, 2019

BUZAID, Alfredo. **Ensaio sobre a alienação fiduciária em garantia**. São Paulo: ACREDFI, 1969

CARVALHOSA, Modesto. **Comentários à lei de sociedades anônimas, 1º volume: artigos 1º a 74** – 6. ed. rev. e atual. – São Paulo: Saraiva, 2011

_____. **Comentários à Lei de sociedades anônimas, 2º volume: artigos 75 a 137** – 6. ed. rev. e atual. – São Paulo: Saraiva, 2014

_____. **Sociedades anônimas** – São Paulo: Editora Revista dos Tribunais, 2016. – (Coleção tratado de direito empresarial; v. 3)

CHALHUB, Melhim Namem. **Alienação fiduciária: negócio fiduciário**. 6. ed. – Rio de Janeiro: Forense, 2019

COUTO, Fábio Yanitchkis. CUNHA, Bernardo Araujo da Costa. **Alienação Fiduciária em Garantia – Evolução Legislativa e os Dilemas Atuais.** *In:* CANTIDIANO, Luiz Leonardo e MUNIZ, Igor (orgs.). **Temas de direito bancário e do mercado de capitais** – Rio de Janeiro: Renovar, 2014

CRUZ GUEDES, Gisela Sampaio da. TERRA, Aline de Miranda Valverde. **Pacto Comissório vs. Pacto Marciano: estruturas semelhantes com repercussões diversas**. *In:* **Direito das garantias** / Coordenação de Gisela Sampaio da Cruz Guedes, Maria Celina Bodin de Moraes e Rose Melo Vencelau Meireles – São Paulo: Saraiva, 2017.

EIZIRIK, Nelson. **A lei das S/A comentada. Volume I** – 2ª edição revista e ampliada – Artigos 1º ao 79. São Paulo: Quartier Latin, 2015.

_____. **A lei das S/A comentada. Volume II – 2ª edição revista e ampliada – Artigos 80 ao 137**. São Paulo: Quartier Latin, 2015.

_____; GAAL, Ariádna B.; PARENTE, Flávia; HENRIQUES, Marcus de Freitas. **Mercado de capitais – regime jurídico**. 2ª ed. revisada e atualizada. Rio de Janeiro: Renovar, 2008

FARO, Alexandre Gereto de Mello. **Alienação fiduciária de ações e regime jurídico da alienação fiduciária em garantia**. 2016. 175 f. Dissertação (Mestrado em Direito) – Programa de Estudos Pós-Graduados em Direito, Pontifícia Universidade Católica de São Paulo, São Paulo, 2016.

GOMES, Orlando. **Alienação Fiduciária em Garantia**. 4ed. rev. ampl. São Paulo: Editora "Revista dos Tribunais", 1972

_____. **Introdução ao direito civil**; coordenador e atualizador Edvaldo Brito; atualizadora Reginalda Paranhos de Brito. – 22. ed. – Rio de Janeiro: Forense, 2019

GONÇALVES, Aderbal da Cunha. **Da propriedade resolúvel**. São Paulo: Ed. Revista dos Tribunais, 1979

GONÇALVES, Carlos Roberto. **Direito civil brasileiro, volume 1: parte geral** – 17. ed. – São Paulo: Saraiva Educação, 2019

IGLESIAS, Felipe Campana Padin. **Opção de compra ou venda de ações no direito brasileiro**: natureza jurídica e tutela executiva judicial. 2011. Dissertação (Mestrado em Direito Comercial) – Faculdade de Direito, Universidade de São Paulo, São Paulo, 2011. doi:10.11606/D.2.2011.tde-21082012-112205

LIMA, Otto de Sousa. **Negócio fiduciário**. São Paulo: Revista dos Tribunais, 1962

LÔBO, Paulo. **Direito civil: volume 1: parte geral** – 8. ed. – São Paulo: Saraiva Educação, 2019

MARINO, Daniela Ramos Marques. O *status socii*, em FRANÇA, Erasmo Valladão Azevedo e Novaes. **Direito societário contemporâneo I**. São Paulo: Quartier Latin, 2009

MARTINS, Fran. **Contratos e Obrigações Comerciais**. 16ed. rev e aum. Rio de Janeiro: Forense, 2010

MELLO, Marcos Bernardes de. **Teoria do fato jurídico: plano da existência** – 22. ed. – São Paulo: Saraiva Educação, 2019

_____. **Teoria do fato jurídico: plano da validade** – 15. ed. – São Paulo: Saraiva Educação, 2019

NETO, Plinio Pinheiro Guimarães. COUTO, Fábio Yanitchkis. CUNHA, Bernardo Araujo da Costa. **Alienação Fiduciária em Garantia – Evolução Legislativa e os Dilemas Atuais**. *In:* CANTIDIANO, Luiz Leonardo e MUNIZ, Igor (orgs.). **Temas de direito bancário e do mercado de capitais** – Rio de Janeiro: Renovar, 2014

PARENTE, Norma Jonssen. **Mercado de capitais;** coordenação Modesto Carvalhosa – São Paulo: Editora Revista dos Tribunais, 2016, – (Coleção tratado de direito empresarial; v. 6.

PENTEADO, Mauro Bardawill. **O penhor de ações no direito brasileiro.** Ed. Malheiros – São Paulo

PEREIRA, Caio Mário da Silva. **Instituições de direito civil: direitos reais.** revista, atualizada e ampliada por Carlos Edison do Rêgo Monteiro Filho. – 27. ed. – Rio de Janeiro: Forense, 2019

PINTO JUNIOR, Mario Engler. A Capitalização da Companhia, em FINKELSTEIN, Maria Eugênia Reis e PROENÇA, José Marcelo Martins. **Direito Societário.** São Paulo, Saraiva, 2007

POLILLO, Renato Romero. **Alienação fiduciária de bens imóveis.** 2013. Dissertação (Mestrado em Direito Civil) – Faculdade de Direito, Universidade de São Paulo, São Paulo, 2013. doi:10.11606/D.2.2017.tde-01082017-142024

RIZZARDO, Arnaldo. **Contratos de crédito bancário.** 6. ed. rev., atual. e ampl. São Paulo: Revista do Tribunais, 2003

ROBERT, Bruno. **Apuração, declaração e pagamento do dividendo mínimo obrigatório nas companhias brasileiras.** 2009. Dissertação (Mestrado em Direito Comercial) – Faculdade de Direito, Universidade de São Paulo, São Paulo, 2009. doi:10.11606/D.2.2009.tde-03052010-110333

SALOMÃO FILHO, Calixto. **O novo direito societário: eficácia e sustentabilidade** – 5. ed. – São Paulo: Saraiva Educação, 2019

SALOMÃO NETO, Eduardo. **O trust e o direito brasileiro [livro eletrônico]** – São Paulo: Trevisan Editora, 2016. 20 Mb; ePUB)

SILVA, Alexandre Couto. **Opções de financiamento da companhia e sua estrutura.** *In:* **Finanças corporativas: aspectos jurídicos e estratégicos**; coordenação Sérgio Botrel, Henrique Barbosa. – 1. ed. – São Paulo: Atlas, 2018.

SILVA, José Afonso da. **Curso de direito constitucional positivo.** 23. ed., rev. e atual. São Paulo: Malheiros Editores, 2004

TEIXEIRA, Egberto Lacerda; GUERREIRO, José Alexandre Tavares. **Das sociedades anônimas no direito brasileiro, volume I.** São Paulo: Livraria e Editora Jurídica José Bushatsky LTDA, 1979

TEPEDINO, Gustavo. MONTEIRO FILHO, Carlos Edison do Rêgo. RENTERIA, Pablo. **Direitos Reais.** Rio de Janeiro: Forense, 2020

Legislação e documentos em sites

BRASIL. **Lei nº 3.071, de 1º de janeiro de 1916.** Código Civil dos Estados Unidos do Brasil. Disponível em: http://www.planalto.gov.br/ccivil_03/leis/l3071.htm.

_____. **Lei nº 4.728, de 14 de julho de 1965**. Disciplina o mercado de capitais e estabelece medidas para o seu desenvolvimento. Disponível em: http://www.planalto.gov.br/ccivil_03/leis/l4728.htm.

_____. **Lei nº 4.595, de 31 de agosto de 1964**. Dispõe sobre a Política e as Instituições Monetárias, Bancárias e Creditícias, Cria o Conselho Monetário Nacional e dá outras providências. Disponível em: http://www.planalto.gov.br/ccivil_03/leis/l4595.htm.

_____. **Decreto-Lei nº 911, de 1º de outubro de 1969**. Altera a redação do Artigo 66 da Lei nº 4.728, de 14 de julho de 1965, Estabelece Normas de Processo Sobre Alienação Fiduciária, e dá outras providências. Disponível em: http://www.planalto.gov.br/CCIVIL_03/Decreto-Lei/1965-1988/Del0911.htm.

_____. **Lei nº 10.406, de 10 de janeiro de 2002**. Institui o Código Civil. Art. 1.368. Disponível em: http://www.planalto.gov.br/ccivil_03/leis/2002/l10406compilada.htm.

_____. **Exposição de motivos da Lei n. 6.404/76**. Disponível em: http://www.cvm.gov.br/export/sites/cvm/menu/acesso_informacao/institucional/sobre/anexos/EM196-Lei6404.pdf.

STJ – **REsp: 1101375 RS 2008/0240416**-2, Relator: Ministro LUIS FELIPE SALOMÃO, Data de Julgamento: 04/06/2013, T4 – QUARTA TURMA, Data de Publicação: DJe 01/07/2013. Disponível em: https://scon.stj.jus.br/SCON/jurisprudencia/doc.jsp?livre=1101375&b=ACOR&p=false&l=10&i=2&operador=mesmo&tipo_visualizacao=RESUMO. Acesso em 2020-11-10

TJ-SP – **AI: 21481579020148260000 SP 2148157-90.2014.8.26.0000**, Relator: Silvia Rocha, Data de Julgamento: 24/09/2014, 29ª Câmara de Direito Privado, Data de Publicação: 25/09/2014. Disponível em: https://tj-sp.jusbrasil.com.br/jurisprudencia/141568970/agravo-de-instrumento-ai-21481579020148260000-sp-2148157-9020148260000/inteiro-teor-141568980

_____ – **20789059220178260000 SP 2078905-92.2017.8.26.0000**, Relator: Hamid Bdine, Data de Julgamento: 04/10/2017, 1ª Câmara Reservada de Direito Empresarial, Data de Publicação: 05/10/2017. Disponível em: https://tj-sp.jusbrasil.com.br/jurisprudencia/508953815/20789059220178260000-sp-2078905-9220178260000.

_____ – **Tutela Cautelar Antecedente n. 1039147-12.2020.8.26.0100**. Juiz: Luis Felipe Ferrari Bedendi. São Paulo – SP, 11 de junho de 2020, DJE: 15 de junho de 2020. Disponível em: https://esaj.tjsp.jus.br/esaj/portal.do?servico=190090

JORNALCANA. "Atvos entra na Justiça contra a Lone Star". Disponível em: https://jornalcana.com.br/atvos-entra-na-justica-contra-a-lone-star/.

TRANSFORMAÇÃO DE ASSOCIAÇÕES EM SOCIEDADES

Verena Reverdy Lemos

Introdução

O Departamento de Registro Empresarial e Integração (DREI), que tem como uma de suas diversas finalidades "estabelecer e consolidar, com exclusividade, as normas e diretrizes gerais do Registro Público de Empresas Mercantis e Atividades Afins" (art. 4°, II, da Lei nº 8.934/1994), expediu, em 10 de junho de 2020, a Instrução Normativa nº 81, por meio da qual, entre outras disposições, alterou seu próprio entendimento a respeito da transformação (ou conversão) de sociedade simples ou associação em sociedade empresária.

Até a Instrução Normativa nº 81, o posicionamento do DREI a respeito da transformação de associações em sociedades empresárias estava expresso no Ofício Circular nº 366/2014/ DREI/SRS/SMPE-PR[1], que orientava as Juntas Comerciais a se absterem de registrar atos de transformação de associações em sociedades empresárias.

Apesar de se tratar de uma ordem capaz de gerar um relevante impacto jurídico-econômico, o Ofício não se estendeu

[1] BRASIL. Departamento Nacional de Registro Empresarial e Integração (DREI). Ofício Circular nº 366/2014/ DREI/SRS/SMPE-PR

muito nos fundamentos da determinação, expostos em um módico parágrafo de apenas três linhas:

> No que tange às associações civis, não vislumbramos também a possibilidade de transformação, pois a teor da melhor interpretação do Código Civil, de 2002, a transformação opera-se somente entre sociedades.[2]

A decisão do DREI baseava-se na interpretação de algum artigo do Código Civil, que, ao que tudo indica, vedaria a transformação entre outras pessoas jurídicas que não sociedades. Esse dispositivo legal (que fundamentou a ordem), contudo, sequer foi expressamente indicado pelo Ofício, dificultando sua compreensão e, portanto, seu questionamento.

Com efeito, a fundamentação mais completa foi deixada a cargo do Parecer da Consultoria Jurídica do Ministério do Desenvolvimento, Indústria e Comércio Exterior (MDIC), mencionado e anexado[3] pelo Ofício apenas a título ilustrativo.

Nessa esteira, o Parecer nº 0344-1.6.3/2013/RC/COJUR/MDIC[4] foi emitido, em 3 de maio de 2013, a fim de auxiliar decisão que viria a ser proferida pelo MDIC a respeito de recurso interposto pela Procuradora da Junta Comercial do Estado de São Paulo (JUCESP), que, por sua vez, se insurgia contra decisão que admitira o registro de transformação de uma associação sem fins econômicos em uma sociedade anônima.

A partir de uma análise dos conceitos dos dois tipos de pessoas jurídicas, o Parecer do MDIC conclui pela impossibilidade de transformação de uma associação em sociedade em razão

[2] Ibidem.

[3] ADVOCACIA GERAL DA UNIÃO. Parecer no 0344-1.6.3/2013/RC/COJUR/MDIC. Assunto: Recurso ao Ministro – transformação de associação em sociedade por ações – Centro de Tecnologia Canavieira S.A. – CTC

[4] Ibidem.

da determinação legal, prevista no art. 61, do Código Civil, de que, no caso de dissolução de uma associação, seu patrimônio líquido remanescente, após a dedução e devolução das quotas aos seus respectivos associados, deverá ser destinado a outras entidades sem fins econômicos, estejam ela previamente previstas no estatuto da associação ou tenham sido elas determinadas após deliberação dos associados.

Desse modo, o Parecer do MDIC, que mais do que ilustrou o Ofício do DREI concluiu, ao analisar o caso concreto a ser julgado, que

> a conduta adotada neste caso pelos dirigentes da associação em transformá-la em sociedade anônima afronta todo o ordenamento jurídico que disciplina a matéria. De forma contrária as normas que regem o assunto o patrimônio da associação passou a integrar o capital da sociedade anônima, ocorrendo que o resultado positivo da associação, que não podia ser pago aos associados, agora na forma de lucro líquido é passível de distribuição entre os acionistas na forma de dividendo. [5]

De acordo com o referido Parecer, portanto, os efeitos legais da dissolução de uma associação sem fins econômicos, que seriam distintos dos efeitos atribuídos às sociedades empresárias, impediriam que uma associação fosse transformada em sociedade.

Esse Parecer foi posteriormente confirmado pelo despacho proferido nos autos do mesmo processo administrativo em 06 de agosto de 2013, pelo Consultor Jurídico do MDIC[6], cujos

[5] Ibidem.

[6] CONSULTORIA JURÍDICA JUNTO AO MINISTÉRIO DO ESTADO DESENVOLVIMENTO, INDÚSTRIA E COMÉRCIO EXTERIOR. Processo: 52700.007298/2012-37. Assunto: Recurso ao Ministério do Estado do Desenvolvimento, Indústria e Comércio Exterior (MDIC) - REMIN 995011/12-6.

principais argumentos para defender a impossibilidade de transformação de associações sem fins econômicos em sociedades empresárias são:

(i) embora sociedades e associações tenham semelhanças porque "são formadas por um agrupamento de pessoas, que livremente compactuam seu objeto"[7], teriam naturezas jurídicas distintas, pois "as associações possuem fins não econômicos, não visam ao lucro, e seus associados não possuem entre si direitos e obrigações recíprocos"[8].
(ii) os associados, ao contrário dos sócios de uma sociedade empresárias, não teriam liberdade quanto à destinação do patrimônio da associação em caso de dissolução, a teor do disposto no art. 61, do Código Civil.
(iii) as associações poderiam ser qualificadas como Organização da Sociedade Civil de Interesse Público (OSCIP) e, por consequência, receber recursos públicos nos termos da Lei 9.790/1999, o que seria vedado às sociedades empresárias.

A conclusão do referido despacho, que, ao que tudo indica, foi utilizada pelo Ofício do DREI, merece ser transcrita:

> Esta Consultoria Jurídica/MDIC filia-se ao entendimento de que, de fato, pela diversidade da natureza das pessoas jurídicas envolvidas – associação e sociedade (bem como de todas as demais pessoas elencadas no artigo 44 do CC) –, o que implica trata-

Transformação da associação civil CTC – Centro de Tecnologia Canavieira em sociedade anônima. Averbação da ata de transformação no cartório de registro de pessoas jurídicas e arquivamento dos atos societários na JUCESP.

[7] Ibidem.

[8] Ibidem.

mento jurídico distinto ao longo de suas existências, o instituto da transformação não pode se operar entre associação e sociedade.[9]

Por meio da análise do Parecer MDIC e do despacho proferido pela Consultoria Jurídica do MDIC, que foram utilizados pelo DREI para fixar a orientação destinada aos Presidentes das Juntas Comerciais, nota-se que, na ótica do DREI, a diferença de natureza jurídica e, por conseguinte, do tratamento legal conferido às associações sem fins econômicos e às sociedades seria o fator impeditivo de transformação daquelas nestas.

O entendimento, no entanto, foi diametralmente alterado por meio da publicação, em 2020, da Instrução Normativa nº 81, que, embora tenha preferido adotar o termo "conversão" (no lugar de "transformação"), passou a regular o registro de mudança de uma associação em sociedade empresária.

Essa previsão normativa foi justificada pela Nota Técnica SEI nº 21253/2020/ME, de 08/06/2020, conforme abaixo transcrito:

> Contudo, devido a ausência de expressa vedação legal e a observância dos dispositivos da Lei da Liberdade Econômica, que estabelecem que nos negócios empresariais devem prevalecer a vontade das partes, ou seja, se não houver EXPRESSA disposição legal em contrário a autonomia das partes deve sempre predominar, bem como que o Poder Público deve evitar em suas normas introduzir limites à livre formação de sociedades empresariais ou de atividades econômicas não previstas em lei, é que alteramos os posicionamentos contidos nos ofícios circulares citados acima.[10]

[9] Ibidem.

[10] BRASIL. Ministério da Economia. **Departamento Nacional de Registro Empresarial e Integração**. Nota Técnica SEI nº 21253/2020/ME, de 08/06/2020. Disponível em: < http://www.mdic.gov.br/images/REPOSITORIO/SEMPE/DREI/INs_EM_VIGOR/ANEXOS_2020/IN81/Nota_Tcnica_SEI_21253_2020_ME.pdf>. Acesso em: 17 nov. 2020

A Nota Técnica[11] acrescenta, ainda, que, na esteira da Lei da Liberdade Econômica de privilegiar a vontade negocial,

> a conversão das associações em sociedades empresárias pode decorrer da vontade de reorganização interna, planejamento financeiro, nova organização tributária etc, de maneira que o Estado não deve impor limitações para os que buscam manter a permanência de suas atividades por meio de operações societárias.

De fato, como reconhecido pela Nota Técnica, parece haver uma mudança no comportamento das associações no Brasil. Sobre o tema, o Instituto Brasileiro de Geografia e Estatística (IBGE) publicou, em abril de 2019, a versão mais recente e atualizada do estudo denominado As Fundações Privadas e Associações sem Fins Lucrativos no Brasil – FASFIL[12], que tem como objetivo mapear, sobretudo no que diz respeito ao seu objeto e distribuição espacial no território brasileiro, as organizações da sociedade civil registradas no Brasil que atuem como "atores sociais e políticos que dão vida à experiência democrática no Brasil"[13].

Ao divulgar o resultado do FASFIL em 2019, o IBGE, por meio de sua agência de notícias, informou que, entre 2013 e 2016, houve uma redução de 14% (quatorze por cento) do número de organizações (associações sem fins econômicos e fundações)[14] que atuam no terceiro setor do país. Essa redução

[11] Departamento Nacional de Registro Empresarial e Integração. Op. cit.

[12] IBGE (Instituto Brasileiro de Geografia e Estatística). As fundações privadas e associações sem fins lucrativos no Brasil. Rio de Janeiro: IBGE, 2016. Disponível em: <www.ibge.gov.br> Acesso em 10 jul. 2020.

[13] Ibidem. p. 7.

[14] Tendo em vista a finalidade do FASFIL, o IBGE optou por adequar os dados à metodologia do *Handbook on non-profit institutions in the system of national accounts*, elaborado pela Divisão de Estatística da Organização das Nações Unidas – ONU, em conjunto com a Universidade John Hopkins, em 2002. Em razão dessa compatibilização e do propósito do estudo, o FASFIL trata as fundações

foi atribuída pela gerente de pesquisa Denise Guichard à crise econômica, uma vez que

> A grande maioria dessas fundações e Ongs dependem de alguma forma de financiamento, seja estatal, seja privado. Então tendo esse canal de financiamento, acreditamos que a redução esteja relacionada ao momento de crise econômica[15]

Os efeitos a que essas entidades do terceiro setor estão sujeitas em razão da dependência de captação de recursos externos (seja de fonte estatal, seja de fonte privada) não são uma questão nova enfrentada por essas associações e fundações.

Em um interessante artigo denominado Gestão, legislação e fontes de recursos no terceiro setor brasileiro: uma perspectiva histórica[16], Carlos Eduardo Guerra Silva ensina que, há anos, as organizações sem fins lucrativos vêm buscando meios de se tornarem suas próprias fontes de recurso, produzindo e comercializando produtos e serviços a fim de perseguir sua sustentabilidade[17].

e as associações sem fins econômicos, em conjunto, como sociedades civis e exclui todas aquelas que não se encaixem nos seguintes perfis: "organizações institucionalizadas, privadas, não distribuidoras de lucro, autoadministradas e voluntárias". Embora considerem as associações sem fins econômicos individualmente nem tampouco as que tenham objetos distintos da finalidade do estudo, as conclusões do FASFIL consistem em um relevante indicativo de como o cenário brasileiro (ou, ao menos, parte dele) vem se comportando no que diz respeito a essas pessoas jurídicas que não se organizam como sociedades (IBGE, 2019).

[15] Disponível em: <https://agenciadenoticias.ibge.gov.br/agencia-noticias/2012-agencia-de-noticias/noticias/24161-crise-contribui-para-desativacao-de-mais-de-38-mil-organizacoes-sem-fins-lucrativos> Acesso em:10 jul. 2020

[16] SILVA, Carlos Eduardo Guerra. Gestão, legislação e fontes de recursos no terceiro setor brasileiro: uma perspectiva histórica. Revista de Administração Pública. Rio de Janeiro 44(6):1301-25, nov./dez. 2010

[17] SILVA, Carlos Eduardo Guerra et al. Formas jurídicas no terceiro setor brasileiro: Estatuto legal, evidências empíricas e formalismo. Cadernos Gestão Pública e Cidadania / v. 16, n. 58. São Paulo: 2011

Citando Drucker, Guerra explica que, embora as organizações do terceiro setor sejam dedicadas a "fazer o bem", seus operadores já entenderam que "as boas intenções não podem substituir a gestão e a liderança, a responsabilidade, o desempenho e os resultados"[18].

Em que pese a obtenção de lucros e "fazer o bem" não configurem, necessariamente, um paradoxo, fato é que diversas organizações constituídas inicialmente sob a figura jurídica de associação sem fins econômicos vêm sentido a necessidade (ou o desejo) de alterar sua estrutura para que a execução de sua atividade apresente melhor desempenho e resultados.

É o caso, por exemplo, do clube de futebol Botafogo de Ribeirão Preto, que, em 2018, concretizou seu plano de se transformar em um clube empresa, por meio da transferência de registros e vagas nas competições do Botafogo Futebol Clube, uma associação sem fins econômicos, ao Botafogo Futebol S.A., sociedade anônima fechada com interesse em abrir seu capital[19].

A criação de uma sociedade empresária foi apontada pelo Laudo de avaliação econômica do Botafogo Futebol Clube[20] como uma estratégia de profissionalização do Botafogo de Ribeirão Preto a fim de maximizar o potencial de elevar o clube a outro patamar, que, de acordo com o laudo, estaria impedido pelo modelo anterior (associação sem fins econômicos).

Essa profissionalização do Botafogo de Ribeirão Preto se deu com a constituição de uma sociedade anônima de capital fechado, que tem como um dos acionistas o Botafogo Futebol Clube e não por meio da transformação da associação sem fins econômicos em uma sociedade empresária.

[18] DRUCKER, P.F. Administração de organizações sem fins lucrativos. São Paulo: Pioneira,1997. Apud SILVA, 2011.

[19] Disponível em: <https://esportes.estadao.com.br/noticias/futebol,botafogo-sp-tem-gestao-empresarial-e-e-preparado-para-abrir-capital-na-bolsa,70002833547>

[20] Disponível em: <http://www.institucional.jucesp.sp.gov.br/>

É nesse contexto, então, que se insere a justificativa do DREI de revisar seu próprio entendimento a respeito da possibilidade de conversão de associações em sociedades empresárias, visando a viabilizar os interesses negociais dos associados.

Muito embora a inovação de se permitir a conversão de associações em sociedades empresárias aparente ser economicamente proveitosa, as justificativas apresentadas na Nota Técnica que acompanhou a Instrução Normativa nº 81 não afastaram os argumentos anteriores que embasaram a decisão do DREI de impedir esse tipo de operação.

A súbita alteração de entendimento (antes, consolidado por mero Ofício e, agora, por meio de Instrução Normativa, que tampouco tem condão de inovar no ordenamento jurídico) pode trazer insegurança jurídica àqueles que pretendam converter uma associação em sociedade empresária, fazendo-se necessário revisitar os argumentos que levaram o DREI a, até junho de 2020, concluir pela impossibilidade de conversão de associações em sociedades empresárias.

O tema, como já se viu, assume extrema importância para, em muitos casos, viabilizar a manutenção e a eficiência de associações.

Este trabalho, portanto, partirá dos argumentos utilizados pelo DREI quando negava a transformação de associações em sociedades, a fim de verificar a sua pertinência.

No primeiro capítulo, serão abordados os conceitos de pessoas jurídicas de direito privado, de associações, a discussão doutrinária a respeito da natureza jurídica das associações e, ainda, os fins econômicos a elas atribuídos.

O objetivo desse capítulo inicial é justamente observar se, conforma defendia o DREI, associações e sociedades detêm naturezas jurídicas distintas que impedem a transformação daquelas nestas.

O segundo capítulo, por sua vez, pretende observar se as normas aplicáveis ao patrimônio das associações, que não pode ser distribuído aos sócios em caso de dissolução, consistiria em característica, tal como defendido outrora pelo DREI, que, por se diferenciar das sociedades, não permitiria que uma associação se torne sociedade.

Por fim, o último capítulo visa a analisar se o argumento apresentado pelo DREI no sentido de que apenas associações (e não sociedades) poderiam ser qualificadas como OSCIP justifica a proibição da operação societária objeto deste trabalho.

2. As naturezas jurídicas das associações e das sociedades

O primeiro argumento apresentado pelo DREI quando negava a possibilidade de transformação de associações em sociedades diz respeito à diferença da natureza jurídica entre essas duas espécies de pessoas jurídicas.

Deve-se, portanto, verificar as características relacionadas às associações e sociedades a fim de avaliar se, de fato, as diferenças entre elas são um impeditivo para que uma se transforme na outra.

Antes, contudo, de se adentrar especificamente na classificação de associações e sociedades, faz-se necessário inseri-las dentro da classificação de pessoas jurídicas de direito privado, tal qual o faz o Código Civil.

Em seguida, será exposto um breve histórico sobre a regulação do instituto jurídico das associações (tendo em vista que esse tipo de pessoa jurídica é o foco deste trabalho).

Será, então, apresentada a discussão doutrinária a respeito da natureza jurídica dos atos constitutivos das associações, abordando sobre a teoria de que seria diferente dos atos constitutivos das sociedades.

Por fim, abordar-se-á a principal característica que a distingue das sociedades (a ausência de fins econômicos).

2.1. Pessoas jurídicas de direito privado

Tanto as associações sem fins econômicos como as sociedades consistem, como afirma o art. 44, do Código Civil, em pessoas jurídicas de direito privado.

A noção embrionária de pessoa jurídica surgiu, como ensina San Tiago Dantas[21], junto ao direito canônico, que buscava uma definição para a "personalidade abstrata" da Igreja (uma "organização ideal" que se materializava nos seus bens móveis e imóveis e se manteria independentemente da mudança ou mesmo do desaparecimento dos fiéis)[22].

Foi, no entanto, a partir da fusão das necessidades canônicas com as ideias materialistas do direito germânico que o conceito atual de pessoa jurídica se constituiu, podendo ser resumido como "um conglomerado de pessoas naturais, dotado, porém, de uma existência que não se confunde com a de nenhum dos seus membros"[23].

Vale dizer que, no Brasil, a própria expressão que denominaria esse conglomerado de pessoas foi alvo de debates, havendo aqueles que defendiam a utilização da expressão "pessoas morais" e outro que preferiam a expressão "pessoa jurídica"[24], criada por Savigny. Esta última, como se sabe, foi a escolhida por Clóvis Beviláqua, autor do Código Civil de 1916

> "porque é no campo do Direito, não da moral, que esses entes exercem suas atividades, sendo considerados nos Códigos Civis como sujeitos de direitos, notabilizando-se, senão sobrepairando, o aspecto jurídico."[25]

[21] Santiago Dantas. **Programa de direito civil: parte geral. 4** ed. Rio de Janeiro: Rio, 1977. p. 207/208

[22] Ibidem.

[23] Ibidem.

[24] Gomes, Luiz Roldão de Freitas. **Noção de pessoa no direito brasileiro.** Doutrinas Essenciais de Direito Civil, vol. 3, p. 5-81, out. 2010 DTR\2012\1430

[25] Ibidem.

Assim como não havia uma unanimidade quanto à expressão que seria utilizada, tampouco há uma única teoria para explicar dogmaticamente a existências das pessoas jurídicas. De acordo com Rachel Stajn[26], as principais teorias que tentam explicar a pessoa jurídica são:

(i) teoria da ficção ou da entidade, apresentada por Savigny e que defende que as pessoas jurídicas são apenas uma criação legislativa para fins patrimoniais.
(ii) teoria do patrimônio de afetação, que entende que as pessoas jurídicas correspondem a patrimônios destinados a determinado objetivo.
(iii) teoria orgânica ou da realidade, defendida por Gierke, que afirma que assim como existem homens individuais também há organismos sociais, dotando ambos de personalidade.
(iv) teoria individualista, que, na voz de Jhering, acredita que os sujeitos de direito são sempre pessoas naturais, podendo ser os sócios ou administradores das pessoas jurídicas.
(v) teoria institucional ou de organização, que enxerga as pessoas jurídicas como organizações dirigidas a determinado fim.

Apesar de todas essas teorias, a autora conclui que as pessoas jurídicas consistem em organizações de homens (ou de bens e homens) voltadas a um interesse comum ou coletivo, em geral, com caráter de permanência a quem é conferida a aptidão "para funcionar como centro de uma esfera jurídica".

[26] SZTAJN, Rachel. **Sobre a desconsideração da personalidade jurídica.** Doutrinas Essenciais de Direito Civil, vol. 3,| p. 1239 – 1261, Out/2010 DTR\2012\38928

É, aliás, a mesma conclusão alcançada por San Tiago Dantas, que, afastando "essas laboriosas pesquisas"[27] a respeito das pessoas jurídicas, entende que elas consistem em uma coletividade, que, por meio de uma técnica do especial exercida pelo Estado, adquire a possibilidade de deter direitos e obrigações.

Importante mencionar que, no Brasil, somente foi expressamente conferida a personalidade a uma pessoa jurídica em 1903, quando o Decreto 1.102, de 21 de novembro de 1903, atribuiu personalidade jurídica aos estabelecimentos de armazéns gerais. Antes disso, embora o Código Comercial de 1850 instituísse as "companhias e sociedades comerciais", não havia menção expressa à personalidade jurídica, gerando debates doutrinários acerca da sua aplicação no direito brasileiro[28].

Além de serem pessoas jurídicas, as associações sem fins econômicos e as sociedades são pessoas jurídicas de direito privado, em contraponto às pessoas jurídicas de direito público interno (cuja relação, estabelecida pelo artigo 41, do Código Civil, é: União; Estados, Distrito Federal e os Territórios; Municípios; autarquias, inclusive as associações públicas; e demais entidades de caráter público criadas por lei) e às pessoas jurídicas de direito externo (definidas, pelo artigo 42, do Código Civil, como Estados estrangeiros e todas as pessoas que forem regidas pelo direito internacional público).

Além das associações sem fins econômicos e sociedades, consistem em pessoas jurídicas de direito privado, conforme estabelecido pelo artigo 44, do Código Civil, as fundações, organizações religiosas, partidos políticos e as empresas individuais de responsabilidade limitada.

[27] Santiago Dantas. op. cit. p. 211

[28] O Código Comercial de 1850 era omisso quanto a pessoas jurídicas, o que ensejava debate doutrinário sobre o tema. (Gomes, 2010)

2.2. Associações

De acordo com Othon Sidou[29], associações e sociedades estiveram, durante muito tempo, entrelaçadas, uma vez que a regulamentação focava nestas e ignorava aquelas.

O autor explica que, apenas em 1901, o conceito de associação foi definido pela lei francesa, que estabelecia que o instituto seria "a convenção pela qual duas ou mais pessoas colocam em comum e de modo duradouro seus conhecimentos ou sua atividade, com objetivo diverso do de repartir benefícios"[30].

No Brasil, o Código Civil de 1916 tratava sociedades e associações como sinônimos, denominando o capítulo que tratava do tema como "Das sociedades ou associações civis"[31]. Apesar de a legislação não as distinguir, parte da doutrina entendia que consistiam em institutos distintos, tendo como principal diferença a finalidade lucrativa (ausente nas associações)[32].

San Tiago Dantas[33], no entanto, tratava, assim como o Código Civil de 1916, associações e sociedades como termos similares, que se oporiam, como gênero, às fundações. Dentre esse gênero denominado associações ou sociedades, haveria, segundo o professor, as sociedades civis, cuja finalidade seria de "pura beneficência" (fins profissionais, culturais, religiosos etc.) e as sociedades comerciais, que assim poderiam ser classificadas de acordo com o seu objeto (sociedades que exercem a mercancia) ou de acordo com a sua forma (as sociedades anônimas e as sociedades por cotas, ainda que tivessem fins civis, seriam necessariamente comerciais).

29 Othon Sidou, J. M. **Associação e sociedade, no código civil e no direito comparado**. Revista da Academia Brasileira de Letras Jurídicas. n. 25. p. 75-85

30 Ibidem.

31 Ibidem.

32 Oliva, Jero. **Manual das sociedades e associações civis**. 1. ed. Rio de Janeiro: AIDE, 1988. p. 11

33 Santiago Dantas. Op. cit. p. 216/217

Independentemente do nome que se dava aos institutos, parece que havia uma unanimidade quanto à distinção entre as associações (ou sociedades civis) e sociedades (ou sociedades comerciais) no que diz respeito à sua finalidade.

Essa classificação doutrinária foi positivada no Código Civil de 2002, que, como já se demonstrou neste estudo, deixou de tratar sociedade e associação como sinônimos, apresentando-as como espécies diferentes de pessoas jurídicas de direito privado.

Ao dispor especificamente sobre as associações, o Código Civil de 2002, em uma tentativa de conceituá-las, definiu-as, no artigo 53, como "união de pessoas que se organizem para fins não econômicos".

Apesar do avanço no que se refere à diferenciação terminológica entre sociedades e associações, a expressão utilizada para qualificar os fins a que estas (não) se destinam, embora refletisse a distinção que os doutrinadores faziam para suprir a deficiência do Código Civil de 1916, também foi (e ainda é) alvo de críticas.

Tepedino[34] afirma que o termo "fins econômicos" não deve ser interpretado literalmente, pois "[a] antiga concepção da associação como entidade altruística encontra-se, há muito, superada" e os associados, quando se reúnem em uma organização, visam a alguma espécie de vantagem que pode ser decorrente da produção de serviço ou mercadoria, evidenciando a sua natureza econômica.

Ressalta o civilista, então, que aquilo que falta nas associações não é a finalidade econômica, senão a lucrativa.

Outros autores (tais como Othon, Sidou, Oliva e Santiago Dantas), contudo, parecem tratar o termo fins econômicos como

[34] TEPEDINO, Gustavo. Tepedino. **A distinção entre associados e a anulação de decisões assembleares: considerações à luz dos princípios da isonomia e da boa-fé objetiva.** vol. 3 | p. 43 – 61 | Nov / 2011 DTR\2012\470

idêntico a fins lucrativos, de modo que, embora discordem sobre a melhor escolha de palavras, concordam com Tepedino ao afirmar que as associações não buscam o lucro (o que, para alguns, significaria o mesmo que não ter fins econômicos).

Se é para se fiar ao rigor das palavras (o que nos parece aconselhável para facilitar a compreensão e reduzir discussões pouco relevantes), concordamos com o autor português Coutinho de Abreu, que afirma que as associações, como pessoas jurídicas, também podem ter finalidade lucrativa (lucro objetivo), diferenciando-se das sociedades no que diz respeito à repartição dos lucros a seus associados (lucro subjetivo)[35]. Em outras palavras, o lucro estaria permitido, mas o dividendo não[36].

Muito embora essa discussão pareça mais linguística do que jurídica, ela pode ser um condutor interessante (e talvez até necessário) para se entender em que medida a natureza jurídica das associações impede (ou não) a sua transformação em sociedades, o que será analisado mais adiante.

De todo modo, há um aparente consenso quanto à: (i) possibilidade de uma associação desenvolver atividades econômicas e, com isso, obter lucros e (ii) impossibilidade de os lucros das associações serem distribuídos aos seus associados.

2.3. Natureza jurídica do ato constitutivo das associações

Além da característica quanto à impossibilidade de distribuição de lucros aos associados (analisada no capítulo anterior), o parecer do MDIC, que deu origem à instrução do DREI que proíbe o registro de transformação de associações em sociedades,

[35] COUTINHO DE ABREU, Jorge Manuel. **Curso de direito comercial.** Coimbra: Almedina, 2003, vol. I.

[36] Curioso que essa noção é a mesma apresentada no início deste capítulo quando, trazendo o histórico normativo das associações, se comentou que elas foram primeiramente reguladas, em 1901, pela lei francesa, que as definiu como união de duas ou mais pessoas que não detém o interesse de "repartir benefícios".

também destacou a ausência de obrigações e direitos recíprocos entre os associados como argumento para sustentar sua tese.

Em que pese o parecer não desenvolva muito esse raciocínio (restringindo-se a repetir o texto disposto no parágrafo único do artigo 53, do Código Civil), supomos que se tentava arguir que a natureza jurídica dos atos constitutivos das associações seria, em razão da inexistência de direitos e obrigações recíprocos entre os associados, diversa da natureza jurídica dos atos constitutivos das sociedades.

O tema, seja em relação às sociedades, seja em relação às associações, é alvo de amplo debate doutrinário (e, justamente por isso, merecia maior desenvolvimento pelo parecer).

Com efeito, as discussões acerca das naturezas jurídicas dos atos constitutivos das associações e das sociedades parecem ter origem comum porque, segundo Adamek e Erasmo Valladão, tanto as sociedades como as associações são "espécies de organizações associativas"[37].

Sobre esse conceito compartilhado entre as associações e as sociedades, não há dúvidas, pois decorre, como explicam os professores, da conceituação trazida pelo próprio Código Civil, que, no artigo 53 e no artigo 981, estabelece, respectivamente, que associações e sociedades consistem em união de pessoas para um fim comum (no primeiro caso, fins não econômicos e, no segundo, fins econômicos e distribuição de resultados)[38].

Interessante destacar que Calixto[39], ao definir o interesse social à luz da teoria do contrato de organização, esclarece a

[37] FRANÇA, Erasmo Valladão Azevedo e Novaes; ADAMEK, Marcelo Vieira von. **"Affectio societatis": um conceito jurídico superado no moderno direito societário pelo conceito de fim social.** In: *Direito societário contemporâneo* v. I, 2009. p. 145

[38] Ibidem.

[39] SALOMÃO FILHO, Calixto. **O novo direito societário: eficácia e sustentabilidade.** 5. ed. São Paulo: Saraiva Educação, 2019. (livro digital não paginado)

função dos "contratos associativos" (em contraponto aos contratos de permuta) é a de criar uma organização, que, "na acepção jurídica, significa a coordenação da influência recíproca entre atos.".

O que se questiona, então, é se essa reciprocidade de influência coordenada de atos (organização) existiria nas associações, tendo em vista que o parágrafo único do artigo 53 expressamente afirma que não há direitos e obrigações recíprocos entre os associados.

Sob o ponto de vista linguístico, parece um paradoxo afirmar que contratos associativos têm como função a coordenação de influência recíproca entre atos, mas que as associações não conferem direitos e obrigações recíprocos aos seus associados.

É esse, aliás, o entendimento de Rachel Sztajn, que defende que[40]:

> a disciplina organizacional implica, sim, a existência de vínculos, direitos, deveres e obrigações dos membros da associação cuja observância pode ser exigida pelos demais. Afinal, as pessoas se associam para alcançar determinado fim comum que, possivelmente, não atingiriam isoladamente. [...] Para isso é preciso que haja entre os membros confiança, mais do que isso, cooperação, algum tipo de dependência e coordenação das ações empreendidas pela associação, sejam elas individuais ou coletivas.

A autora conclui, então, que, a despeito de o Código Civil determinar que não há direitos e obrigações recíprocos entre os associados, tanto sociedades como associações seriam espécies do gênero contratos associativos.

[40] SZTAJN, Rachel. **Associações e sociedades**. Revista de Direito Mercantil. Nova série. n. 128. ano XLI. p. 21. out-dez. 2002.

Nesse mesmo sentido, Tatiana Serafim[41] argumenta que o parágrafo único do artigo 53, do Código Civil, ao afirmar que inexistem direitos e obrigações recíprocos entre os associados, "não considera os diversos deveres de cooperação implícitos", tais como os deveres de

> "lealdade, assistência, sigilo, abstenção de medidas prejudiciais ao ente e aos demais associados e não concorrência, tudo em prol da mais completa realização do intento associativo"

De acordo com essas autoras, não se poderia interpretar o disposto no parágrafo único do artigo 53, do Código Civil, em sua exposição literal, senão como um reforço de que, assim como os sócios, os associados também contribuem para um fim, que, no caso das associações é civil (ao passo que, nas sociedades, é lucrativo), mas, ainda, assim "o escopo integrativo não lucrativo está presente [nas associações] e permeia seu regramento institucional e jurídico"[42].

Já Anna Luiza Duarte Maiello[43] argumenta que a natureza jurídica dos atos constitutivos das associações seria um negócio jurídico organizativo, o que, segundo a autora, justificaria que, "uma vez constituída a relação jurídica associativa, as pretensões dos associados são dirigidas à entidade e não aos demais membros".

[41] SERAFIM, Tatiana Flores Gaspar; FRANÇA, Erasmo Valladão Azevedo e Novaes. **A transformação das associações em sociedades no direito brasileiro.** 2016. Universidade de São Paulo, São Paulo, 2016. p. 28

[42] SZTAJN, Rachel. **Associações e sociedades: à luz da noção de contrato plurilateral.** Revista de Direito Privado, vol. 21/2005, p. 223-234, jan-mar/2005. Doutrinas Essenciais de Direito Empresarial, vol. 2, p. 211-224, dez/2010, DTR\2005\87

[43] MAIELLO, Anna Luiza Duarte. **Aspectos fundamentais do negócio jurídico associativo.** 2012. Tese (Doutorado em Direito Civil) – Faculdade de Direito, Universidade de São Paulo, São Paulo, 2012. doi:10.11606/T.2.2012.tde-27092012-101632. Acesso em: 2020-11-17.

De acordo com Maiello, os associados não detêm interesse nas prestações dos outros associados, mas, sim, no desenvolvimento da atividade comum.

Rodrigo Xavier Leonardo[44], por outro lado, defende que a natureza jurídica dos atos constitutivos das associações consiste em negócio jurídico plurilateral, complexo e organizativo. O autor afasta a ideia de que os atos constitutivos das associações seriam contratos, argumentando, em síntese, que:

(i) enquanto as sociedades derivam da expressão da liberdade econômica e da livre iniciativa, as associações advêm da manifestação da dignidade da pessoa humana;
(ii) o Código Civil, em sua organização sistemática, decidiu por separar as pessoas jurídicas de direito privado de base contratual (inseridas no Livro do Direito das Empresas) das demais pessoas jurídicas;
(iii) contratos têm como objetivo constituir, modificar e extinguir relações jurídicas patrimoniais e associações não têm finalidade patrimonial;
(iv) o ato constitutivo das associações, ao contrário do ato das sociedades, não estabelece direitos e obrigações recíprocos entre os associados; e
(v) o patrimônio dos associados é totalmente destacado do patrimônio das associações, cabendo a cada associado, em caso de dissolução da associação, tão somente a restituição da sua própria contribuição.

Os argumentos apresentados pelo professor não parecem ser distintos daqueles apresentados pelo DREI enquanto negava a transformação de associações em sociedades, podendo ser

[44] LEONARDO, Rodrigo Xavier. **Associação sem fins econômicos.** 1 ed. São Paulo: Editora RT, 2014. p. 173.

agrupados nas principais características comumente atribuídas às associações: ausência de finalidade econômica, inexistência de reciprocidade entre as obrigações e direitos dos associados e, por fim, não participação dos associados no patrimônio da associação.

Essas três características que, supostamente, imporiam uma classificação distinta entre as naturezas jurídicas dos atos constitutivos das associações e das sociedades são analisadas neste trabalho, que tende a divergir da opinião de Leonardo.

Especificamente no que diz respeito à inexistência de direitos e obrigações recíprocos entre os associados, não nos parece que, ainda que realmente se filie a essa ideia, isso seria suficiente para classificar as sociedades e associações de forma tão afastadas que impedisse a transformação de uma em outra.

Há muito se superou a ideia de que uma sociedade dependia de pluralidade de sócios, seja por meio da admissão da subsidiária, seja por meio do recente reconhecimento da sociedade limitada unipessoal.

A existência de um único sócio, embora logicamente estirpe a ideia de direitos e obrigações recíprocos, não descaracteriza a natureza jurídica dos atos constitutivos de uma sociedade subsidiária integral ou unipessoal nem tampouco impede que ela admita novos sócios (ou o inverso, que uma sociedade com mais de um sócio passe a contar com um único sócio).

Não se defende aqui, por óbvio, que associações e sociedades sejam idênticas, mas, sim, que nem todas as sociedades contam com a reciprocidade entre os direitos e deveres de seus sócios (já que pode haver somente um sócio), de forma que (eventual) inexistência de direitos e obrigações recíprocos entre os associados não seria suficiente, a nosso ver, para impedir que uma associação se torne uma sociedade.

Embora a transformação de uma associação que já contém pluralidade de associados em uma sociedade não consista na mesma situação de uma sociedade de um único sócio admitir novos sócios, fato é que não foi apresentado argumento forte o suficiente para que, no ato da transformação, (novos) direitos e obrigações recíprocos sejam estabelecidos entre os então associados.

Partindo de uma ótica mais moderna quanto às sociedades, que consistiriam em organização de influências, adotamos o entendimento de que, no que se refere à natureza jurídica dos atos constitutivos, não haveria diferença entre as associações e sociedades.

Daí se conclui que a principal diferença diz respeito à finalidade de obtenção de lucros pelos associados (o que é vedado) e pelos sócios.

Resta indagar, desse modo, se a finalidade de propiciar lucros aos sócios presente nas sociedades e ausente nas associações impede a transformação desta naquela.

3. A destinação do patrimônio das associações

Outro argumento empregado, ainda que indiretamente, pelo DREI para afastar a transformação de associações em sociedades diz respeito à suposta ausência de disponibilidade do patrimônio das associações pelos associados, a teor do que dispõe o artigo 61, do Código Civil, abaixo transcrito:

> Art. 61. Dissolvida a associação, o remanescente do seu patrimônio líquido, depois de deduzidas, se for o caso, as quotas ou frações ideais referidas no parágrafo único do art. 56 , será destinado à entidade de fins não econômicos designada no estatuto, ou, omisso este, por deliberação dos associados, à instituição municipal, estadual ou federal, de fins idênticos ou semelhantes.
>
> § 1º Por cláusula do estatuto ou, no seu silêncio, por deliberação dos associados, podem estes, antes da destinação do remanescente referida neste artigo, receber em restituição, atualizado o

respectivo valor, as contribuições que tiverem prestado ao patrimônio da associação.

§ 2º Não existindo no Município, no Estado, no Distrito Federal ou no Território, em que a associação tiver sede, instituição nas condições indicadas neste artigo, o que remanescer do seu patrimônio se devolverá à Fazenda do Estado, do Distrito Federal ou da União.

De acordo com esse dispositivo legal, os associados, assim como não têm direito aos lucros obtidos por uma associação, também não fazem jus, em caso de dissolução da entidade, ao patrimônio acumulado por ela (como fruto da atividade por ela exercida ou mesmo valorização de seus bens), que deverá ser destinado a uma associação ou, em último caso, ao Estado, Distrito Federal ou União.

Por outro lado, é sabido que os sócios, em caso de dissolução de sociedade, têm direito ao remanescente do patrimônio social, conforme estabelecido pelo artigo 1.103, IV, do Código Civil, e artigo 210, IV, da Lei 6.404/1976.

Essa diferença de tratamento legal quanto à destinação do patrimônio remanescente da associação e da sociedade diluídas seria, na ótica do Parecer do MDIC, mais um ponto divergente entre os dois tipos de pessoas jurídicas que impediria a transformação de associação em sociedade.

O Parecer do MDIC, contudo, não apresenta sua linha de raciocínio sobre o tema e tampouco refuta os argumentos expostos pelos estudos assinados por Luís Roberto Barroso e Modesto Carvalhosa, que embasaram o recurso da associação cuja transformação em sociedade se estava tentando registrar e expressamente trataram sobre a interpretação do artigo 61, do Código Civil, em caso de transformação de associação em sociedade.

Apesar de não ter apresentado os argumentos contrários às teses dos renomados juristas, o Parecer do MDIC transcreveu trechos dos estudos que contêm importantes reflexões sobre a compatibilização da norma que impede a repartição do patrimônio remanescente da associação entre os associados e a transformação das associações em sociedades.

Segundo os trechos do parecer de Carvalhosa transcritos pelo MDIC[45], o doutrinador defende que o artigo 61, do Código Civil, apenas seria aplicável em caso de dissolução da associação, situação diversa da transformação. Desse modo, o referido dispositivo legal não seria um óbice à transformação de associações em sociedades, não detendo qualquer efeito sobre a operação.

Barroso, por outro lado, destaca o objetivo do artigo 61, do Código Civil, ao determinar a destinação do patrimônio remanescente a outras associações, arguindo que

> [a] finalidade do dispositivo não parece ser outro senão a preservação de eventuais interesses de terceiros que, provavelmente motivados por intuito filantrópico, tenham contribuído financeiramente para a consecução dos objetivos de determinada associação – notadamente por meio de doações[46].

Nessa lógica, o jurista afirma que, para preservar os interesses desses doadores, apenas as contribuições efetuadas pelos associados poderiam compor o capital da sociedade fruto da transformação da associação, finalizando que, se " aos associados é permitido receber de volta suas contribuições, não haveria racionalidade em proibir que eles revertam esses bens ou valores para a nova sociedade".

[45] CARVALHOSA apud ADVOCACIA GERAL DA UNIÃO. Parecer no 0344-1.6.3/2013/RC/COJUR/MDIC. Assunto: Recurso ao Ministro – transformação de associação em sociedade por ações – Centro de Tecnologia Canavieira S.A. – CTC

[46] BARROSO, Luís Roberto. **Associação civil sem fins lucrativos. Transformação em sociedade anônima de capital aberto. Possibilidade. Revista semestral de direito empresarial**, n. 11, p. 1-38, jul./dez. 2012.

Ambos os autores, portanto, defendem a possibilidade jurídica de transformação de associações em sociedades, mas, enquanto a interpretação conferida por Carvalhosa é mais objetiva (gramatical), a tese de Barroso consegue preservar o caráter filantrópico que algumas (mas não todas) associações detêm, podendo gerar maior conforto àqueles que prezam pela natureza histórica desse instituto e, ainda, por eventual direito do Poder Público, à luz do disposto no art. 61, §2º, do Código Civil.

De qualquer forma, vale destacar que a Instrução Normativa nº 81 não solucionou essa questão, restando absolutamente omissa quanto à destinação do patrimônio da associação convertida em sociedade e, ainda, quanto à constituição do capital social da sociedade.

Por fim, deve-se destacar que não parece lícita a conversão de uma associação em sociedade exclusivamente com o objetivo de dissolver e liquidar a sociedade para destinar o patrimônio da associação convertida aos até então associados. Seria, ao que tudo indica, um meio de desvirtuar tanto o objetivo do art. 61, §2º, do Código Civil, quanto da Instrução Normativa nº 81 que permite a conversão de associações em sociedade.

4. Organização da sociedade civil de interesse público (OSCIP)

O último argumento que até então era utilizado pelo DREI se refere à possibilidade de as associações serem classificadas como Organização da Sociedade Civil de Interesse Público (OSCIP), o que é vedado às sociedades empresárias.

Importante destacar que a OSCIP, como ensina Leonardo, não constitui nova espécie de pessoa jurídica, mas, sim,

> uma qualificação que capacita pessoas jurídicas de direito privado a contratar com a administração pública para, por meio dessa relação jurídica, receber recursos, que podem ser monetá-

rios, podem ser bens móveis ou imóveis ou, inclusive, a cessão de funcionários para o desenvolvimento de atividades da entidade.

Essa qualificação é concedida às pessoas jurídicas de direito privado sem fins lucrativos que atendam aos requisitos previstos na Lei 9.790/1999, o que não significa dizer que toda e qualquer associação seja qualificada (ou mesmo queira ser qualificada) como OSCIP.

Em outras palavras, não basta ser uma associação para ser uma OSCIP, devendo haver uma vontade da pessoa jurídica em receber essa qualificação para gozar de seus benefícios e, mais do que isso, atender às exigências legais para tanto.

Além disso, a Lei 9.790/1999 expressamente trata da possibilidade de uma pessoa jurídica perder a qualificação de OSCIP. Não se trata, portanto, de um título que se adquire *ad eternum*.

Desse modo, não nos parece que a vedação de uma sociedade empresária ser qualificada como OSCIP afaste a possibilidade de uma associação se transformar em sociedade empresária.

A uma, porque nem toda associação é qualificada como OSCIP, de maneira que não seria razoável (ou mesmo lícito) vedar que uma associação que nunca recebeu tal qualificação fosse impedida de se tornar uma sociedade empresária apenas porque apenas associações podem ser OSCIP.

A duas, porque nada impede que uma associação qualificada como OSCIP altere seus objetivos e, com isso, deixar de atender aos requisitos legais para manter tal qualificação (ainda que sequer pretenda transformar-se em sociedade empresária).

Por óbvio, uma associação classificada como OSCIP que se transformasse em sociedade empresária deveria perder a classificação, mas essa perda não pode ser utilizada como um argumento para que os associados, por meio da associação, exerçam sua vontade de alterar os fins da pessoa jurídica.

Parece-nos, portanto, difícil defender a tese apresentada pelo DREI no sentido de que o fato de apenas associações poderem ser classificadas como OSCIP corroboraria o entendimento de que associações não podem ser transformadas em sociedades.

5. Transformação

Analisados os principais argumentos apresentados para o DREI para orientar que as Juntas Comerciais se abstivessem de registrar atos de transformação de associações em sociedades, resta, ainda, analisar o instituto da transformação no direito brasileiro.

Tatiana Serafim, em sua tese sobre a possibilidade de transformação das associações em sociedades, apresenta o histórico do debate doutrinário a respeito dos efeitos da transformação.

De acordo com ela, havia autores que defendiam a necessidade de dissolução da sociedade cuja forma se pretendia alterar, enquanto outros arguiam que bastava a transformação.

Evidentemente, a última tese prevaleceu, merecendo destaque os argumentos apresentados por José Tavares[47]:

> a opinião de que a transformação é um contrato que tem duplo efeito de extinguir a primitiva sociedade e de criar uma outra, formada com os elementos que constituíam aquela, esquece que a as instituições jurídicas devem estar em harmonia com a natureza econômica dos fatos da vida real que pretendem regulamentar. Ora na transformação das sociedades a organização econômica da empresa conserva-se tal como era. O vínculo associativo mantém-se; a modificação consiste apenas na substituição das regras que dominavam a vida da sociedade por outras que foram julgadas mais adequadas aos fins que a sociedade tinha em vista.

[47] Serafim, op. cit. p. 61

Embora o trecho citado não tenha como foco a análise da possibilidade de transformação de uma associação em sociedade, parece pertinente indagar em que medida seria vedado aos associados substituir as regras que dominavam a vida das associações pelas regras aplicáveis às sociedades, caso assim julguem mais adequado aos novos fins (lucrativos, nesse caso) do ente.

Ainda que se entenda que os atos constitutivos de uma associação não consistem em um contrato (como os das sociedades), que não existem direitos e obrigações recíprocos entre os associados (como há entre os sócios) e que as associações não permitem a distribuição de seus resultados aos associados (como objetivam as sociedades), seriam essas (supostas) diferenças suficientes para impedir que uma união (em sentido genérico, associação) de pessoas organizadas para determinado fim decida alterar esse fim e, por consequência, as regras que dominam essa organização?

Fato é que no direito brasileiro positivou-se, na Lei das Sociedades por Ações de 1940, o entendimento predominante no sentido de que "a transformação é a operação pela qual a sociedade passa, independentemente de dissolução e liquidação, de uma espécie para outra"[48].

O dispositivo legal foi ratificado pelo artigo 202 da Lei 6.404/1976 (Lei das S.A.), que, no entanto, aprimorou o texto legal para afirmar que a transformação altera o tipo societário (e não a espécie).

Ao que tudo indica, o legislador optou por encerrar a discussão a respeito da necessidade de dissolução de uma sociedade para a alteração do tipo, conforme ensina Tatiana Serafim:

> Da análise da legislação vigente, parece-nos que no direito brasileiro a principal característica da operação da transformação é a

[48] Art. 220, Decreto-Lei nº 2.627 de 26/09/1940

continuidade da personalidade jurídica. Essa é a pedra de toque da transformação. O foco não está, portanto, no elemento pessoal. Tanto é verdade que se admite, na transformação, o exercício do direito de retirar de sócios dissidentes ou, ainda, o ingresso de novos sócios. Também não se foca na identidade do elemento patrimonial, já que não há no regramento vigente norma que obrigue a imutabilidade do patrimônio do ente transformando. Ao contrário, no ato de transformação pode haver diminuição ou aumento desse patrimônio. Tal alteração patrimonial não descaracteriza a operação societária [...]".

Do mesmo modo, o Código Civil de 2002, em seu artigo 1.113, passou a tratar a transformação de forma genérica (em contraposição à especialidade da Lei das S.A.), ratificando o entendimento de que essa operação independe de dissolução e liquidação.

Ambas as leis direcionam a transformação às sociedades: enquanto a Lei das S.A. expressamente define que a "transformação é uma operação pela qual a *sociedade* passa [...] de um tipo para outro" (grifo nosso), o título do capítulo do Código Civil no qual estão inseridas as disposições referentes à transformação chama-se "Da Transformação, da Incorporação, da Fusão e da Cisão das *Sociedades*" e faz parte do Título II, denominado "Da Sociedade".

Estaria, em razão disso, a transformação adstrita às sociedades, excluindo-se, assim, as associações?

A doutrina não parece ter enfrentado a fundo o tema.

Eizirik[49], por exemplo, chega a afirmar que não seria possível transformar outras pessoas jurídicas senão sociedades, devendo-se, segundo ele, preceder a dissolução da pessoa jurí-

[49] Eizerik, Nelson. **Sociedades anônimas: jurisprudência**. Tomo III, v. I. Rio de Janeiro: Renovar, 2008.

dica à constituição de uma nova sociedade. O autor, ao que tudo indica, filiou-se à interpretação gramatical da legislação, acreditando ser suficiente apegar-se ao termo "sociedade" relacionado aos dispositivos que tratam da transformação para concluir que a operação societária não poderia ser realizada por outras pessoas jurídicas.

Não enfrentou, contudo, o disposto no artigo 2.033 do Código Civil, que estabelece que

> "[s]alvo o disposto em lei especial, as modificações dos atos constitutivos das pessoas jurídicas referidas no art. 44, bem como a sua transformação, incorporação, cisão ou fusão, regem-se desde logo por este Código."

Sobre o dispositivo legal, Barroso afirma que "[o] enunciado transcrito parece trazer clara autorização à adoção do instituto da transformação por associações"[50].

Embora concordemos com o autor e nos pareça difícil contestar um texto tão explícito, o DREI, quando se filiava ao entendimento de que seria vedada a transformação de associações em sociedade, argumentava que o artigo 2.033 do Código Civil, por estar nas Disposições Finais e Transitórias, determinava que as pessoas jurídicas elencadas no artigo 44 "já estariam sujeitas às reorganizações na forma disciplinada no novo código", concluindo que

> A interpretação que se amolda ao dispositivo e que se conforma com os demais elementos constitutivos das diversas formas de se organizar é a de que é aplicável no que for compatível a cada tipo de pessoas jurídica, pois poderia chegar ao absurdo, e como tal é afastado da ciência jurídica, uma fundação (patrimônio) ser

[50] BARROSO, op.cit.

transformada em um tipo societário empresarial, o que é totalmente incompatível com a natureza da pessoa jurídica fundação, como o é ilegal o de associação em sociedade anônima.

Curioso notar que o fundamento do DREI para alterar o entendimento a respeito da possibilidade de uma associação se tornar uma sociedade, exposto na Nota Técnica SEI nº 21253/2020/ME, de 08/06/2020, foi justamente o artigo 2.033, do Código Civil, que, segundo a nova interpretação do mesmo órgão,

> prevê expressamente que as pessoas jurídicas indicadas no art. 44 do Código Civil estão sujeitas às disposições do Código Civil acerca da transformação, portanto, incluem-se as associações, são regidas pelas normas do Código Civil, exceto se disposto em lei especial de forma diferente, no que concerne às operações de transformação, incorporação, cisão ou fusão ou, ainda, às modificações dos seus atos constitutivos.

Com efeito, o legislador talvez tenha falhado ao não tratar expressamente da possibilidade de transformação de associações em sociedade. Contudo, como defendido por Barroso em seu parecer de 2014 e finalmente reconhecido pelo DREI em 2020, a omissão legislativa quanto à possibilidade de transformação não pode ser utilizada como argumento para vedar a operação. Ao contrário: é justamente a ausência de vedação expressa à transformação que demonstra a sua admissibilidade no direito brasileiro.

Filiamo-nos, desse modo, ao entendimento de Rovai, que defende que

> Sendo, em especial, a finalidade da associação claramente vinculada às atividades educacionais, culturais, num mundo con-

> temporâneo, altamente competitivo e de intensas necessidades econômicas, se compreende e se justifica a opção pela transformação societária de uma associação em uma. Não se pode interpretar que as associações, prestigiadas constitucionalmente pelas suas respectivas importâncias no contexto social, tenham vedado o acesso ao instituto da transformação, que objetiva, efetivamente, preservar e manifestar concretamente a livre vontade dos associados.
>
> Em outras palavras, tal situação seria uma dissolução manifestamente contrária aos interesses de seus associados e somente poder-se-ia se dar por decisão judicial com trânsito em julgado.
>
> Concluo, destarte, de acordo com o todo exposto, como plenamente possível, sob o ponto de vista jurídico e negocial, a transformação societária de uma associação em sociedade, seja ela da espécie simples ou empresária, devendo o Registro responsável aprovar os respectivos atos, desde que sejam atendidos os requisitos formais incidentes na espécie societária.[51]

Além da inexistência de vedação expressa de transformação de associações em sociedade, o legislador brasileiro já havia admitido na Lei 9.981/2000 (antes, portanto, do Código Civil de 2002), que alterou o artigo 27 da Lei 9.615/1998 (Lei Pelé), a transformação de associações de prática desportiva participante de competições profissionais em sociedades. Especificamente em relação aos clubes de futebol, a previsão de transformação de associações em sociedades anônimas foi ratificada na recente Lei 14.193/2021, que criou a sociedade anônima do futebol (SAF), autorizando no artigo 2º a sua constituição por meio da transformação "da pessoa jurídica original" em SAF.

[51] ROVAI, Armando Luiz. **Possibilidade jurídica de transformação de associação em sociedade**. Revista de Direito Empresarial, vol. 5/2014, p. 57–79, set-out/2014, DTR\2014\17780

Do mesmo modo, a Lei 11.096/2005 (Lei do PROUNI) expressamente previu a possibilidade de pessoas jurídicas de direito privado, mantenedoras de instituições de ensino superior, sem fins lucrativos se transformarem em sociedades de fins econômicos.

Não nos parece razoável, portanto, concluir que apenas associações que tenham como objeto a prática desportiva e mantenedoras de instituições de ensino superior possam ser transformadas em sociedades. É evidente que o objeto da associação não altera (ou afeta) sua natureza jurídica.

Se o ordenamento jurídico não proíbe (nem nunca proibiu) expressamente a transformação de associações em sociedade e, ainda, regula os efeitos da transformação de algumas associações em sociedade, conclui-se que não há vedação legal para que toda e qualquer associação cujos associados deliberem pela sua transformação em sociedades assim o façam.

Conclusões

O DREI, conforme já demonstrado, adotava um entendimento de que a transformação de associações em sociedades não seria permitida no ordenamento jurídico brasileiro.

Essa interpretação da legislação brasileira conferida pelo DREI acabava por inviabilizar que associações cujos associados desejassem transformá-las em sociedades assim o fizessem (a não ser aquelas que tivessem atividades desportivas de competição ou que fossem mantenedoras de instituições de ensino superior, estas protegidas pela Lei Pelé e pela Lei do PROUNI).

A orientação do DREI, conforme demonstrado ao longo deste trabalho, não nos pareceu ter sido baseada em um exercício de fundamentação extenso como a importância dos efeitos dessa decisão impunham.

As sociedades e as associações são pessoas jurídicas de direito privado, ficção jurídica criada justamente com o mesmo objetivo de reunir pessoas a fim de perseguir um objetivo em comum, desvinculando-se, assim, da personalidade jurídica daqueles que criaram essas pessoas jurídicas.

A maior distinção entre essas pessoas jurídicas está justamente na classificação dos fins visados por seus participantes. Enquanto as sociedades foram, ao longo dos anos, utilizadas para obtenção de lucro pelos seus sócios, as associações ocuparam o papel de, embora muitas vezes exercendo atividades econômicas, manter o resultado dessas atividades dentro do patrimônio do ente, de modo que os associados não participavam do seu resultado.

Importante observar que, embora muitas associações de fato sejam utilizadas para o exercício de atividades filantrópicas, isso não é um requisito imposto pela legislação brasileira. Nada impede, como se sabe, que uma associação exerça a mesma atividade de qualquer sociedade empresária, vedando-se, contudo, que o lucro dessa atividade seja distribuído a seus sócios.

Como efeito dessa principal característica das associações, a legislação determina que, em caso de dissolução, o patrimônio excedente, após o pagamento de dívidas e restituição da contribuição de cada associado, não deverá ser partilhado entre os associados, mas, sim, transferido a outra entidade com propósito semelhante ou, então, ao Poder Público.

Essa determinação legal parece uma conclusão lógica e, até mesmo, uma maneira de se evitar a dissolução precoce de associações e, com isso, a paralisação das atividades por ela exercidas, uma vez que, permitida a distribuição do patrimônio das associações (mas vedada a distribuição de dividendos), os associados que decidissem alterar a finalidade da associação poderiam simplesmente dissolver a associação para alcançar seu patrimônio remanescente.

Não nos parece, contudo, que a proibição de distribuição de dividendos aos associados tenha como plano de fundo a preservação de interesses sociais ou culturais a ponto de se entender que a mudança da finalidade da pessoa jurídica (de associação para sociedade empresária) consista em uma afronta moral a ser tutelada pela ordenamento jurídico (e menos ainda pelo DREI).

Tratando-se de uma pessoa jurídica de direito privado que não tem qualquer obrigação de exercer atividades filantrópicas, não seria razoável impedir que seus associados decidam alterar sua finalidade e até mesmo criar direitos e obrigações recíprocos para si mesmos (considerando-se a tese de que essa reciprocidade não se faz presente nas associações), ressalvados eventuais direitos de terceiros que tenham contribuído, por meio de doações, com o patrimônio da associação.

O ordenamento jurídico deve propiciar que os sujeitos de direito busquem seus objetivos, incluindo os econômicos. Inexistindo ofensa a direitos de terceiros ou à própria estrutura do instituto jurídico, a interpretação de que a legislação nunca vedou a transformação de associações em sociedades (e, portanto, sempre a permitiu) somente pode ser vista como algo positivo para a economia do país, uma vez que, em regra, a sociedade empresária tende a ser mais eficiente e, por isso, tende a gerar mais riquezas que a associação.

Desse modo, a mudança de orientação do DREI, promovida pela Instrução Normativa 81, parece um grande avanço no que diz respeito às associações. Questiona-se, contudo, a insegurança jurídica decorrente dessa alteração efetivada por um órgão que não tem condão de inovar no ordenamento jurídico.

Além disso, não parece muito técnico denominar essa operação societária como conversão (talvez em uma tentativa de fugir da discussão a respeito da possibilidade de transformação de associações em sociedade, o que, no entanto, não parece muito eficaz).

Por outro lado, o DREI não solucionou (e talvez sequer tenha competência legal para isso) outras questões envolvendo essa operação, tais como o tratamento a ser dado às diferentes categorias de associados e à destinação do patrimônio criado por meio de doações de terceiros. Tampouco a Lei 14.193/2021, que criou a SAF, esclareceu tais questões, deixando de regular em maiores detalhes a transformação de clubes de futebol constituídos sob associações em SAF.

Se, de um lado, é necessário entender o ordenamento jurídico no âmbito privado como capaz de possibilitar a manifestação de vontade dos particulares, admitindo (e permitindo) até a mesma a alteração (transformação) dessa vontade, não se pode perder de vista que se deve ter segurança jurídica sobre as regras a serem observadas pelos particulares.

Referências

ADVOCACIA GERAL DA UNIÃO. Parecer nº 0344-1.6.3/2013/RC/COJUR/MDIC. Assunto: Recurso ao Ministro – transformação de associação em sociedade por ações – Centro de Tecnologia Canavieira S.A. – CTC

BARROSO, Luís Roberto. **Associação civil sem fins lucrativos. Transformação em sociedade anônima de capital aberto. Possibilidade. Revista semestral de direito empresarial**, n. 11, p. 1-38, jul./dez. 2012.

BRASIL. CONSULTORIA JURÍDICA JUNTO AO MINISTÉRIO DO ESTADO DESENVOLVIMENTO, INDÚSTRIA E COMÉRCIO EXTERIOR. Processo: 52700.007298/2012-37. Assunto: Recurso ao Ministério do Estado do Desenvolvimento, Indústria e Comércio Exterior (MDIC) – REMIN 995011/12 – 6. Transformação da associação civil CTC – Centro de Tecnologia Canavieira em sociedade anônima. Averbação da ata de transformação no cartório de registro de pessoas jurídicas e arquivamento dos atos societários na JUCESP.

BRASIL. Ministério da Economia. **Departamento Nacional de Registro Empresarial e Integração (DREI)**. Nota Técnica SEI nº 21253/2020/ME, de 08/06/2020. Disponível em: < http://www.mdic.gov.br/images/REPOSITORIO/SEMPE/DREI/INs_EM_VIGOR/ANEXOS_2020/IN81/Nota_Tcnica_SEI_21253_2020_ME.pdf

_____. Ofício Circular nº 366/2014/ DREI/SRS/SMPE-PR. Assunto: Atos de transformação de associação e cooperativa em sociedade empresária e vice-versa. Impossibilidade. Data: 08/12/2014.

DRUCKER, P.F. **Administração de organizações sem fins lucrativos**. São Paulo: Pioneira,1997. Apud SILVA, 2011.

EIZERIK, Nelson. **Sociedades anônimas: jurisprudência**. Tomo III, v. I. Rio de Janeiro: Renovar, 2008.

FRANÇA, Erasmo Valladão Azevedo e Novaes; ADAMEK, Marcelo Vieira von. **"Affectio societatis": um conceito jurídico superado no moderno direito societário pelo conceito de fim social**. Direito societário contemporâneo v. I, 2009.

GOMES, Luiz Roldão de Freitas. **Noção de pessoa no direito brasileiro**. Doutrinas Essenciais de Direito Civil, vol. 3, p. 5-81, out. 2010 DTR\2012\1430

IBGE (Instituto Brasileiro de Geografia e Estatística). **As fundações privadas e associações sem fins lucrativos no Brasil**. Rio de Janeiro: IBGE, 2016

LEONARDO, Rodrigo Xavier. **Associação sem fins econômicos**. 1 ed. São Paulo: Editora RT, 2014.

MAIELLO, Anna Luiza Duarte. **Aspectos fundamentais do negócio jurídico associativo**. 2012. Tese (Doutorado em Direito Civil) – Faculdade de Direito, Universidade de São Paulo, São Paulo, 2012

OTHON SIDOU, J. M. **Associação e sociedade, no código civil e no direito comparado**. Revista da Academia Brasileira de Letras Jurídicas. n. 25. p. 75-85

OLIVA, Jero. **Manual das sociedades e associações civis**. 1. ed. Rio de Janeiro: AIDE, 1988

ROVAI, Armando Luiz. **Possibilidade jurídica de transformação de associação em sociedade**. Revista de Direito Empresarial, vol. 5/2014, p. 57 – 79, set-out/2014, DTR\2014\17780

SALOMÃO FILHO, Calixto. **O novo direito societário: eficácia e sustentabilidade**. 5. ed. São Paulo: Saraiva Educação, 2019.

SANTIAGO DANTAS. **Programa de direito civil: parte geral**. 4 ed. Rio de Janeiro: Rio, 1977.

SERAFIM, Tatiana Flores Gaspar; FRANÇA, Erasmo Valladão Azevedo e Novaes. A **transformação das associações em sociedades no direito brasileiro**. 2016. Universidade de São Paulo, São Paulo, 2016

SILVA, Carlos Eduardo Guerra et al. **Formas jurídicas no terceiro setor brasileiro: Estatuto legal, evidências empíricas e formalismo**. Cadernos Gestão Pública e Cidadania / v. 16, n. 58. São Paulo: 2011

_____. **Gestão, legislação e fontes de recursos no terceiro setor brasileiro: uma perspectiva histórica**. Revista de Administração Pública. Rio de Janeiro 44(6):1301-25, nov./dez. 2010

Sztajn, Rachel. **Associações e sociedades.** Revista de Direito Mercantil. Nova série. n. 128. ano XLI. p. 21. out-dez. 2002.

_____. **Associações e sociedades: à luz da noção de contrato plurilateral.** Revista de Direito Privado, vol. 21/2005, p. 223 – 234, jan-mar/2005. Doutrinas Essenciais de Direito Empresarial, vol. 2, p. 211-224, dez/2010, DTR\2005\87

_____. **Sobre a desconsideração da personalidade jurídica.** Doutrinas Essenciais de Direito Civil, vol. 3,| p. 1239-1261, Out/2010 DTR\2012\38928

Tepedino, Gustavo. Tepedino. **A distinção entre associados e a anulação de decisões assembleares: considerações à luz dos princípios da isonomia e da boa-fé objetiva.** vol. 3 | p. 43 – 61 | Nov / 2011 DTR\2012\470

Legislação

BRASIL. Lei nº 14.193, de 6 de agosto de 2021. Institui a Sociedade Anônima do Futebol e dispõe sobre normas de constituição, governança, controle e transparência, meios de financiamento da atividade futebolística, tratamento dos passivos das entidades de práticas desportivas e regime tributário específico; e altera as Leis nºs 9.615, de 24 de março de 1998, e 10.406, de 10 de janeiro de 2002 (Código Civil). Palácio do Planalto Presidência da República, Brasília, DF, 6 out. 2021. Disponível em: <http://www.planalto.gov.br/ccivil_03/_Ato2019-2022/2021/Lei/L14193.htm>. Acesso em 08 nov. 2021

BRASIL. Lei nº 6.404, de 15 de dezembro de 1976. Dispõe sobre as sociedades por ações. Diário Oficial República Federativa do Brasil. Brasília, DF, 17 dez. 1976.

BRASIL. Lei nº 8.934, de 18 de novembro de 1994. Dispõe sobre o Registro Público de Empresas Mercantis e Atividades Afins e dá outras providências. Palácio do Planalto Presidência da República, Brasília, DF, 18 nov. 1994. Disponível em: < http://www.planalto.gov.br/ccivil_03/leis/L8934.htm >. Acesso em: 17 nov. 2020

BRASIL. Lei 9.790, de 23 de março de 1999. Dispõe sobre a qualificação de pessoas jurídicas de direito privado, sem fins lucrativos, como Organizações da Sociedade Civil de Interesse Público, institui e disciplina o Termo de Parceria, e dá outras providências. Palácio do Planalto Presidência da República, Brasília, DF, 23 mar. 1999. Disponível em: < http://www.planalto.gov.br/ccivil_03/LEIS/L9790.htm>. Acesso em: 17 nov. 2020

BRASIL. Lei nº 11.096, de 13 de janeiro de 2005. Institui o Programa Universidade para Todos – PROUNI, regula a atuação de entidades beneficentes de assistência social no ensino superior; altera a Lei no 10.891, de

9 de julho de 2004, e dá outras providências. Diário Oficial República Federativa do Brasil. Brasília, DF, 13 jan. 2005.

BRASIL. Lei nº 10.406, de 10 de janeiro de 2002. Institui o Código Civil. Diário Oficial República Federativa do Brasil. Brasília, DF, 11 jan. 2002.

BRASIL. Departamento Nacional de Registro Empresarial e Integração. Instrução Normativa nº 81, de 10 de Junho de 2020. Dispõe sobre as normas e diretrizes gerais do Registro Público de Empresas, bem como regulamenta as disposições do Decreto nº 1.800, de 30 de janeiro de 1996. DF, 15 jun. 2020.

CONVENÇÃO EXTRAPROCESSUAL EM SOCIEDADES LIMITADAS: UMA TENTATIVA DE RACIONALIZAÇÃO DO PROCESSO SOCIETÁRIO

VINICIUS CAVARZANI

Introdução

Já de algum tempo a doutrina vem se debatendo sobre a existência de um processo societário[1], isto é, de uma categoria processual autônoma, com regras e procedimentos gerais aplicáveis à adequada solução de conflitos judiciais societários. E, ainda que não se possa afirmar existir um consenso, a doutrina parece inclinar-se para a necessidade de se sistematizar e unificar, do ponto de vista legislativo, previsões normativas e específicas para a tutela de conflitos tipicamente societários[2].

[1] *"Não custa lembrar que a 'permanente exigência de conformação da tutela jurisdicional e de seus respectivos instrumentos ao seu escopo afigura-se, em época presente, exaltada em razão do crescimento do indesejável fenômeno da morosidade da prestação da tutela jurisdicional', e que, portanto, a criação de uma tutela jurisdicional específica pode contribuir sensivelmente para a melhora da tempestividade da prestação jurisdicional em matéria societária"*. In PROENÇA, José Marcelo Martins; BONICIO, Marcelo José Magalhães. In YARSHELL, Flávio Luiz; PEREIRA, Guilherme Setoguti J. (Coord.). *Processo societário*. São Paulo: Quartier Latin, 2012. p. 446.

[2] *"A falta de sistematicidade legislativa e até mesmo de previsões legais dificultam a classificação perseguida nesse trabalho. [...] É correta e útil à reflexão, de toda forma, a ideia de um Direito Processual Societário que vem se afirmando ao longo dos anos e que traz consigo finalidades essenciais à concreção de objetivos de Política do Direito [...]"*. In WARDE Jr., Walfrido Jorge; PEREIRA, Guilherme Setoguti J. In YARSHELL,

Trata-se de fenômeno que se originou a partir da constatação de que o número de conflitos societários passou a crescer significativamente[3], aliado ao fato de que a morosidade da tutela jurisdicional em geral não se coaduna com o dinamismo e complexidade das relações societárias. Neste sentido, é possível dizer, com relativa certeza, que o denominado processo societário surgiu da necessidade de se lidar com matéria especializada cuja tutela demanda uma resposta célere e eficaz.

Esta preocupação com os conflitos societários se refletiu, ainda que timidamente, no movimento de renovação da codificação processual civil[4], que disciplinou, nos artigos 599 a 609 do Código de Processo Civil de 2015 (CPC), o procedimento da ação de dissolução parcial de sociedade[5].

A inserção de um novo procedimento especial, destinado a disciplinar a dissolução parcial de sociedade, em verdade reflete um paradigma maior e que norteou a elaboração da nova codificação processual civil: a busca pela adequação procedimental às características do direito material.

Flávio Luiz; Pereira, Guilherme Setoguti J. (Coord.). *Processo societário II*. São Paulo: Quartier Latin, 2015. p. 849.

[3] *"Hoje é possível dizer que os conflitos societários deixaram de ser uma ocorrência esporádica e danosa, e passaram a ser um acontecimento diuturno, ordinário e, até mesmo, esperado"*. Yarshell, Flávio Luiz; Pereira, Guilherme Setoguti J. (Coord.). *Processo societário II*. São Paulo: Quartier Latin, 2015. p. 847.

[4] *"Destarte, o novo CPC, ao criar um novo procedimento especial, quer não só apresentar soluções a importantes discussões doutrinárias e jurisprudenciais que remanescem em aberto, mas também viabilizar a escorreita realização de novos direitos materiais estabelecidos pelo 'direito de empresa' do Código Civil, em especial seus arts. 1.028 a 1.032 e 1.085 e 1.086."* In Bueno, Cássio Scarpinella. *Novo código de processo civil anotado*. São Paulo: Saraiva, 2015. p. 394.

[5] Para além do procedimento de dissolução parcial de sociedade, é possível citar, neste contexto, o regramento do incidente de desconsideração da personalidade jurídica (CPC 133 a 137), penhora de quotas ou ações de sociedades personificadas (CPC 861), penhora de empresa (CPC 862 a 865) e adjudicação de quotas e ações de companhia fechada (CPC 876 §7º).

Referido propósito ficou ainda mais evidente com a incorporação do instituto do negócio jurídico processual no art. 190 do CPC. Trata-se de dispositivo que tem por finalidade relativizar a estrita legalidade procedimental que vigorava até então no processo brasileiro[6] e que impedia a definição ou alteração dos procedimentos previstos em lei.

O CPC, portanto, rompeu com a rigidez da legalidade procedimental e positivou importante mecanismo de flexibilização do procedimento, que pode se dar por iniciativa do juiz[7] ou das próprias partes:

> O novo Código de Processo Civil optou pela implantação de certas possibilidades, postas a cargo do juiz ou permitidas às partes, de alterar em casos concretos as regras procedimentais contidas na lei, segundo as conveniências do caso e delas próprias. Tal é o princípio da adaptabilidade, alvitrado na ciência do processo há muitas décadas e que no sistema do direito positivo deste país jamais fora adotado expressamente pela lei[8].

De outro lado, o art. 190 do CPC passou a permitir mudanças no procedimento para ajustá-lo às especificidades da causa, possibilitando às partes convencionar sobre seus ônus, poderes,

[6] *"A tradição do direito brasileiro que vigorou até o Código de Processo Civil de 1973 impunha com extremo rigor a estrita legalidade na definição dos procedimentos, os quais não podiam ser livremente escolhidos pelas partes nem alterados por atos de vontade destas, ainda quando de acordo."* In DINAMARCO, Cândido Rangel; LOPES, Bruno Vasconcelos Carrilho. *Teoria geral do novo processo civil.* São Paulo: Malheiros, 2016. p. 124-125.

[7] A título de exemplo, nos termos do art. 139, VI, do CPC, o juiz passa a ter o poder de, *ex officio*, "*dilatar os prazos processuais e alterar a ordem de produção dos meios e prova, adequando-os às necessidades do conflito de modo a conferir maior efetividade à tutela do direito*".

[8] DINAMARCO, Cândido Rangel; LOPES, Bruno Vasconcelos Carrilho. *Teoria geral do novo processo civil.* São Paulo: Malheiros, 2016. p. 125.

faculdades e deveres processuais, antes ou após a instauração da ação judicial.

É intuitivo que o referido dispositivo se revela poderoso instrumento de adequação do procedimento judicial às particularidades do direito material.

Assim, tendo por baliza o disposto no art. 190 do CPC, as partes podem convencionar negócio jurídico processual antes ou após o ajuizamento da demanda judicial e que se encontra, nos termos do art. 190, parágrafo único, do CPC, sujeito a prévio controle de validade pelo juiz.

Ora, tendo em vista (i) a crescente complexidade dos conflitos societários; (ii) o dinamismo e relativo imediatismo do tráfego mercantil; (iii) a morosidade da prestação jurisdicional estatal; (iv) a deficiência (e, em alguns casos, total ausência) legislativa no regramento processual de conflitos societários; e (v) a carência de órgãos jurisdicionais especializados em matéria societária, este trabalho objetiva a demonstração que a pactuação de negócio jurídico processual societário pode se mostrar valioso instrumento de obtenção de tutela jurisdicional eficaz, célere e menos custosa.

2. Premissas conceituais

2.1. Os problemas tipicamente societários

O direito societário, de forma geral, tem por objetivo promover o bem estar agregado de todos aqueles que – direta ou indiretamente – relacionam-se com a atividade empresarial[9]: sócios, empregados, fornecedores, consumidores, comunidades locais, terceiros e até mesmo o Estado.

A multiplicidade de relações decorrentes da intersecção das atividades de todos aqueles afetados pela atividade da empresa

[9] Cf. KRAAKMAN, Reinier et al. *Anatomia do direito societário*: uma abordagem comparada e funcional. São Paulo: Editora Singular, 2018. p. 68-69.

torna a relação jurídico-societária particularmente complexa. Não é por acaso que Wiedemann, ao reconhecer que o direito societário regula a situação da vida em que uma comunidade de pessoas se associa para atingir um objetivo comum[10], decompõe a relação jurídico-societária em três estratos, a saber: (i) o ordenamento societário; (ii) o ordenamento do patrimônio especial; e (iii) o ordenamento empresarial.

O ordenamento societário consiste no desenvolvimento de regras de conduta justas e adequadas, cujo conteúdo abranja, ao menos, a finalidade social[11], a organização[12] e o *status socii*[13].

O ordenamento patrimonial especial lida com a relação entre o patrimônio da sociedade e a finalidade social. Assim, ao adjetivar o ordenamento patrimonial de "especial", Wiedemann alude a duas circunstâncias: a primeira é o fato de que o patrimônio social deve ser separado do patrimônio privado dos sócios; e, a segunda, é a necessidade de regras especiais para regular a administração dessa massa patrimonial especial[14].

[10] Cf. França, Erasmo Valladão Novaes. *Temas de direito societário, falimentar e teoria da empresa*. São Paulo: Malheiros, 2009. p. 626.

[11] *"A cláusula do objeto ou cláusula da finalidade [Zweckklausel] dos estatutos constitui a 'estrela polar' do universo societário, pela qual todos os órgãos e membros devem se organizar.* [...] *A determinação da finalidade delimita e esfera coletiva da vida societária perante os membros e perante terceiros, porque os sócios coletivizaram seus interesses nos exatos limites dessa fixação de objetivo"*. In França, Erasmo Valladão Novaes. *Temas de direito societário, falimentar e teoria da empresa*. São Paulo: Malheiros, 2009. p. 627.

[12] *"A segunda área que necessita de regulamentação é a organização, mediante a qual a formação da vontade interna e a sua manifestação externa são disciplinadas"*. In França, Erasmo Valladão Novaes. *Temas de direito societário, falimentar e teoria da empresa*. São Paulo: Malheiros, 2009. p. 627.

[13] *"O terceiro grupo diz respeito à disciplina dos direitos e deveres dos sócios perante a organização societária e perante os outros sócios* [...]". In França, Erasmo Valladão Novaes. *Temas de direito societário, falimentar e teoria da empresa*. São Paulo: Malheiros, 2009. p. 627-628.

[14] *"Nos limites do ordenamento patrimonial, entendido em sentido amplo, devem ser tomadas as providências acautelatórias com relação à competência para o exercício de*

Por fim, por ordenamento da empresa, Wiedemann refere-se ao ordenamento interno da sociedade, isto é, de que forma a empresa – assim entendida enquanto unidade econômica – deve ser organizada[15]. Trata-se de se estabelecer as regras e diretrizes internas relacionadas ao funcionamento da sociedade (administração, fiscalização, exercício do controle, etc.).

Esta visão da relação jurídico-societária também encontra ressonância na obra de Karsten Schmidt, conforme aponta Gustavo Saad Diniz:

> A presente obra inicia a estruturação de uma teoria geral do direito societário brasileiro, de modo a fornecer instrumentos de natureza comum a todos os tipos de sociedades. O objetivo não é somente científico, mas também didático e detecta os pontos de intersecção entre as sociedades e os justapõe em quatro organizações decorrentes do contrato: (a) organização societária; (b) organização patrimonial; (c) organização da atividade; (d) organização das garantias. A orientação vem da obra de Karsten Schmidt, que sustenta estarmos diante de contrato de organização e de garantia[16].

direitos e sua execução, à transferência do patrimônio entre a organização societária e os sócios e à responsabilidade nas relações internas e externas". In FRANÇA, Erasmo Valladão Novaes. *Temas de direito societário, falimentar e teoria da empresa.* São Paulo: Malheiros, 2009. p. 630.

[15] *"O direito das sociedades comerciais [...] compreende, em larga medida, simultaneamente, o poder de elaborar o ordenamento interno ou 'constituição da empresa' [Unternehmensverfassung]. O legislador e, complementarmente os próprios sócios – que aqui são designados 'proprietários do capital' – determinam por quem e segundo quais diretrizes o planejamento, a direção e a fiscalização da empresa devem ser executados, e, portanto, de que forma a unidade econômica 'empresa' [Unternehmung] deve ser organizada"*. In FRANÇA, Erasmo Valladão Novaes. *Temas de direito societário, falimentar e teoria da empresa.* São Paulo: Malheiros, 2009. p. 633.

[16] DINIZ, Gustavo Saad. *Curso de direito comercial.* São Paulo: Atlas, 2019. p. 92.

A assimilação da relação jurídico-societária como organização econômica contratual para realização de determinadas atividades[17] geradoras de estratos de imputação (tais como os aludidos por Wiedemann, Schmidt e Diniz) é condição essencial para a compreensão dos conflitos societários.

Isto porque os conflitos societários decorrem todos de tensões ocorridas dentro e entre cada um destes estratos de imputação. Assim, quando o sócio deixa de integralizar ao capital social a quantia que se obrigou, tornando-se remisso, verifica-se um estresse dentro do ordenamento societário. Quando, de outro lado, o sócio realiza venda de participação societária ignorando direito de preferência previsto no ato constitutivo, constata-se problema dentro do ordenamento patrimonial. Quando, por fim, o administrador pratica ato desalinhado do interesse social e causa prejuízo à sociedade, a tensão no ordenamento empresarial resta evidenciada.

Dentro dessa perspectiva, é intuitivo reconhecer que, a depender do tipo societário, determinados conflitos podem se revelar em maior ou menor grau e em maior ou menor frequência, justamente porque em cada tipo societário é possível apontar um protagonismo de algum estrato de imputação, em detrimento dos demais (que permanecem, todavia, exercendo influência, ainda que secundária). O exemplo de Wiedemann, neste aspecto, é elucidativo, ainda que realizado à luz de pessoas jurídicas distintas:

> O significado do ordenamento do patrimônio especial varia de acordo com o tipo e a dimensão da organização societária.

[17] *"A união de pessoas para a realização de um objetivo comum é o substrato da sociedade. As sociedades apareceram em passado remoto, fruto do espírito associativo do homem, como situação de fato impostas pela necessidade de agir em comum na busca dos bens necessários à sua sobrevivência"*. In GONÇALVES NETO, Alfredo de Assis. *Direito de empresa*. 5. ed. São Paulo: RT, 2014. p. 135.

> Para as associações ideais as energias sociais são empregadas, em primeiro lugar, na consecução dos projetados objetivos políticos, científicos, artísticos ou esportivos, e a administração do patrimônio social é compreendida mais como uma providência de apoio. Quando, ao contrário, uma empresa deve ser explorada com o patrimônio, como é o caso nas sociedades comerciais, a estruturação da esfera patrimonial é deslocada fortemente para o centro da vida da sociedade[18].

Independente do fato da tipologia de conflitos e da intensidade em que ocorrem estar associado aos vários tipos de sociedades, é possível afirmar que os conflitos societários, genericamente considerados, surgem da própria natureza das relações que se originam entre sociedade e seus sócios, entre os próprios sócios, entre sociedades de um grupo societário ou entre sócios e administradores[19].

Daí ser possível elencar, sem qualquer pretensão de exaustão, aqueles conflitos assim denominados tipicamente societários, isto é, aqueles que, independentemente do tipo societário, revelam-se mais frequentes na práxis forense: (i) penhora de ações e quotas sociais; (ii) apuração de haveres; (iii) afastamento e destituição de administrador; (iv) penhora de faturamento; (v) intervenção judicial na sociedade; (vi) liquidação de sociedade.

[18] FRANÇA, Erasmo Valladão Novaes. *Temas de direito societário, falimentar e teoria da empresa*. São Paulo: Malheiros, 2009. p. 630.

[19] "*Litígios societários são, consequentemente, os conflitos surgidos em decorrência dessas relações, que se estabelecem entre uma sociedade e os seus sócios, entre sócios ou mesmo entre sociedades e/ou sócios e administradores. Os conflitos societários decorrem invariavelmente do funcionamento das sociedades e, por isso, desde que foram inventadas as sociedades, há litígios dessa natureza*". In YARSHELL, Flávio Luiz; PEREIRA, Guilherme Setoguti J. (Coord.). *Processo societário II*. São Paulo: Quartier Latin, 2015. p. 846.

2.2. A ineficácia e morosidade da tutela jurisdicional societária

Conforme se demonstrou, a relação jurídico-societária é complexa e dá ensejo a um variado feixe de relações jurídicas: seja entre a sociedade e os sócios, seja dos sócios entre si, ou mesmo entre sociedades de um mesmo grupo[20]-[21].

Referidas relações não são necessariamente estanques e dissociadas uma das outras; pelo contrário, quase que em sua totalidade se dão de forma concomitante e entrelaçada. E, dentro desta rede de ligações, há, ainda, um fator complicador: os partícipes das relações jurídico-societárias são permeados por interesses distintos, ainda que, contraditoriamente, estejam unidos por um interesse comum.

Assim, ainda que os sócios busquem se associar com a finalidade de atingir um objetivo comum com a partilha dos lucros e prejuízos[22], é natural que os componentes da relação societá-

[20] *"Sob o prisma jurídico, os processos de concentração econômica vêm à luz mediante operações como fusões, aquisições de participações acionárias relevantes, incorporações, compra de ativos, constituição de sociedades em comum, etc., e podem apresentar por resultado a constituição de um grupo societário, no qual a atividade econômica é desenvolvida por várias sociedades, que, direta ou indiretamente, possuem acionistas comuns, imprimindo-lhe uma 'direction économique unitaire', no dizer de Champaud".* In FORGIONI, Paula A. *A evolução do direito comercial brasileiro*: da mercancia ao mercado. 4. ed. São Paulo: RT, 2019. p. 114-115. Para uma análise mais profunda sobre grupos societários, confira: DINIZ, Gustavo Saad. *Grupos societários*: da formação à falência. Rio de Janeiro: Forense, 2016.

[21] "As relações societárias que advêm do fenômeno associativo dividem-se em uma dupla ordem de manifestações: (i) de um lado, o processo jurídico por meio do qual a pluralidade de sócios organiza-se e relaciona-se internamente em torno de uma unidade pessoal e patrimonial denominada ente associativo; (ii) de outro, o feixe de relações estabelecido por tal ente na sua individualidade e no modo como se relaciona com outros sujeitos externos". In TELLECHEA, Rodrigo. *Autonomia privada no direito societário*. São Paulo: Quartier Latin, 2016. p. 95.

[22] "[...] *entende-se que um fenômeno afeito às regras societárias envolve situações nas quais se vislumbra uma coletividade de pessoas organizada por um ato de vontade (ma-*

ria tenham, cada um, interesses próprios e que se manifestam a partir da posição que ocupam na estrutura societária[23]. Daí ser possível divisar, nas diversas instâncias sociais, o interesse do próprio sócio, do controlador, do minoritário e da sociedade.

A coexistência de uma variada gama de interesses nem sempre convergentes acarreta, inexoravelmente, o surgimento de conflitos, em um movimento tão natural quanto às relações a eles subjacentes. Não é por outra razão que Calixto Salomão Filho considera o conflito de interesses algo "conatural" à sociedade[24].

Portanto, seja em virtude das inúmeras camadas de relações jurídicas que compõem a relação jurídico-societária genericamente considerada, seja em razão do natural conflito de interesses que emerge de seus partícipes, não é raro se constatar, em diferentes graus de intensidade, pontos de tensão e que podem, eventualmente, desaguar em um litígio societário.

O litígio societário, portanto, decorre de um impasse, de um desacordo, de uma divergência entre sócios ou entre estes e a sociedade, cuja mediação e solução, em um primeiro momento,

nifestação da sua autonomia privada) de seus membros, com o desiderato de perseguir ou administrar interesses comuns". In Tellechea, Rodrigo. *Autonomia privada no direito societário.* São Paulo: Quartier Latin, 2016. p. 26. Trata-se, conforme se nota, de conceito elementar do direito societário e que atualmente encontra ressonância no CC 981.

23 *"É da natureza do contrato de sociedade, como contrato plurilateral, outrossim, não obstante essa comunhão de escopo, a possibilidade de conflito entre o interesse individual dos sócios e o interesse comum, dada a eventual concorrência, entre os sócios, mesmo durante a vida da sociedade, para obter maiores vantagens econômicas ou assumir o controle societário"*. In França, Erasmo Valladão Novaes. *Conflito de interesses nas assembleias de S/A.* 2. ed. São Paulo: Malheiros Editores, 2014. p. 59.

24 *"O problema de conflito entre os vários interesses envolvidos pela sociedade (sócios, credores, trabalhadores, comunidade, etc.) é algo conatural a ela mesma. Como se verá em breve, é, em verdade, para muitos teóricos, a própria função da pessoa jurídica"*. In Salomão Filho, Calixto. *O novo direito societário*: eficácia e sustentabilidade. 5. ed. São Paulo: Saraiva, 2019. p. 181

deve ser equacionada pelas regras constantes do contrato de sociedade.

É que o contrato de sociedade, para além de estruturar o exercício do objeto social e de organizar as estruturas sociais internas[25], regula os direitos e obrigações que as partes assumiram quando se propuseram a comungar esforços em torno de um objetivo comum[26]. Deste modo, é a partir da interpretação e aplicação das regras dispostas no contrato de sociedade que se busca, ao menos extrajudicialmente, solucionar eventual impasse.

Ocorre, no entanto, que as disposições contratuais ajustadas não têm o potencial de antecipar todos os eventos e situações de conflito que possam surgir, ainda que referidas disposições se utilizem de cláusulas gerais ou de conceitos jurídicos indeterminados[27]. Trata-se do que a doutrina convencionou denominar de incompletude do contrato de sociedade.

[25] "*Entende-se, por conseguinte, que a estrutura e a organização são elementos indispensáveis para a formação e a caracterização da sociedade como tipo contratual, exercendo papel preponderante na atuação das demais características que formam o núcleo do seu caráter plurilateral, associativo e organizativo*". In TELLECHEA, Rodrigo. *Autonomia privada no direito societário.* São Paulo: Quartier Latin, 2016. p. 53.

[26] "*Por outro lado, no plano da eficácia, o regramento do contrato conjuga os direitos e obrigações que as partes assumiram. É o conteúdo imperativo-atributivo do contrato, baseado nos vínculos pessoais dos sócios que estabeleceram relações contratuais entre uma série de partes, que assume, reciprocamente, direitos e obrigações para consecução do objetivo social*". In DINIZ, Gustavo Saad. *Estudos e pareceres da pessoa jurídica e da atividade empresarial.* São Paulo: LiberArs, 2013. p. 206.

[27] Transpondo-se a doutrina de Nelson Nery Junior e Rosa Maria de Andrade Nery formulada à luz da norma legal para as regras contratuais, é possível dizer que os conceitos jurídicos indeterminados são palavras ou regras contratuais de conteúdo e extensão altamente vagos, imprecisos e genéricos e, por esta razão, por demais abstratos e lacunosos. As cláusulas gerais, por sua vez, são regras orientadoras sob a forma de diretrizes, dirigidas às partes, vinculando-as ao mesmo tempo em que lhe dão liberdade para decidir diante de determinada situação. Cf. NERY Jr., Nelson; NERY, Rosa Maria de Andrade. *Código civil comentado.* 10. ed. São Paulo: RT, 2013. p. 232-233.

Por se consubstanciar em vínculo obrigacional de execução continuada – isto é, que se protrai no tempo – o contrato de sociedade, inexoravelmente, não terá como antecipar todos os eventos que possam gerar divergências e conflitos:

> Nos contratos de longa duração e execução continuada ou diferida, é difícil prever, *ex ante*, todos e quaisquer eventos que possam resultar em contingências que afetem a distribuição de direitos, deveres, ônus, e obrigações iniciais, aqueles que venham a incidir sobre as respectivas prestações, que podem ser afetadas de forma diversa. [...] No que concerne a estruturas organizacionais de instituições econômicas, é impossível redigi-los [os contratos] de forma complexiva[28].

Daí que, seja em razão da insuficiência das regras contratuais para adequada solução extrajudicial do litígio; seja em virtude da dificuldade em se construir consenso em torno da interpretação de determinada cláusula; seja, ainda, pela elevada carga de litigiosidade decorrente de posições ancoradas e antagônicas das partes, não raro os conflitos societários são resolvidos judicialmente. E, por mais contraditório que isto possa parecer, o encaminhamento do litígio societário ao Poder Judiciário – ao invés de promover a pacificação social[29] – pode agravar ou até mesmo multiplicar os problemas surgidos da situação de desacordo.

A razão para o que se acima se afirmou reside no fato de que, a despeito de pontuais e tímidos avanços[30], a tutela jurisdicio-

[28] SZTAJN, Rachel; VERÇOSA, Haroldo Malheiros Duclerc. A incompletude do contrato de sociedade. *Revista de Direito Mercantil, Industrial, Econômico e Financeiro*, São Paulo, v. 42, n. 133, p. 7-20, jul/set. 2003.

[29] E aqui a referência é tanto a uma das funções da jurisdição estatal, quanto ao apaziguamento da situação de belicosidade erigida entre os partícipes da relação jurídico-societária.

[30] A título de exemplo, pode-se citar, entre outros, (i) a criação, no âmbito do primeiro grau de jurisdição de alguns Estados, de varas judiciais especializadas

nal societária no País ainda é, em geral, inadequada e morosa. Não por outra razão a doutrina vem defendendo, já há algum tempo, a criação de uma tutela jurisdicional diferenciada para dirimir conflitos societários, pois, "*a que tudo indica, esses conflitos estão a merecer uma regulação procedimental específica, mais justa e eficaz do que aquela que vem sendo prestada pelo procedimento comum*"[31].

Ora, se há um reclamo para a sistematização de um processo societário é porque, deveras, a tutela jurisdicional societária não vem sendo prestada com a devida celeridade e eficácia. De se perquirir, portanto, as razões e em que medida referida tutela, ao menos do ponto de vista clássico, tem se mostrado morosa e ineficaz.

Há variadas razões que explicam a morosidade e a ineficácia da tutela jurisdicional societária[32]. Algumas delas, para os desideratos deste estudo, ganham maior destaque, razão pela qual merecem maior reflexão.

A primeira delas refere-se ao fato da legislação ainda demandar uma série de procedimentos burocráticos, em especial no âmbito das normas processuais. E, ainda que a ciência proces-

com competência para solução de litígios empresariais; (ii) a instituição, no âmbito de alguns Tribunais de Justiça, de câmaras empresariais; (iii) a maior especialização de juízes e desembargadores; (iv) a regulação processual de determinados conflitos societários, a exemplo da ação de dissolução parcial de sociedade (arts. 599 a 609, do CPC/2015) e da penhora de quotas ou ações (art. 861, CPC).

31 YARSHELL, Flávio Luiz; PEREIRA, Guilherme Setoguti J. (Coord.). *Processo societário.* São Paulo: Quartier Latin, 2012. p. 445.

32 "*Já as desvantagens de se utilizar o Poder Judiciário refletem as suas ineficiências já mencionadas no Capítulo 1 do Livro, que ora relembramos e complementamos: (a) morosidade; (b) deficiência de recursos materiais e humanos; (c) má qualidade do direito processual e a aplicação de alguns princípios do direito brasileiro (muitas garantias processuais); (d) má relação entre os Poderes Executivo, Legislativo e Judiciário; (e) excesso de demanda judicial por parte do próprio Estado; (f) percepção de que magistrados não são rígidos para controlar técnicas protelatórias dos advogados; e (g) diversos problemas na gestão administrativa do Poder Judiciário*". In CAMARGO, André Antunes Soares de. *Aspectos jurídicos do ambiente empresarial brasileiro.* São Paulo: Almedina, 2018. p. 150.

sual esteja, paulatinamente, abandonando o formalismo processual[33] (pautado pela rigidez procedimental), o fato é que, em nome da segurança jurídica[34], as formalidades legais ainda tornam o processo judicial moroso.

A burocracia procedimental não decorre apenas de normas previstas na lei processual, mas também é fruto de inúmeras e complexas rotinas a serem processadas perante os cartórios judiciais. Em recente estudo conduzido pelo Centro de Estudos e Pesquisas Judiciais (CEBEPEJ) e pelo Instituto dos Advogados de São Paulo (IASP), constatou-se que as rotinas e burocracias cartorárias podem consumir até 80% (oitenta por cento) do tempo de tramitação de um processo judicial[35]. O estudo também apontou que, ainda que o processo tramite de

[33] *"O processo civil moderno repudia o formalismo irracional, mediante a flexibilização das formas e a interpretação racional das normas que as exigem, segundo os objetivos a seguir. É de grande importância a regra da instrumentalidade das formas, concebida para conduzir a essa interpretação e consistente na afirmação de que, quando atingido por algum modo o objetivo de determinado ato processual e não ocorrendo prejuízo a qualquer dos litigantes ou ao correto exercício da jurisdição, nada há a anular, ainda quando omitido o próprio ato ou realizado com transgressão a exigências formais"*. In DINAMARCO, Cândido Rangel; LOPES, Bruno Vasconcellos Carrilho. *Teoria geral do novo processo civil.* São Paulo: Malheiros, 2016. p. 30-31.

[34] *"O procedimento como técnica e a necessidade de sua observância constituem fatores de segurança dos litigantes, sem os quais se abriria caminhos para abusos, arbitrariedades e consequente insegurança"*. In DINAMARCO, Cândido Rangel; LOPES, Bruno Vasconcellos Carrilho. *Teoria geral do novo processo civil.* São Paulo: Malheiros, 2016. p. 30.

[35] *"Segundo o relatório, apesar da quase total desconsideração dos cartórios nas políticas públicas e acesso à justiça e nas legislação, cerca de 80% do tempo total dos processos judiciais analisados no estudo aconteceu nas mesas e prateleiras dos 11 cartórios, para processamento das complexas rotinas necessárias a seu andamento – um tempo que até mesmo pode ser considerado devido – ou simplesmente à espera de que fosse adotada a próxima providência cabível pelo funcionário respectivo – o que poderia ser considerado um "tempo morto" no processo judicial"*. Disponível em < http://www.cebepej.org.br/admin/arquivos/0262d3b2a16fb72a170372fe73243e9f.pdf> Acesso em 07 ago. 2020.

forma eletrônica, referidas rotinas e burocracias procedimentais ainda consomem um tempo considerável de tramitação dos feitos[36].

A segunda principal razão que explica a morosidade e ineficácia da tutela jurisdicional societária – e que se relaciona diretamente com a primeira – é a deficiência de recursos humanos e materiais do Poder Judiciário. O insuficiente número de magistrados e servidores, aliado ao alto volume de processos[37] tende a resultar, intuitivamente, em uma tutela jurisdicional de baixa qualidade.

A terceira principal razão reside na alta complexidade dos litígios societários, que normalmente envolvem questões jurídicas específicas, muitas vezes direta ou indiretamente relacionadas a matérias de outras áreas do conhecimento (*e.g.* economia, contabilidade, finanças, governança corporativa). Não é por outro motivo que grandes conflitos societários são submetidos à arbitragem. O elevado grau de especialização dos árbitros confere às partes litigantes a garantia de que o conflito tende a ser

[36] *"O que se constata, porém, é que, passada quase uma década da Lei 11.419/2006, a maioria das cortes sequer superou a fase de transição entre as interfaces física e digital dos autos e, nas que já o fizeram, remanescem práticas típicas do processo em papel aplicadas ao processo virtual"*. Disponível em <http://www.cebepej.org.br/admin/arquivos/0262d3b2a16fb72a170372fe73243e9f.pdf> Acesso em 07 ago. 2020.

[37] A edição 2020 (data-base 2019) do relatório "Justiça em Números", elaborado anualmente pelo Conselho Nacional de Justiça, informa que, até 2016, o aumento do acervo de processos no País era recorrente. A diminuição do estoque processual, nos últimos dois anos, de outro lado, foi tímida, não chegando a 2%. De outro lado, a edição mais recente do relatório (data-base 2020), informa que, em 2020, constatou-se, desde 2017, a maior redução do acervo de processos pendentes. A variação acumulada da redução dos últimos três anos, todavia, não supera 6%. Disponível em m <https://www.cnj.jus.br/wpcontent/uploads/conteudo/arquivo/2019/08/justica_em_numeros20190919.pdf> e <https://www.cnj.jus.br/wp-content/uploads/2021/10/relatorio-justica-em-numeros2021-081021.pdf> Acesso em 07 ago. 2020 e 31 out. 2021.

dirimido por alguém que conhece os meandros do mercado e as particularidades das regras de direito societário[38].

As circunstâncias acima apontadas não passaram despercebidas pela doutrina, que reconhece a dificuldade do Poder Judiciário em lidar com a complexidade inerente aos processos societários:

> Há estudos realizados pelo próprio Poder Judiciários demonstrando a existência de nível indesejado de morosidade, de falta de especialização dos magistrados, de problemas de infraestrutura, sem considerar a ocorrência de atos de improbidade. Em tema de direito societário, porém, o desempenho é ainda mais alarmante. São poucos os Estados brasileiros que dispõem de juízos especializados em matéria societária. [...] Ao considerar-se que especialização e celeridade na solução de conflitos são atributos essenciais para conferir segurança e credibilidade ao sistema de mercado, torna-se irrefutável a conclusão de que o Judiciário brasileiro, ao menos no momento atual, não se encontra aparelhado para exercer esse papel[39].

Embora haja, reitere-se, outros motivos que explicam a morosidade e ineficiência da tutela jurisdicional societária, a excessiva burocracia procedimental, a deficiência de recursos humanos e materiais e, por fim, a elevada complexidade da matéria, explicam, em boa medida, referido fenômeno.

[38] *"Em primeiro lugar, os árbitros são 'seres do mercado'. Ao contrário dos juízes, que em geral desde cedo se conformam aos quadros estatais, os árbitros, que geralmente são advogados ou outros profissionais liberais por formação, fazem parte da mesma dinâmica que os empresários. Ao jogaram o jogo do mercado, os árbitros acabam se habituando ao funcionamento do mundo corporativo e da iniciativa privada".* In FRAZONI, Diego. *Arbitragem societária*. São Paulo: RT, 2019. p. 38.

[39] YARSHELL, Flávio Luiz; PEREIRA, Guilherme Setoguti J. (Coord.). Processo societário. São Paulo: Quartier Latin, 2012. p. 85.

Isto não significa, todavia, que o problema seja insolúvel ou que não seja possível tornar a tutela jurisdicional societária mais efetiva.

O objetivo deste estudo é demonstrar que o negócio jurídico processual atípico, instituído pelo Código de Processo Civil de 2015, pode ser utilizado como poderoso instrumento de aprimoramento da tutela jurisdicional societária.

3. O negócio jurídico processual

3.1. A natureza jurídica do negócio jurídico processual

Do ponto de vista lógico (e até mesmo didático), preliminarmente à perquirição a respeito da natureza jurídica do negócio jurídico processual, seria preciso delimitar-se seu conceito. Ocorre, todavia, que o conceito de negócio processual encontra-se intimamente ligado à sua natureza jurídica[40]-[41], razão pela qual ambos serão tratados conjuntamente.

De forma mais abrangente, o negócio processual pode ser entendido como um instituto jurídico, isto é, uma espécie de mecanismo de solução para um problema eminentemente

[40] "Conceito" liga-se à ideia de simples descrição (o que é algo). "Natureza jurídica", ao seu turno, pressupõe a compreensão do direito como sistema e visa atribuir um valor – a partir de princípios estritamente jurídicos – ao conceito. A título de exemplo, tome-se a ideia de contrato de sociedade. O conceito de contrato social é de ajuste por meio do qual pessoas reciprocamente se obrigam a contribuir, com bens ou serviços, para o exercício de atividade econômica com a partilha dos resultados. A natureza jurídica do contrato de sociedade, por sua vez, é "*tema que gerou (e ainda gera) relevantes e inquietantes debates, principalmente na doutrina societária europeia da primeira metade do século XX*'. Cf. TELLECHEA, Rodrigo. *Autonomia privada no direito societário.* São Paulo: Quartier Latin, 2016. p. 40.

[41] "*Por «valorar» ou «avaliar» deve entender-se, em primeiro lugar, um acto de tomada de posição. O objecto a avaliar será julgado como apetecível ou despiciendo, meritório ou não meritório, preferível a outro ou secundário em relação a ele.* [...] *A aprovação ou desaprovação encontram a sua expressão num juízo de valor, que pode ser de natureza moral ou, se se orienta por princípios especificamente jurídicos, de natureza jurídica*". In LARENZ, Karl. *Metodologia da ciência do direito.* 3. ed. Lisboa: Fundação Calouste Gulbenkian, 1997. p. 408.

jurídico[42]. O problema, como adiante se verá, são os (por vezes) excessivos formalismo e rigidez de normas processuais na solução de litígios societários. A solução, ao seu turno, é a utilização do instituto do negócio processual como forma de se flexibilizar os procedimentos inerentes ao processo societário, conferindo-lhe maior eficiência e celeridade.

De forma mais específica, o negócio processual pode ser compreendido a partir da teoria dos atos e fatos jurídicos processuais. Pois bem. Conforme adverte Fredie Didier Junior, "*há muita polêmica em torno do conceito de fato jurídico processual*"[43]-[44]. Há até mesmo quem negue a existência de fatos jurídicos processuais, caso de Calmon de Passos, para quem "*no processo, somente atos são possíveis*", uma vez que "*os acontecimentos naturais apontados como caracterizadores de fatos jurídicos processuais são exteriores ao processo e, por força dessa exterioridade, não podem ser tidos como* [...] *fatos processuais*[45]".

Para os desideratos deste trabalho, adotar-se-á a classificação empreendida por Fredie Didier Júnior que, a exemplo de grande

[42] "*Os institutos reuniriam, de forma sistêmica, lógica e concatenada* [...] *normas e princípios privados comuns, atinentes a determinadas relações da vida, e se revelariam como instrumentos juscientíficos a serviço da dogmática jurídica para a solução de problemas.* [...] *O instituto é uma proposta de solução científica e didática para o direito ser ministrado.* [...] *Essa forma de estruturar a ciência do direito permite que o sistema tenha como que um kit para dar solução certa para cada problema específico, que necessitaria de muitas etapas de elaboração lógico-jurídica para atingir a mesma finalidade*". In NERY, Rosa Maria de Andrade. *Introdução ao pensamento jurídico e à teoria geral do direito privado.* São Paulo: RT, 2008. p. 133-134.

[43] DIDIER JÚNIOR, Fredie. *Curso de direito processual civil*: introdução ao direito processual civil, parte geral e processo de conhecimento. 17. ed. Salvador: Jus Podivm, 2015. p. 372.

[44] Para uma incursão sobre as diversas teorias envolvendo os atos e fatos processuais, confira: DIDIER JÚNIOR, Fredie; NOGUEIRA, Pedro Henrique Pedrosa. *Teoria dos fatos jurídicos processuais.* 2. ed. Salvador: Jus Podivm, 2012.

[45] CALMON DE PASSOS, José Joaquim. *Esboço de uma teoria das nulidades aplicada às nulidades processuais.* Rio de Janeiro: Forense, 2002. p. 64-65.

parte da doutrina processual[46], baseia-se no conceito clássico de negócio jurídico próprio da teoria geral do direito privado[47].

Neste contexto, para Didier o fato jurídico processual *lato sensu* é gênero de três espécies de fatos, a saber: (i) o fato jurídico processual *stricto sensu*, assim compreendidos aqueles não-humanos, tais como força maior (art. 313, VI, do CPC), morte (art. 110, do CPC), parentesco (art. 144, III e IV, do CPC); (ii) os atos processuais, que se traduzem em comportamentos humanos volitivos aptos a produzir efeitos no processo[48]; e (iii) os negócios jurídicos processuais[49].

Daí que, do ponto de vista da teoria dos atos e fatos jurídicos processuais, o negócio jurídico processual pode ser definido como espécie de fato jurídico processual, de caráter negocial, e que, por meio da manifestação de vontade, visa à criação, modificação ou extinção de situações jurídicas processuais[50].

[46] Há outras classificações presentes na doutrina, a exemplo de José Miguel Garcia Medina, para quem os atos jurídicos processuais lato sensu compreendem (i) os atos jurídicos stricto sensu e (ii) os negócios jurídicos. Cf. MEDINA, José Miguel Garcia. *Novo código de processo civil comentado.* 5. ed. São Paulo: RT. 2017. p. 332-333.

[47] *"Há, desse modo, elementos mínimos que permitem identificar o negócio jurídico como um conceito da Teoria Geral do Direito. Isso obviamente não quer significar uma cristalização dessa categoria, de origem tipicamente privatística, como se a configuração do negócio jurídico que lhe dá o direito civil fosse a mesma verificada em outras seções do direito, como, por exemplo, mas não apenas, no direito processual"*. In NOGUEIRA, Pedro Henrique. *Negócios jurídicos processuais.* 3. ed. Salvador: Jus Podivm, 2018. p. 139.

[48] Na concepção de Fredie Didier, os atos jurídicos processuais subdividem-se ainda em (i) atos jurídicos processuais em sentido estrito (*e.g.* citação, atribuição de valor à causa, juntada de documento, penhora, confissão, intimação, etc.) e (ii) atos-fatos processuais (reconhecidos pelo Direito como fatos, sendo irrelevante a discussão sobre a existência de vontade e seu conteúdo – *e.g.* adiantamento do preparo, revelia).

[49] Cf. DIDIER JÚNIOR, Fredie. *Curso de direito processual civil*: introdução ao direito processual civil, parte geral e processo de conhecimento. 17. ed. Salvador: Jus Podivm, 2015. p. 372-376.

[50] *"Situação jurídica é um conceito lógico-jurídico: trata-se de conceito com pretensão de universalidade, que perpassa todos os subdomínios da Ciência Jurídica.* [...] *Situação*

Estas últimas, por sua vez, consubstanciam-se em poderes (ou direitos)[51], deveres[52], ônus[53] e faculdades[54].

O conceito de negócio jurídico processual acima exposto não difere muito daqueles encontrados na doutrina em geral, uma vez que todos gravitam – em maior ou menor grau – em torno da teoria geral do negócio jurídico e da autorregulação, por meio de ato voluntário, de situações jurídicas processuais[55].

jurídica é um tipo de eficácia jurídica. Segundo Marcos Bernardes de Mello, "situação jurídica" é expressão que pode ser utilizada em duas acepções: i) em sentido amplo, para designar toda e qualquer consequência que surge no mundo jurídico em decorrência do surgimento de um fato jurídico; ii) em sentido mais restrito, para designar os casos de eficácia jurídica em que não se concretiza uma relação jurídica". In Didier Júnior, Fredie; Nogueira, Pedro Henrique Pedrosa. *Teoria dos fatos jurídicos processuais.* 2. ed. Salvador: Jus Podivm, 2012. p. 119-120.

51 As partes têm o direito, assegurado em lei, de recorrer das decisões judiciais.

52 Deveres são exigências de condutas comissivas ou omissivas de interesse da parte contrária ou do Estado no exercício da jurisdição. "*Não são muitos os deveres impostos às partes no curso do processo.* [...] *Os poucos deveres processuais impostos às partes são instituídos para a defesa do interesse público no correto e eficiente exercício da jurisdição.* [...] *O mais amplo e expressivo dos deveres das partes é o de lealdade* [...]. *O novo Código de Processo Civil enuncia também e dá realce ao dever de cooperação* [...]". In Dinamarco, Cândido Rangel; LOPES, Bruno Vasconcellos Carrilho. *Teoria geral do novo processo civil.* São Paulo: Malheiros, 2016. p. 167-168.

53 O ônus "*consiste no encargo de assumir determinada conduta comissiva ou omissiva, conforme o caso, como condição para obter certa vantagem ou para não suportar certa desvantagem.* [...] *Há o ônus de fundamentar as demandas, o de responder a elas sob pena de revelia, o de adiantar despesas do processo, o de provar* [...], *etc.*". In Dinamarco, Cândido Rangel; Lopes, Bruno Vasconcellos Carrilho. *Teoria geral do novo processo civil.* São Paulo: Malheiros, 2016. p. 166-167.

54 As faculdades consubstanciam-se na liberdade das partes de agir no processo segundo suas próprias vontades. Assim, "*as partes têm a faculdade de se fazerem representar por um advogado só, ou mais; podem optar por apresentar sua defesa no primeiro dia do prazo ou no último, etc.*". In Dinamarco, Cândido Rangel; LOPES, Bruno Vasconcellos Carrilho. *Teoria geral do novo processo civil.* São Paulo: Malheiros, 2016. p. 166.

55 "*Define-se o negócio processual* [...] *como o fato jurídico voluntário em cujo suporte fático, descrito em norma processual, esteja conferido ao respectivo sujeito o poder de escolher a categoria jurídica ou estabelecer, dentre dos limites fixados no próprio*

Esta é a razão pela qual adotar-se-á, para os fins deste estudo, a concepção ora apresentada.

3.2. Uma tentativa de classificação: convenções extraprocessuais e processuais

A doutrina em geral refere-se ao poder de autorregulação de certas e determinadas situações processuais como "negócios jurídicos processuais", expressão que se consagrou ao longo do tempo.

Ocorre que, tanto quanto no âmbito da teoria geral do negócio jurídico, os negócios processuais podem ser unilaterais ou bilaterais. Serão unilaterais quando, para sua concretização, decorrerem de uma única manifestação de vontade (*e.g.* desistência da ação ou renúncia do direito de recorrer) e bilaterais quando sua formação depender da concorrência de duas ou mais vontades (*e.g.* eleição negocial de foro ou ampliação convencional de prazo processual). A lei processual, em seu art. 200, é expressa nesse sentido ao dispor que "*os atos das partes consistentes em declarações unilaterais ou bilaterais de vontade produzem imediatamente a constituição, modificação ou extinção de direitos processuais*".

Os negócios jurídicos bilaterais, por sua vez, podem ser classificados em (i) contratos, quando sua concretização decorre de manifestações de vontade lastreadas em interesses contrapostos[56]; e (ii) acordos ou convenções, quando decorrem de

ordenamento jurídico, certas situações jurídicas processuais" (NOGUEIRA, Pedro Henrique. *Negócios jurídicos processuais*. 3. ed. Salvador: Jus Podivm, 2018. p. 175). "*Negócio jurídico processual* [...] *é, na qualidade de ato processual, aquele ato pelo qual as partes de determinado processo em andamento ou em uma relação jurídica ainda não litigiosa* [...] *deseja, criar, modificar ou extinguir determinadas normas procedimentais, dentro dos limites permitidos para tanto*" (CÂMARA, Helder Moroni. *Negócios jurídicos processuais*: condições, elementos e limites. São Paulo: Almedina, 2018. p. 78).

[56] "*Não se nega a possibilidade teórica de um contrato processual, mas é certo que são mais abundantes os exemplos de acordos ou convenções processuais*". In DIDIER JÚNIOR,

manifestações de vontade voltadas a um interesse comum e convergente[57].

O rigor técnico quanto à adequada terminologia a ser utilizada já foi objeto de acurada advertência de Barbosa Moreira em sede doutrinária, quando ainda sequer se cogitava a respeito da possibilidade de instituição de uma cláusula geral de negociação processual:

> Não sofre dúvida que se está diante de atos constituídos por duas declarações de vontade. Tem elas aqui, todavia, conteúdo igual; não caberá, pois, falar em contrato, caso se parta da premissa de que é essencial a esta figura serem diversas (embora correspondentes) as declarações de vontade. [...] A expressão "contrato processual" não é encontrada na literatura pátria. Tem-se antes falado de "avenças" ou "acordos processuais". A essas maneiras de dizer parece-nos preferível a locução "convenções processuais", de cunho mais técnico e, sobretudo, mais aderente a linguagem do Código [CPC/1973], que usa "convenção" nos arts. 111, 181, 265, II, 333, parágrafo único, e 453, I, bem como palavras cognatas dessa noutros dispositivos (arts. 454, § 1º, 606, I, 656, 792, 1.028, 1.031, I, 1.113, § 3º)[58].

A doutrina nacional[59], de outro lado, utiliza das locuções "convenção", "negócios", "contratos" e "pactos" como se fossem sinônimas de uma mesma manifestação jurídica. Ocorre

Fredie. *Curso de direito processual civil*: introdução ao direito processual civil, parte geral e processo de conhecimento. 17. ed. Salvador: Jus Podivm, 2015. p. 378.

[57] Cf. Didier Júnior, Fredie. *Curso de direito processual civil*: introdução ao direito processual civil, parte geral e processo de conhecimento. 17. ed. Salvador: Jus Podivm, 2015. p. 378.

[58] Barbosa Moreira, José Carlos. Convenções das partes sobre matéria processual. *Revista de Processo*, São Paulo, v. 33, p. 182-191, jan./mar. 1984.

[59] *"No direito estrangeiro o instituto também recebe locuções distintas. Na Alemanha utiliza-se a expressão Prozessverträge, que se refere a contratos processuais. Na França fala-se em contract de procèdure. Já na Itália usa-se accordi processual para abordar*

que não se pode equiparar expressões e conceitos sem sobre eles se refletir, especialmente porque a ciência jurídica possui uma linguagem própria e rigorosa[60].

Como se está a referir a negócios jurídicos processuais bilaterais de interesse comum, entende-se que a expressão que melhor reflete referido conceito é "convenção", razão pela qual doravante será a locução padrão adotada.

As convenções podem se dar em momento *anterior* à instauração da ação judicial, hipótese em que são comumente denominadas de pré-processuais; ou *após* o ajuizamento da demanda, hipótese em que são denominadas processuais[61].

As convenções ajustadas previamente ao litígio judicial, no entanto, em consonância com o rigor terminológico a que acima se aludiu, não podem ser adjetivadas de *processuais*, em razão da inexistência de processo judicial pendente – muito embora tenham por objeto futura e eventual demanda. Daí ser mais adequada a utilização da expressão "convenção *sobre o processo*" ou "convenção *extraprocessual*"[62].

Assim, no curso da demanda, para além das convenções processuais típicas – isto é, aquelas prévia e expressamente dis-

as avenças sobre processo". In CABRAL, Trícia Navarro Xavier. Convenções em matéria processual. *Revista de Processo*, v. 241, p. 489-516, mar./2015.

[60] Cf. NERY, Rosa Maria de Andrade. *Introdução ao pensamento jurídico e à teoria geral do direito privado*. São Paulo: RT, 2008. p. 53.

[61] A doutrina também refere-se a convenções *antecedentes* e *contemporâneas*; *preparatórias* e *interlocutórias* ou mesmo *extrajudiciais* e *judiciais*. Cf. NOGUEIRA, Pedro Henrique. *Negócios jurídicos processuais*. 3. ed. Salvador: Jus Podivm, 2018. p. 201 e CÂMARA, Helder Moroni. *Negócios jurídicos processuais*: condições, elementos e limites. São Paulo: Almedina, 2018. p. 81.

[62] "[...] *não se fala em negócio processual sem que haja um procedimento a que se refira. Negócios jurídicos que têm em mira futuras demandas não são adjetivados como 'processuais', falta-se a 'processualidade' ínsita à existência concreta de um procedimento ao qual se refira, embora sejam negócios jurídicos sobre o processo*". In NOGUEIRA, Pedro Henrique. *Negócios jurídicos processuais*. 3. ed. Salvador: Jus Podivm, 2018. p. 269-270.

postas em lei[63] – é possível que as partes estipulem convenções processuais atípicas, isto é, regulem situações jurídicas processuais de forma autônoma e que não tenham prévio regramento em lei[64].

Por outro lado, é possível a formalização de convenções sobre o processo preliminarmente ao surgimento da demanda judicial, hipótese em que normalmente são celebradas por meio de cláusulas contratuais específicas inseridas nos instrumentos que regulam a própria relação jurídica de direito material[65]. Isto é, as partes ajustam de que forma o procedimento e determinadas situações jurídicas processuais dar-se-ão caso o impasse eventualmente surgido entre as partes seja levado para apreciação do Poder Judiciário.

3.3. A (não) vinculação do juiz e controle de validade das convenções processuais

No sistema do Código de Processo Civil de 2015, o disposto em seu art. 190 ficou conhecido com o que a doutrina passou a denominar de "cláusula geral de negociação processual". E a nomenclatura tem razão de ser, na medida em que, em uma clara mudança de paradigma[66], a lei processual civil passou a per-

[63] Há inúmeras hipóteses positivadas na legislação processual, a exemplo, entre outros, do acordo para suspensão do processo (CPC 313 III), convenção sobre o ônus da prova (CPC 373 §3º), renúncia ao prazo (CPC 225) e a escolha consensual do perito (CPC 471).

[64] "A convenção também pode ser consensual, no curso de demanda já ajuizada. As partes a celebrarão por instrumento escrito apresentado a juízo ou mediante redução da convenção a termo nos autos". In Gajardoni, Fernando da Fonseca et al. *Teoria geral do processo*: comentários ao CPC de 2015. São Paulo: Forense, 2015. p. 621.

[65] Cf. Gajardoni, Fernando da Fonseca et al. *Teoria geral do processo*: comentários ao CPC de 2015. São Paulo: Forense, 2015. p. 621.

[66] *"A tradição do direito brasileiro que vigorou até o Código de Processo Civil de 1973 impunha com extremo rigor a estrita legalidade na definição dos procedimentos, os quais*

mitir, expressamente, a realização de convenções processuais de forma genérica e desvinculada de esquemas pré-definidos:

> O CPC/2015, de modo inovador e sem equivalente exato em direito comparado, rompe a dogmática até então reinol, e, mediante uma cláusula geral de negócio jurídico processual, passa a admitir que a vontade das partes, por meio de negócios jurídicos processuais bilaterais atípicos (não disciplinados casuisticamente em lei), tenha impacto no procedimento e na relação jurídica processual estabelecida em lei[67].

Com efeito, na linha do que já se referiu neste estudo, o art. 190, *caput*, do CPC, dispõe que, nas causas que versem sobre direitos disponíveis (isto é, que admitam autocomposição), faculta-se às partes estipular mudanças no procedimento e de situações processuais, convencionando sobre "*ônus, poderes, faculdades e deveres processuais, antes ou durante o processo*"[68]. O parágrafo único, por sua vez, rege o controle de validade das convenções, dispondo que o juiz, de ofício ou a requerimento, ao exercer o aludido controle, somente poderá recusar a aplicação das convenções "*nos casos de nulidade ou de inserção abusiva em contrato de adesão ou em que alguma parte se encontre em manifesta situação de vulnerabilidade*"[69].

não podiam ser livremente escolhidos pelas partes nem alterados por atos de vontade destas, ainda quando de acordo." In Dinamarco, Cândido Rangel; Lopes, Bruno Vasconcelos Carrilho. *Teoria geral do novo processo civil.* São Paulo: Malheiros, 2016. p. 124-125.

[67] Gajardoni, Fernando da Fonseca et al. *Teoria geral do processo*: comentários ao CPC de 2015. São Paulo: Forense, 2015. p. 614.

[68] Art. 190, CPC. Versando o processo sobre direitos que admitam autocomposição, é lícito às partes plenamente capazes estipular mudanças no procedimento para ajustá-lo às especificidades da causa e convencionar sobre os seus ônus, poderes, faculdades e deveres processuais, antes ou durante o processo.

[69] Art. 190, § único, CPC. De ofício ou a requerimento, o juiz controlará a validade das convenções previstas neste artigo, recusando-lhes aplicação

A ressalva feita no parágrafo único deu azo à acalorado debate em sede doutrinária a respeito da necessidade de prévia homologação judicial das convenções e dos limites do juiz no controle de validade das convenções.

Todavia, é preciso, desde logo, esclarecer que o art. 190, parágrafo único, do CPC faz alusão a duas situações que, embora aparentemente relacionadas, são distintas[70], a saber: (i) o controle de validade das convenções; e (ii) a eventual necessidade de prévia homologação judicial de convenção processual.

O controle judicial da validade das convenções processuais refere-se à aferição pelo juiz, de ofício ou a requerimento das partes, do cumprimento dos requisitos de validade quando de sua celebração. E, conforme se referiu, as convenções processuais são espécies de negócios jurídicos e, como tais, sujeitam-se aos requisitos do negócio jurídico típicos da teoria geral do direito privado[71].

Daí que, com suporte no disposto no art. 104, do CC, as convenções processuais devem ser celebradas por pessoas capazes; possuir objeto lícito, possível e determinado; e obedecer à forma prescrita ou não defesa em lei[72]. Há, ainda, quem

somente nos casos de nulidade ou de inserção abusiva em contrato de adesão ou em que alguma parte se encontre em manifesta situação de vulnerabilidade.

[70] *"O controle da admissibilidade e validade da convenção, que pode ser feito pelo juiz no momento em que receber a notícia do negócio (artigo 190, parágrafo único, do CPC/2015), é coisa distinta e sem relação com a homologação da convenção"*. In GAJARDONI, Fernando da Fonseca et al. *Teoria geral do processo*: comentários ao CPC de 2015. São Paulo: Forense, 2015. p. 622.

[71] Para uma análise mais detida a respeito do enquadramento da convenção processual como negócio jurídico dentro da teoria geral do direito privado, confira: NOGUEIRA, Pedro Henrique. *Negócios jurídicos processuais*. 3. ed. Salvador: Jus Podivm, 2018. p. 139-158.

[72] *"Assim, para serem válidos, os negócios processuais devem: a) ser celebrados por pessoas capazes; b) possuir objeto lícito; c) observar forma prevista ou não proibida por lei (arts. 104, 166 e 167, Código Civil). O desrespeito a qualquer desses requisitos implica nulidade*

defenda a necessidade de cumprimento de requisitos específicos, cuja aplicação fica condicionada caso a lei expressamente os excepcione[73]. A primeira condição especial de validade refere-se à disponibilidade do direito objeto do processo no bojo do qual se celebre convenção processual[74]. Em outras palavras: conforme a literalidade do art. 190, do CPC, as convenções processuais somente podem ser celebradas em processos que versem sobre direitos que admitam autocomposição. A segunda condição específica, por sua vez, é a capacidade das partes. Diferente do que ocorre nos negócios jurídicos em geral, as convenções processuais somente podem ser celebradas por pessoas plenamente capazes[75], de modo que os incapazes, mesmo que repre-

do negócio processual, reconhecível ex officio nos termos do parágrafo único do art. 190". In DIDIER JÚNIOR, Fredie. *Curso de direito processual civil*: introdução ao direito processual civil, parte geral e processo de conhecimento. 17. ed. Salvador: Jus Podivm, 2015. p. 384.

[73] *"As condições gerais de validade dos negócios jurídicos são aplicáveis a todos os negócios processuais, sejam eles típicos ou atípicos (unilaterais, bilaterais ou plurilaterais).* [...] *Já as condições específicas de validade do negócio jurídico processual bilateral atípico só são aplicáveis se a própria lei que disciplina o negócio jurídico processual típico assim expressamente determinar".* In GAJARDONI, Fernando da Fonseca et al. *Teoria geral do processo*: comentários ao CPC de 2015. São Paulo: Forense, 2015. p. 620.

[74] *"Para que seja possível a convenção processual, o objeto do processo – isto é, o direito material a ser debatido ou em debate – deve ser autocomponível (renunciável, reconhecível, transacionável).* [...] *Pois, embora, ordinariamente, direitos autocomponíveis sejam mesmo os patrimoniais disponíveis, há direitos indisponíveis autocomponíveis, cujas regras processuais/procedimentais podem ser passíveis de convenção. É o caso de ações coletivas tutelares de direitos difusos que, apresar de objeto indisponível (o interesse público ou coletivo), admitem autocomposição por meio da celebração de TAC. Ou as ações trabalhistas, que, apesar de tutelarem direitos tidos, ao menos para a jurisprudência do TST, por indisponíveis, admitem autocomposição e, por conseguinte, convenções processuais".* GAJARDONI, Fernando da Fonseca et al. *Teoria geral do processo*: comentários ao CPC de 2015. São Paulo: Forense, 2015. p. 618-619.

[75] *"Conforme já afirmado, por vedação legal específica (artigo 190, caput, CPC/2015) – e não do regime dos negócios jurídicos em geral – não é possível às partes incapazes (artigos 3º e 4º do CC), mesmo que assistidas ou representadas, celebrarem negócio processual".*

sentados ou assistidos[76], incorrem na vedação imposta pelo art. 190, do CPC.

Portanto, o controle de validade a que faz alusão o art. 190, do CPC, refere-se à análise, pelo juiz, do cumprimento dos requisitos de validade da convecção processual e, nos termos do mesmo dispositivo, de abusividade eventualmente presente em contrato de adesão ou de circunstancial posição de vulnerabilidade de alguma das partes. Fora destas estritas e taxativas hipóteses, é vedado ao juiz rejeitar a convenção processual celebrada entre as partes[77].

Situação distinta do controle de validade das convenções processuais é a questão atinente à (des)necessidade de homologação[78] do negócio processual. Ora, o próprio sistema de direito processual instituiu a regra geral, no sentido de que os atos das partes independem de homologação judicial.

Com efeito, ao afirmar que "*os atos das partes consistentes em declarações unilaterais ou bilaterais de vontade produzem imediatamente a constituição, modificação ou extinção de direitos processuais*", o art. 200, do CPC, em verdade dispensa a homologação judicial da convenção celebrada entre as partes.

In GAJARDONI, Fernando da Fonseca et al. *Teoria geral do processo*: comentários ao CPC de 2015. São Paulo: Forense, 2015. p. 619.

76 Em sentido contrário, admitindo a celebração de convenção processual por incapaz devidamente representado ou assistido: DIDIER JÚNIOR, Fredie. *Curso de direito processual civil*: introdução ao direito processual civil, parte geral e processo de conhecimento. 17. ed. Salvador: Jus Podivm, 2015. p. 385.

77 "*A regra é a seguinte: não possuindo defeito, o juiz não pode recusar aplicação ao negócio processual*". In DIDIER JÚNIOR, Fredie. *Curso de direito processual civil*: introdução ao direito processual civil, parte geral e processo de conhecimento. 17. ed. Salvador: Jus Podivm, 2015. p. 390.

78 Homologação é "*encampação de um ato da parte ou de auxiliar da justiça, mediante a qual o juiz lhe confere a eficácia de um ato judicial. Homologar é juridicionalizar o ato*". In DINAMARCO, Cândido Rangel; LOPES, Bruno Vasconcellos Carrilho. *Teoria geral do novo processo civil*. São Paulo: Malheiros, 2016. p. 241.

Trata-se, conforme se afirmou, de regra geral, que comporta duas exceções, a saber, (i) a prévia imposição legal de homologação judicial[79]; e (ii) à submissão voluntária das partes à prévia homologação pelo juiz.

Assim, embora haja posição minoritária em sentido contrário[80], prevalece na doutrina o entendimento de que a convenção processual, via de regra, independe de homologação judicial, produzindo efeitos imediatamente.

3.4. A possibilidade de vinculação de terceiros

Questão interessante reside em perquirir se convenções processuais poderiam eventualmente vincular terceiros e sua esfera jurídica de atuação. A indagação é relevante, na medida em que as convenções processuais podem, direta ou indiretamente, afetar a esfera de direitos de sujeitos que não participaram de sua celebração. Trata-se, portanto, de se delimitar os limites subjetivos das convenções processuais.

Há duas situações que, embora igualmente envolvam terceiros estranhos à negociação processual, são distintas. A primeira delas diz respeito à (im)possibilidade de se convencionar sobre situações jurídicas de terceiros; a segunda relaciona-se à (in)capacidade da convenção processual produzir efeitos sobre a esfera jurídica de terceiros[81].

[79] Caso, por exemplo, da desistência da demanda (CPC 200, § único) e da organização consensual do processo (CPC 357, §2º).

[80] "*Caberá ao Estado-juiz realizar o, digamos assim, juízo de admissibilidade do negócio jurídico processual, de modo que a convalidação e a verificação da respectiva legalidade, existência, validade e eficácia estarão sempre sob a lupa do Judiciário, devendo ser indeferida a execução da cláusula de negócios jurídico processual sempre que o juiz identificar hipóteses de nulidade e anulabilidade, ou nos casos de abusividade e vulnerabilidade das partes*". In CÂMARA, Helder Moroni. *Negócios jurídicos processuais*: condições, elementos e limites. São Paulo: Almedina, 2018. p. 115.

[81] "*Cabe verificar se o objeto das convenções processuais é uma situação jurídica que envolve as próprias partes do acordo ou se seria uma situação jurídica de terceiro. Note-se bem: aqui*

Conforme se pormenorizará, prevalece na doutrina o entendimento pela impossibilidade tanto da celebração de convenções que tenham por objeto situações processuais de terceiros, quanto da produção de efeitos sobre a esfera jurídica de terceiros.

No que se refere à primeira situação acima aludida, o art. 190, do CPC, é expresso ao dispor que é lícito às partes plenamente capazes "convencionar sobre os *seus* ônus, poderes, faculdades e deveres processuais". Em outras palavras: aos convenentes não é lícito ajustar sobre situações jurídicas processuais de que não sejam eles próprios titulares. Trata-se de conclusão intuitiva, na medida em que só se pode transacionar aquilo que a parte dispõe[82]. Esta é a razão pela qual não se afigura possível convencionar sobre poderes ou prerrogativas de terceiros, tais como as que sejam exclusivas do juiz ou dos auxiliares da justiça[83]-[84].

não se fala da possibilidade de os acordos produzirem efeitos na esfera jurídica de terceiros. Neste ponto tratamos de hipótese em que o objeto do acordo é uma situação jurídica de terceiro". In Cabral, Antonio do Passo. *Convenções processuais*. 2. ed. Salvador: Jus Podivm, 2018. p. 305.

[82] "[...] *todo ato de disposição tem que partir do sujeito que titulariza a situação processual, ou ao menos daquele que se lhe afirma titular. As partes não estão autorizadas a deliberar senão sobre situações jurídicas que estejam na sua esfera de autonomia. Por exemplo, não cabe negócio jurídico para afastar a intervenção do MP na condição de fiscal da ordem jurídica porque se trata de uma atuação do Ministério Público que independe da anuência das partes* [...]". In Cabral, Antonio do Passo. *Convenções processuais*. 2. ed. Salvador: Jus Podivm, 2018. p. 305-306.

[83] "*Sob esse aspecto, cremos também que os negócios jurídicos sobre as prerrogativas do juiz ou dos auxiliares da justiça tampouco poderão ser celebrados por ofensa ao limite subjetivo, ou seja, por desrespeito à relatividade dos efeitos do negócio*". In Câmara, Helder Moroni. *Negócios jurídicos processuais*: condições, elementos e limites. São Paulo: Almedina, 2018. p. 142.

[84] A doutrina elenca uma série de situações de terceiros que não podem ser objeto de negociação: Cabral, Antonio do Passo. *Convenções processuais*. 2. ed. Salvador: Jus Podivm, 2018. p. 306-310; Gajardoni, Fernando da Fonseca et al. *Teoria geral do processo*: comentários ao CPC de 2015. São Paulo: Forense, 2015. p. 627-630.

De outro lado, a segunda situação supra referenciada demanda uma digressão mais cuidadosa. Com efeito, se as convenções processuais são espécie de negócio jurídico, fruto do autorregramento de certas e determinadas situações jurídicas processuais, é intuitivo que seus efeitos somente poderiam irradiar entre as partes celebrantes.

Daí porque a doutrina em geral rechaça a possibilidade de que as convenções processuais vinculem e produzam efeitos para aqueles que não concorreram para sua formação[85].

Todavia há autorizada doutrina que admite a possibilidade de convenções processuais irradiarem seus efeitos a terceiros, vinculando quem não participou originariamente do ajuste. Trata-se do que Pedro Henrique Nogueira denomina de heterovinculação:

> Um negócio jurídico processual, direta ou indiretamente, vai interferir de maneira variada na esfera jurídica daquele que não seja negociante. Disso se extrai que o sistema pode vir a estabelecer ou a tolerar a heterovinculação, entendida como a vinculação ao negócio por quem dele não seja figurante (*v.g.*, o negócio jurídico unilateral de desistência do recurso vincula o tribunal, que fica impedido de julgá-lo; a desistência consensual da perícia vincula o perito, que havia sido nomeado, etc.)[86].

[85] "[...] *a regra geral é imperativa e estabelece que não se pode obrigar terceiros por ajustes dos quais não tomaram parte. E entendemos que, por mais que pareça desnecessário, é de todo relevante ressaltar que essa mesma regra e o mesmo princípio da relatividade dos efeitos dos contratos igualmente deverão ser respeitados quando da contratação dos negócios jurídicos processuais* [...]". In CÂMARA, Helder Moroni. *Negócios jurídicos processuais*: condições, elementos e limites. São Paulo: Almedina, 2018. p. 141.

[86] NOGUEIRA, Pedro Henrique. *Negócios jurídicos processuais*. 3. ed. Salvador: Jus Podivm, 2018. p. 291.

A tese da heterovinculação, com supedâneo no postulado do diálogo das fontes[87] – vale-se da teoria do terceiro cúmplice, forjada no âmbito do direito civil e que tem por mote a mitigação do princípio da relatividade dos contratos. Referido princípio expressa a ideia de que os contratos produzem efeitos somente entre as partes contratantes, não vinculando a esfera jurídica de terceiros[88].

A teoria do terceiro cúmplice, por sua vez, advoga que, em determinadas situações, certos efeitos do negócio jurídico podem atingir e vincular a esfera jurídica de terceiros, ainda que estes não tenham previamente participado de sua formação[89].

[87] A teoria do diálogo das fontes foi criada pelo jurista alemão Erik Jayme e desenvolvida no Brasil por Cláudia Lima Marques. Referida teoria, que funciona como uma espécie de ferramenta hermenêutica, prega, *grosso modo*, que as normas dos diversos microssistemas legislativos devem ser interpretadas como um todo, mutuamente complementando-se e não excluindo-se. Para uma melhor compreensão da teoria, confira: MARQUES, Cláudia Lima; BENJAMIN, Antonio Herman Vasconcellos; BESSA, Leonardo Roscoe. *Manual de direito do consumidor.* 2. ed. São Paulo: RT, 2009. p. 89-90.

[88] "*Há um consenso na doutrina tradicional em afirmar que o contrato produz efeito entre as partes, não favorecendo nem prejudicando a terceiros. Reproduz-se o antigo aforismo romano de que res inter alios acta, aliis neque nocet neque prodest (o ato concluído entre certas pessoas nem prejudica nem aproveita aos outros) [...] que se inseriu no direito das obrigações sob a denominação de "princípio da relatividade dos efeitos do contrato". [...] O princípio da relatividade dos efeitos do contrato baseia-se na preeminência da autonomia da vontade e na possibilidade das partes estabelecerem vínculos jurídicos que afetem direta e exclusivamente suas próprias condutas*". In RODRIGUES JUNIOR, Otávio Luiz. A doutrina do terceiro cúmplice: autonomia da vontade, o princípio res inter alios acta, função social do contrato e a interferência alheia na execução dos negócios jurídicos. *Revista dos Tribunais,* São Paulo, v. 821, p. 80-98, mar./2004.

[89] "*Adiante-se que, desde muito tempo, foi possível identificar exceções impróprias, atenuações ou complementações a esse dogma, o que passou pela distinção entre o penitus extranei e aqueles sujeitos aparentemente alheios à relação jurídica, mas influenciados por sua eficácia reflexa. Tais situações poderiam ser desse modo pontificadas: a) a excepcional oponibilidade dos contratos perante terceiros, pela existência de um fator de atribuição de eficácia mais extensa; b) contratos vinculando terceiros, mesmo sem consultar previamente sua vontade ou contratos em favor de terceiro; c) ineficácia de certos atos*

É exatamente essa ideia que corrobora a tese da heterovinculação, ao admitir que certos e determinados efeitos das convenções processuais submetam terceiros não convenentes ao ajuste:

> No âmbito do direito civil, fala-se no princípio da relatividade dos contratos em decorrência do qual o contrato somente atinge a esfera jurídica dos contratantes, não alcançando terceiros. Essa restrição subjetiva, contudo, tem sido compreendida com ressalvas, em face da possibilidade de se impor a observância do negócio jurídico até mesmo em face de quem nele não figurou, a exemplo do que se verifica na chamada tutela externa do crédito. Embora seja certo afirmar que o negócio jurídico não poderia prejudicar as partes litigantes que nele não figuraram, não é de todo exato afirmar que terceiros estejam sempre imunes à eficácia jurídica do negócio processual[90].

Sob esta ótica, é possível reconhecer que as convenções processuais vinculem assistentes simples (art. 122, do CPC), litisconsorciais (art. 119, do CPC) e até mesmo herdeiros e sucessores das partes (art. 63, §2º, do CPC)[91].

praticados inter partes, mas que engendram prejuízos a terceiros, como a fraude contra credores". In RODRIGUES JUNIOR, Otávio Luiz. A doutrina do terceiro cúmplice: autonomia da vontade, o princípio res inter alios acta, função social do contrato e a interferência alheia na execução dos negócios jurídicos. *Revista dos Tribunais*, São Paulo, v. 821, p. 80-98, mar./2004.

90 NOGUEIRA, Pedro Henrique. *Negócios jurídicos processuais*. 3. ed. Salvador: Jus Podivm, 2018. p. 291.

91 "*O próprio CPC/15, no art. 122, ao regular a assistência simples, prevê que o assistente exerce no processo os mesmos ônus, faculdades e deveres das partes* [...]. *Portanto, é o próprio sistema que prevê a extensão subjetiva da eficácia desses negócios jurídicos processuais típicos (reconhecimento da procedência do pedido, desistência, renúncia ao direito subjetivo litigioso, transação) ao assistente (que, a rigor, já não é mais considerado um 'terceiro' na relação processual, mas é um estranho e, portanto, um 'terceiro' em relação aos negócios processuais referidos)*". In NOGUEIRA, Pedro Henrique. *Negócios jurídicos processuais*. 3. ed. Salvador: Jus Podivm, 2018. p. 291.

A aplicação indistinta da teoria do terceiro cúmplice às convenções processuais – ainda sem um delineamento científico adequado –, todavia, é corrente minoritária, prevalecendo a tese de que referidos ajustes somente vinculam terceiros caso estes expressamente com aqueles aquiesçam.

3.5. Revogação e resilição da convenção processual[92]

Revogação e resilição são conceitos jurídicos distintos, muito embora, à primeira vista, pareçam semelhantes quanto aos efeitos que operam no mundo jurídico.

De forma simplificada, revogar significa tornar sem efeito algo até então existente. A revogação, portanto, tem o efeito de retirar o negócio do mundo jurídico[93]. Trata-se de ato que atinge o próprio negócio jurídico.

A resilição, por sua vez, é modo de extinção do negócio jurídico por simples manifestação de vontade de uma ou ambas as partes. Quando realizada por apenas uma das partes, denomina-se resilição unilateral; e, quando convencionada por ambas as partes, denomina-se distrato. Ao contrário da revogação, a resilição não atinge o próprio negócio, mas apenas e tão somente seus efeitos. Eis, aí, a diferença entre ambos os atos:

[92] A doutrina cogita ainda a respeito das consequências advindas de eventual descumprimento do negócio jurídico processual. Todavia, o estudo aprofundado deste tema transbordaria os limites deste trabalho, razão pela qual remete-se o leitor a bibliografia especializada. Confira, a respeito: Cordeiro, Adriano Consentino. *Negócios jurídicos processuais e as consequências do seu descumprimento.* 2016. 268f. Tese (Doutorado em Direito) – Universidade Federal do Paraná, Curitiba, 2016.

[93] *"Revogar significa 'retirar' a voz, excluindo a manifestação de vontade e desfalcando o suporte fático do negócio jurídico. Uma vez revogado, desaparece o negócio jurídico do mundo jurídico"*. In Nogueira, Pedro Henrique. *Negócios jurídicos processuais.* 3. ed. Salvador: Jus Podivm, 2018. p. 285.

Embora semelhantes, inclusive do ponto de vista dos efeitos práticos, a revogação não se confunde com o distrato, que opera no plano da eficácia. Distratar significa extinguir, dali para a frente (*ex nunc*), os efeitos de um negócio jurídico. Atinge-se não o negócio, mas seus efeitos[94].

A revogação de negócios processuais – isto é, aqueles realizados na pendência de processo judicial – é controversa na doutrina. Há quem admita, incondicionalmente, a revogação de negócios processuais[95]; há quem defenda a possibilidade de revogação sob determinadas circunstâncias[96]; e há, por fim, quem não admita a revogação[97]. Desde que acordada entre as partes, parece-nos que é lícito às partes comunicar ao juízo a revogação da convenção processual.

Quanto às convenções extraprocessuais – assim entendidas aquelas celebradas antes do ajuizamento de demanda judicial – prevalece o entendimento pela possibilidade de revogação,

[94] NOGUEIRA, Pedro Henrique. *Negócios jurídicos processuais*. 3. ed. Salvador: Jus Podivm, 2018. p. 285.

[95] Caso, por exemplo, de Antonio do Passo Cabral, para quem "*é possível haver revogação de negócios jurídicos processuais*". Cf. CABRAL, Antonio do Passo. *Convenções processuais*. 2. ed. Salvador: Jus Podivm, 2018. p. 413.

[96] Posição defendida por Pedro Henrique Nogueira, para quem "*é possível falar em revogação dos negócios processuais, mas também se deve considerar que, como os negócios processuais são receptícios, a respectiva convenção também o será*". Cf. NOGUEIRA, Pedro Henrique. *Negócios jurídicos processuais*. 3. ed. Salvador: Jus Podivm, 2018. p. 286.

[97] Corrente assumida por Fredie Didier Júnior, para quem "*aplica-se aos negócios processuais bilaterais, ainda, a regra da irrevogabilidade da declaração de vontade*", ressalvando as hipóteses de "*previsão legal ou negocial expressa*". Cf. DIDIER JÚNIOR, Fredie. *Curso de direito processual civil*: introdução ao direito processual civil, parte geral e processo de conhecimento. 17. ed. Salvador: Jus Podivm, 2015. p. 391.

desde que para o ato concorra a manifestação de vontade de todas as partes envolvidas[98]-[99].

A resilição, conforme se aludiu, pode ser unilateral ou bilateral (nesta última hipótese denominada de distrato). As convenções processuais não podem ser resilidas unilateralmente, uma vez que, nos termos do art. 200, do CPC, possuem eficácia imediata, não podendo uma das partes se furtar ao que restou entre elas convencionado[100]. É possível, no entanto, que as próprias partes estipulem no acordo a possibilidade de resilição unilateral[101].

Por fim, as convenções extrajudiciais, por ostentarem a natureza de negócio jurídico tipicamente privado, são plenamente resilíveis (unilateral ou bilateralmente) de conformidade com as regras de direito material.

Assim, a qualquer momento antes de instaurado o litígio, é perfeitamente possível que as partes resolvam, voluntária e mutuamente, extinguir a convenção extrajudicial, promovendo-se seu respectivo distrato (resilição bilateral).

[98] *"Os negócios jurídicos sobre o processo, antes da litispendência, submetem-se ao regime jurídico de direito material. É possível, portanto, que, até o início do procedimento, os sujeitos celebrem acordos e os revoguem"*. In NOGUEIRA, Pedro Henrique. *Negócios jurídicos processuais.* 3. ed. Salvador: Jus Podivm, 2018. p. 285.

[99] *"Para as convenções, que são negócios bi- ou plurilaterais, de regra não é possível haver a revogação unilateral, salvo de houver previsão na lei (p. ex., mandato judicial) ou no próprio acordo. Não havendo previsão legal ou convencional, a revogação depende do consentimento"*. In CABRAL, Antonio do Passo. *Convenções processuais.* 2. ed. Salvador: Jus Podivm, 2018. p. 413.

[100] *"Por imposição do art. 200 do CPC/2015, os negócios processuais são eficazes de imediato. Desse modo, feita a convenção as partes se vinculam mutuamente, não havendo espaço para que uma delas deixe de cumprir o que foi estipulado, ou deixe de se sujeitar aos ônus e consequências do que foi convencionado"*. In NOGUEIRA, Pedro Henrique. *Negócios jurídicos processuais.* 3. ed. Salvador: Jus Podivm, 2018. p. 287.

[101] Se, por definição, as partes são livres para acordar sobre seus direitos, poderes, ônus e faculdades, parece intuitivo permitir-se regular a resilição unilateral na própria convenção. Neste sentido, cf. NOGUEIRA, Pedro Henrique. *Negócios jurídicos processuais.* 3. ed. Salvador: Jus Podivm, 2018. p. 287.

Do mesmo modo, a denúncia (resilição unilateral) se afigura plenamente possível por força do disposto no art. 473, do CC: "*a resilição unilateral, nos casos em que a lei expressa ou implicitamente o permita, opera mediante denúncia notificada à outra parte*".

4. Convenções extrajudiciais societárias

4.1. Cláusulas de negociação extrajudicial em contratos sociais[102]

Assentadas as premissas conceituais, inclusive e especialmente a caracterização do negócio jurídico processual, debruçar-se-á sobre a possibilidade de formalização de convenções extrajudiciais em contratos sociais.

Conforme se estabeleceu nos itens precedentes, as convenções[103] podem ser formalizadas *previamente* à instauração de ação judicial (convenções extraprocessuais) ou *posteriormente* ao ajuizamento de demanda (negócio processual).

Em qualquer das hipóteses, as convenções são reguladas pelo disposto no art. 190, do CPC, que se revela poderoso instrumento de adequação do procedimento judicial e de situações processuais às particularidades do direito material, caracterizando-se, no dizeres de Cândido Rangel Dinamarco e Bruno Vasconcellos como "*autênticos atos de autorregulação dos próprios interesses*"[104].

Não se trata, à toda evidência, de se delegar às partes o papel do legislador, mas de conferir-lhes instrumentos para, dentro

[102] Em virtude das peculiaridades e maior complexidade organizacional inerente às sociedades por ações, circunstância que demandaria um estudo mais aprofundado, optou-se por dar enfoque à possibilidade de instituição de convenções extraprocessuais nos contratos sociais de sociedades limitadas.

[103] De se rememorar que expressão "convenção" em verdade representa um negócio jurídico processual bilateral de interesse comum. Vide, neste sentido, as ponderações realizadas no item 2.2 deste trabalho.

[104] DINAMARCO, Cândido Rangel; LOPES, Bruno Vasconcellos Carrilho. *Teoria geral do novo processo civil*. São Paulo: Malheiros, 2016. p. 188.

das premissas delineadas nos tópicos antecedentes, modificar determinados institutos processuais:

> Se não é posto literalmente em xeque o ideário de um processo civil público e com regras cogentes e inderrogáveis pela vontade das partes, ao menos se mitiga o rigor do publicismo processual, inaugurando-se no direito processual brasileiro uma fase de neoliberalismo processual, que embora incapaz de tornar o processo "coisa das partes", como no período da *litiscontestatio* romana (*ordo judiciorum privatorum*), abala a estrutura de um sem número de institutos processuais, doravante com regramento manipulável pelos litigantes[105].

Daí a indagação se, preliminarmente à instauração de ação judicial, seria possível a formalização de convenção processual no bojo do contrato social ou de algum pacto parassocietário, por meio do qual se regule o procedimento judicial, adaptando-o às particularidades da relação societária existente entre os convenentes.

Ora, se a convenção extraprocessual nada mais é do que negócio jurídico voluntário de autorregulação de situações jurídicas processuais, nada impede que as partes a formalizem por meio de cláusulas específicas nos instrumentos que regulam a própria relação jurídica de direito material.

Portanto, não parece haver dúvidas quanto à possibilidade das convenções extraprocessuais serem instituídas nos atos constitutivos de sociedades com a finalidade de alterar regras do procedimento e de determinadas situações processuais[106].

[105] DINIZ, Gustavo Saad; GAJARDONI, Fernando da Fonseca. In RIBEIRO, Márcia Carla Pereira; CARAMÊS, Guilherme Bonato Campos (Coord.). *Direito empresarial e o CPC/2015*. 2. ed. Belo Horizonte: Fórum, 2018. p. 257.

[106] *"Além disso, a disciplina legal dos negócios jurídicos processuais atípicos abre um novo leque para atuação na advocacia empresarial consultiva, com os sócios e as empresas, ainda*

Há, inclusive, autorizada doutrina que admite a utilização de convenções processuais até mesmo para o cumprimento forçado, por meio de procedimento judicial, de regras do mercado de capitais[107].

Todavia, há interessante discussão a respeito de *quais* regras do processo societário poderiam ser alteradas por meio de cláusula de negociação. Com efeito, há quem defenda – com fundamento na classificação das regras de direito societário empreendida por Mackaay e Rousseau[108] – que as regras processuais imperativas não poderiam ser modificadas por meio de convenções processuais:

> Mackaay e Rousseau explicam que as regras de direito societário podem apresentar três naturezas distintas, podem ser (i) supletivas; (ii) permissivas; e (iii) imperativas. As regras supleti-

nos seus estatutos/contratos sociais, podendo efetuar alterações nas regras do processo e do procedimento judicial eventual". In DINIZ, Gustavo Saad; GAJARDONI, Fernando da Fonseca. In RIBEIRO, Márcia Carla Pereira; CARAMÊS, Guilherme Bonato Campos (Coord.). *Direito empresarial e o CPC/2015*. 2. ed. Belo Horizonte: Fórum, 2018. p. 260.

107 "*Como se procurou demonstrar até aqui, deficiências da legislação processual civil são, em alguma medida que é difícil precisar com exatidão, responsáveis pelo quadro de pouca efetividade do sistema brasileiro de cumprimento forçado da legislação do mercado de capitais, especialmente no que diz respeito à tutela indenizatória.* [...] *Mas, para além dessas duas possibilidades, há um campo profícuo para problemas que, embora aparentem só serem passíveis de solução por modificação da lei, podem ser resolvidos por meio de convenções processuais coletivas.* [...] *Essa tese defende que inúmeros pontos de deficiência da legislação processual relacionada à tutela indenizatória do mercado de capitais* [...] *podem ser mitigados com o emprego desses acordos. Do mesmo modo que se entender que a autorregulação é um arranjo eficiente para lidar com as falhas e riscos inerentes ao mercado de bolsa, o regramento privado de questões processuais poder ser uma maneira de enfrentar aqueles gargalos*". In PEREIRA, Guilherme Setoguti J. *Enforcement e tutela indenizatória no direito societário e no mercado de capitais*. São Paulo: Quartier Latin, 2018. p. 211-213.

108 Para maior nível de detalhamento, confira: MACKAAY, Ejan; ROUSSEAU, Stéphane. *Análise econômica do direito*. 2. ed. São Paulo: Atlas, 2020. p. 566-577.

> vas são aquelas que têm a intenção de preencher as lacunas que o contrato social ou estatuto possuem. [...] As permissivas são as regras opcionais que as partes podem adotar caso manifestem sua intenção em vê-las aplicadas. [...] As regras imperativas, por sua vez, são aquelas em que as partes não têm liberdade de modificar ou afastá-las, fugindo, portanto, do âmbito da vontade das partes. [...] Assim [...], entende-se que as regras procedimentais imperativas vinculadas ao direito societário, como é a do art. 601, parágrafo único do CPC/2015[109] [...] não são passíveis de serem modificadas pela via dos negócios jurídicos processuais. De via inversa, para todas as demais regras (supletivas e permissivas), será possível o negócio jurídico processual[110].

De fato, as regras imperativas – também denominadas de normas de ordem pública – não podem ser ignoradas, derrogadas ou modificadas pelas partes, exatamente por tutelarem valores que transcendem interesses individuais e eminentemente privados[111].

No entanto, remanesce a dificuldade em se delimitar quais normas processuais societárias – e em que extensão – conteriam situações processuais de ordem pública, a impedir sua modificação via negociação privada.

[109] Art. 601, parágrafo único. A sociedade não será citada se todos os seus sócios o forem, mas ficará sujeita aos efeitos da decisão e à coisa julgada.

[110] ALVES, Giovani Ribeiro Rodrigues; RIBEIRO, Márcia Carla Pereira. In ______; CARAMÊS, Guilherme Bonato Campos (Coord.). *Direito empresarial e o CPC/2015*. 2. ed. Belo Horizonte: Fórum, 2018. p. 233.

[111] *"São de ordem pública as normas processuais referentes a situações que transcendam a esfera de interesses dos sujeitos privados, disciplinando relações que os envolvam mas fazendo-o com atenção ao interesse da sociedade como um todo, ou ao interesse público. [...] Como critério geral, são de ordem pública as normas processuais destinadas a assegurar o correto exercício da jurisdição (que é uma função pública, expressão do poder estatal), sem a atenção centrada direto ou primário nos interesses das partes conflitantes"*. In DINAMARCO, Cândido Rangel; LOPES, Bruno Vasconcellos Carrilho. *Teoria geral do novo processo civil*. São Paulo: Malheiros, 2016. p. 45.

Daí porque, na linha do que se defende neste estudo, toma-se por referência a *titularidade* das situações jurídicas processuais. Com efeito, conforme já se aludiu, ao celebrar convenções, às partes somente é lícito ajustar sobre situações jurídicas processuais de que elas próprias sejam titulares. Trata-se de decorrência, rememora-se, da literalidade do disposto no art. 190, do CPC, que possibilita às partes plenamente capazes "convencionar sobre os *seus* ônus, poderes, faculdades e deveres processuais".

Por conseguinte, ao convencionar em instrumentos societários sobre deveres, poderes, ônus e faculdades processuais, os sócios somente poderão fazê-lo relativamente às situações de que sejam eles próprios titulares. Por esta razão é que não se admite a negociação processual sobre poderes ou prerrogativas de terceiros – circunstância que, em última análise, se assemelha à ideia em torno do conceito daquilo que se denomina "ordem pública"[112].

4.2. A (des)necessidade de vinculação de sócios e da sociedade

Conforme demonstrado, é possível a formalização de convenções extraprocessuais no bojo de contratos sociais, acordo de sócios ou mesmo pactos parassociais, desde que o ajuste tenha por objeto situações processuais das quais os convenentes sejam titulares.

Ocorre que, na linha do quanto se aludiu no primeiro capítulo, os litígios societários podem se dar entre a sociedade e

[112] A comprovar o quanto se alega, confira: "*Incabível convenção para limitação dos poderes instrutórios do juiz.* [...] *Trata-se de regra de ordem pública, que reconhece ao Estado-Juiz o poder, ou melhor, o dever de buscar a verdade e tutelar o tempo do processo por meio do indeferimento de provas inúteis. Esse dever/poder, por conseguinte, não é das partes. E, não sendo delas, modo podem dispor a respeito*". In GAJARDONI, Fernando da Fonseca et al. *Teoria geral do processo*: comentários ao CPC de 2015. São Paulo: Forense, 2015. p. 628.

seus sócios; entre os próprios sócios; entre sociedades de um grupo societário; ou entre sócios e administradores.

Daí que, na eventualidade de um litígio envolver apenas alguns sócios ou apenas um sócio e a sociedade, é natural a indagação se a convenção extraprocessual a reger o procedimento judicial terá de necessariamente vincular os demais sócios e a própria sociedade.

Do ponto de vista do direito material, parece não haver maiores dúvidas de que, para que o negócio tenha eficácia entre todas as partes, sócios e sociedade deverão figurar como partes da convenção extraprocessual.

A questão que se coloca no plano do direito processual, no entanto, é outra – e de relativa complexidade. Trata-se de se viabilizar a participação de terceiro em processo judicial do qual aquele não seja parte.

Em outras palavras, a indagação que se pretende responder é: ainda que tenham figurado como parte da convenção extraprocessual (*rectius*: do negócio jurídico de direito material), poderiam terceiros (isto é, alheios à demanda judicial), ingressar no processo na condição de interessados via convenção extraprocessual?

A indagação acima feita, em última análise, deságua em outro questionamento, a saber, a possibilidade de criação de nova modalidade de intervenção de terceiro via negócio processual.

Não há consenso doutrinário em torno da possibilidade da pactuação de convenção processual que discipline intervenção de terceiro no processo fora daquelas já previstas no sistema processual[113].

[113] Como se sabe, a intervenção de terceiro consiste no ingresso de um terceiro em processo pendente entre outras partes. O Código de Processo Civil prevê as seguintes modalidades de intervenção de terceiros: (i) assistência (CPC 119); (ii) denunciação da lide (CPC 125); (iii) chamamento ao processo (CPC 130); (iv) incidente de desconsideração da personalidade jurídica; (v) *amicus*

Assim, uma primeira corrente, sob o argumento de que as partes não poderiam suprimir do Estado-Juiz o controle e validade das intervenções de terceiros, não admite tal tipo de negociação:

> Não são lícitas convenções sobre legitimidade (legitimidade extraordinária convencional), inclusive as que autorizam intervenção de terceiros atipicamente. [...] Argumentos de que a participação de terceiros, estranhos à relação material, potencializa o contraditório e amplifica o debate cedem diante da necessidade de tutela tempestiva (valor preponderante no caso). Ademais, a participação desse terceiros eleitos "negocialmente" não vem acompanhada da garantia de qualificação do debate, o que, de todo modo, permitiria ao juiz controlar o ingresso à luz da regra do artigo 4º do CPC/2015 (inclusive diante dos impactos nos demais feitos em curso)[114].

O argumento de que a admissão de terceiros via convenção processual comprometeria a prestação de tutela tempestiva, para além de ser por demais genérica, vai de encontro à própria ideia ínsita ao negócio processual – que visa justamente à adequação do procedimento visando à obtenção de uma tutela jurisdicional mais efetiva e célere.

Dentro desta perspectiva, uma segunda corrente doutrinária admite a negociação processual de intervenção de terceiros atípica, com fundamento justamente na necessidade de se adaptar o procedimento com vistas a garantir uma tutela mais eficaz e ajustada às particularidades do direito material em discussão:

curiae. A doutrina aponta outras modalidades esparsas na lei (*e.g.* intervenção da União nas causas em que figurem autarquias, fundações públicas, sociedades de economia mista e empresas públicas federais como autoras ou rés, nos termos do art. 5º, da Lei nº 9.469/1997).

114 Gajardoni, Fernando da Fonseca et al. *Teoria geral do processo*: comentários ao CPC de 2015. São Paulo: Forense, 2015. p. 627-628.

Cabe ainda cogitar da possibilidade de se ajustar formas diferenciadas de intervenção de terceiros, através de negócio processual atípico, isto é, as partes convencionando, *v.g.*, que, na fase de conhecimento, haverá possibilidade de um terceiro, que possa intervir no processo, segundo sua conveniência, não para auxiliar uma das partes ou para defender determinado interesse em debate, mas tão somente para possivelmente colaborar com informações e provas na elucidação de questões[115].

Há, inclusive, quem admita a pactuação de convenções processuais regulando intervenção de terceiros de forma atípica para melhor adequação de processos judiciais em que se discuta a implementação de políticas públicas por parte do Poder Público[116].

Note que a premissa ora estabelecida não se aplica apenas a sócios e à sociedade, mas também àqueles que eventualmente precisem atuar, ainda que de forma colaborativa para com o juízo, para a efetivação daquilo que restou pactuado na convenção extraprocessual. A título de exemplo, pode-se citar, entre outros, um perito especializado[117], uma empresa de auditoria, um administrador provisório, etc.

[115] NOGUEIRA, Pedro Henrique. *Negócios jurídicos processuais*. 3. ed. Salvador: Jus Podivm, 2018. p. 292-293.

[116] *"Pode-se postular, também, a participação de terceiros – como as Corte de Contas – em processo que verse sobre políticas públicas, durante a fase de conhecimento, numa hipótese de intervenção de terceiros atípica, fundada em negócio processual. Seria uma atuação colaborativa, voltada ao fornecimento de elementos para a própria decisão judicial. O benefício dessa atividade corresponderia ao fornecimento de informações precisas ao magistrado, habilitando-o a proferir uma sentença com contornos mais específicos, facilitando sobremodo a posterior execução do julgado"*. In MACEDO, Elaine Harzheim; RODRIGUES, Ricardo Schneider. Negócios jurídicos processuais e políticas públicas: tentativa de superação das críticas ao controle judicial. *Revista de Processo*, São Paulo, v. 273, p. 69-93, nov./2017.

[117] A despeito, todavia, da permissão legislativa para que as próprias partes elejam o perito de comum acordo, a teor do disposto no CPC 471.

Não se vislumbra, portanto, justificativa plausível para se negar a possibilidade de participação de quem não for parte da relação jurídica processual, na qualidade de terceiro interessado, via convenção processual informada ao juízo e da qual o terceiro tenha participado ou com ela anuído.

4.4. Casuística da convenção extrajudicial societária

Neste tópico, buscar-se-á sugerir a mudança no procedimento ou mesmo de determinadas situações jurídicas processuais por meio da pactuação de convenção extraprocessual para solução de eventuais e futuros litígios societários de forma mais célere e eficaz.

É preciso desde já assentar que, conforme já referido, a convenção processual tem por objeto o processo, mais especificamente, as situações jurídicas processuais titularizadas pelas partes – direito material subjacente ao litígio.

Bem por isto é que a breve casuística ora proposta – e que certamente não se pretende exaustiva – não se debruçará sobre alterações no regime de direito material, mas apenas e tão somente sobre as situações jurídicas processuais com vistas a tornar a tutela jurisdicional societária mais operativa e célere.

4.4.1. Penhora de quotas sociais

De forma expressa e minuciosa, o art. 861, do CPC, regula o procedimento para penhora de quotas ou ações de sociedade simples ou empresária, ressalvando, em seu §2º, a não incidência do aludido regramento às sociedades anônimas de capital aberto[118].

[118] "*Na sociedade anônima de capital aberto, o preço justo das ações é conhecido facilmente, pela sua cotação em bolsa de valores, a ponto de o CPC/2015 dispensar a etapa de avaliação quando tais bens são penhorados, hipótese em que a adjudicação ao exequente ou alienação ocorrerá mediante pregão em bolsa*". In GAJARDONI, Fernando da Fonseca

Assim, deferida a penhora de quotas ou ações, o juiz determinará a intimação da sociedade[119] fixará prazo não superior a três meses para que a sociedade: (i) apresente balanço especial, na forma da lei; (ii) ofereça as quotas ou ações aos demais sócios, em respeito a eventual direito de preferência legal ou contratual; e (iii) não havendo interesse dos sócios na aquisição das quotas ou ações, determinar sua liquidação, com o respectivo depósito em juízo do valor apurado.

Logo se nota que se trata de procedimento extremamente complexo e burocrático, envolvendo a realização de uma série de atos que podem, dada sua natureza, embaraçar o desenrolar do processo judicial.

Daí que, nada impede, que, em convenção extraprocessual previamente à instauração do litígio *entre sócios ou sócio e sociedade*, se pactue regras que tornem o procedimento de penhora de quota social menos burocrático.

Em primeiro lugar, é possível deixar desde logo pactuado que, em caso de penhora de quota social, a sociedade utilize o balanço do último exercício social para fins de avaliação da participação societária. Parece viável também que a sociedade pré-determine o contador ou empresa avaliadora responsável pela elaboração do balanço especial – por método de avaliação igualmente pré-ajustado –, fixando-lhe prazo *inferior* aos três meses previsto em lei[120].

et al. *Execução e recursos*: comentários ao CPC de 2015. 2. ed. São Paulo: Forense, 2018. p. 323.

119 Art. 799. Incumbe ainda ao exequente: [...] VII – requerer a intimação da sociedade, no caso de penhora de quota social ou de ação de sociedade anônima fechada, para o fim previsto no art. 876, § 7º.

120 *"A título de exemplo, parece bastante razoável estipular que certos prazos dispositivos que caibam às partes sejam encurtados, de modo a contribuir para que o processo tenha menor duração"*. In Ribeiro, Márcia Carla Pereira; Caramês, Guilherme Bonato Campos (Coord.). *Direito empresarial e o CPC/2015*. 2. ed. Belo Horizonte: Fórum, 2018. p. 234.

Nesta hipótese, recomenda-se que o contador ou empresa avaliadora figure como interveniente-anuente do pacto, inclusive para fins de cumprimento do prazo pactuado entre as partes.

A convenção poderá ainda prever que a avaliação da participação societária realizada pelo contador ou empresa especializada por meio da metodologia prevista no próprio ajuste será soberana e não se sujeitará a questionamentos das partes. Em outras palavras: as partes previamente renunciarão ao direito de recorrer da decisão que homologar o laudo de avaliação.

Nada impede que o pacto também preveja eventual renúncia antecipada ao exercício do direito de preferência ou, alternativamente, estabeleça prazo e procedimento simplificados para exercício da preferência.

4.4.2. Apuração de haveres

A apuração de haveres, via de regra, encontra-se em um contexto maior, que é o da dissolução parcial de sociedade. A legislação processual – até mesmo o revogado Código Buzaid (1973) – não disciplinava a ação de dissolução parcial de sociedade, em parte devido à ausência de regramento nas regras de direito material, que previa apenas a dissolução total. O desenvolvimento da ação de dissolução parcial de sociedade, portanto, ficou a cargo da jurisprudência[121].

[121] *"O CPC de 1973 não continha dispositivos dedicados especificamente à ação de dissolução parcial de sociedades. O art. 1.218, VII, do CPC de 1973, inserido no livro das disposições finais e transitórias, manteve em vigor os arts. 655 a 674 do CPC de 1939, que regulavam a "dissolução e liquidação de sociedades", até que o procedimento viesse a ser incorporado por lei especial. Nunca foi editada tal legislação especial e as regras sobre dissolução e liquidação de sociedades continuaram sendo as estabelecidas no CPC de 1939. Essas regras, contudo, diziam respeito à dissolução total de sociedade e não à dissolução parcial. [...] Não existiam, portanto, regras procedimentais próprias sobre a ação de dissolução parcial de sociedades e isso se devia, também, à ausência de regramento na legislação civil e comercial sobre o tema. Tanto o Código Comercial de 1850 (arts. 335 a 343) quanto o Código Civil de 1916 (art. 1.399) cuidaram apenas da dissolução total de sociedades.*

A nova codificação processual civil, alinhada com a jurisprudência e preocupada com a normatização de conflitos tipicamente empresariais, passou a regular, nos artigos 599 a 609, o procedimento da ação de dissolução parcial de sociedade.

A despeito de louvável, a disciplina da ação de dissolução parcial de sociedade – que se destina a disciplinar a resolução do sócio em relação à sociedade e a apuração de haveres – não ficou imune a contundentes e adequadas censuras por parte da doutrina especializada[122].

O maior entrave no procedimento judicial de dissolução parcial de sociedade não reside na determinação da resolução do sócio em relação à sociedade[123], mas na apuração dos haveres – mais especificamente, no trâmite da perícia judicial.

Ainda que o contrato social delimite a metodologia e a forma de pagamento dos haveres, a perícia técnica normalmente designada para atribuir um valor à participação societária é um dos procedimentos mais complexos e morosos na prática do contencioso societário.

É possível, no entanto, por meio de convenção extrajudicial, que sócios e sociedade ajustem previamente regras procedimentais a reger eventual e futura ação de apuração de haveres.

A construção da dissolução parcial da sociedade deu-se pela evolução jurisprudencial, a partir das necessidades práticas do empresariado, acolhida pela doutrina". In LESSA NETO, João Luiz. Art. 599. In: STRECK, Lenio Luiz; NUNES, Dierle; CUNHA, Leonardo Carneiro da. (Orgs.). *Comentários ao código de processo civil.* São Paulo: Saraiva, 2006. p. 834-835.

122 "*Em todo caso, lamenta-se que, no afã de inovar, o legislador se tenha esquecido de disciplinar aquilo que realmente clamava por regras próprias. Não o fez. Deu no que deu.*" In ADAMEK, Marcelo Vieira Von; NOVAES FRANÇA, Erasmo Valladão. *Da ação de dissolução parcial de sociedade:* comentários breves ao CPC/2015. São Paulo: Malheiros, 2016. p. 20.

123 Embora haja situações, deve-se reconhecer, que podem se mostrar complexas, truncadas e morosas, caso da exclusão judicial de sócio.

Dentre tais regras, recomenda-se que as partes previamente estabeleçam o perito ou empresa especializada[124] encarregada da avaliação de conformidade com a metodologia igualmente eleita no bojo do contrato social ou mesmo na convenção processual. Neste mesmo ajuste, recomenda-se que as partes já estabeleçam o prazo em que a avaliação deverá ser concluída pelo perito ou empresa especializada.

Na linha do quanto já defendido, o encarregado pela avaliação deverá figurar como interveniente-anuente do pacto, inclusive para fins de cumprimento do prazo pactuado para conclusão da avaliação.

É possível também que as partes previamente renunciem ao direito de recorrer da decisão que homologar o laudo pericial, de modo que o valor calculado pelo perito ou empresa especializada não poderá ser objeto de questionamento por quaisquer das partes envolvidas[125] – à exceção da hipótese de descumprimento, por parte do avaliador, dos parâmetros e metodologia previstos na convenção.

A convenção extraprocessual também poderá regular os ônus financeiros da perícia, determinando, de antemão, quem

[124] Trata-se de procedimento já previsto pela lei processual: "*Tendo em vista que a apuração dos haveres envolve conhecimento técnico especializado, especialmente para o cálculo do patrimônio líquido da sociedade, a nomeação do perito deve se dar preferencialmente sobre especialista em avaliação de sociedades. Trata-se de aplicação específica do art. 465, caput, segundo a qual o perito deve ser especializado no objeto da perícia. Nada impede, ainda, que as partes celebrem negócio jurídico processual e escolham, de comum acordo, o perito (art. 471)*". In Gajardoni, Fernando da Fonseca et al. *Processo de conhecimento e cumprimento de sentença*: comentários ao CPC de 2015. 2. ed. Rio de Janeiro: Forense, 2018. p. 1023.

[125] "*No mesmo sentido, a limitação à interposição de recursos seria medida que, potencialmente, aceleraria a decisão final por parte do Poder Judiciário e traria possibilidades concretas de diminuir o tempo de duração dos litígios societários, de modo similar ao que já acontece no procedimento arbitral*". In Ribeiro, Márcia Carla Pereira; Caramês, Guilherme Bonato Campos (Coord.). Direito empresarial e o CPC/2015. 2. ed. Belo Horizonte: Fórum, 2018. p. 234.

ficará responsável pelo custeio da prova técnica. Assim, é possível atribuir as despesas periciais à sociedade, ao sócio retirante ou até mesmo estabelecer rateio em igual proporção.

Para tornar o procedimento ainda mais célere, é viável até mesmo estabelecer que o julgamento do processo dar-se-á em uma única instância, renunciando as partes ao direito de interpor quaisquer recursos contra a sentença proferida.

4.4.3. Intervenção judicial e administração

Conforme se aludiu no primeiro capítulo, os conflitos societários decorrem da natureza das relações societárias, tais como aquelas que se estabelecem entre sociedade e seus sócios, entre os próprios sócios, entre sociedades de um grupo societário ou entre sócios e administradores.

Dentre a variada tipologia de conflitos intrassocietários ganha destaque – pelo impacto que produz na estrutura societária e na dinâmica social – aquele que surge entre a administração e os demais sócios.

Com efeito, não é por outra razão que um dos objetivos do direito societário é justamente regular e – tanto quanto possível – mitigar aquilo que se denomina "problemas de agência"[126].

[126] *"No entanto, nosso foco principal* [...] *não recai sobre os atributos básicos que definem a forma de S/A, mas sobre uma segunda função, igualmente importante, do direito societário, a saber: reduzir os custos de organizar a atividade empresarial na forma de sociedade por ações. O direito societário faz isso facilitando a coordenação entres os participantes da companhia e reduzindo o alcance das formas de oportunismo entre diferentes grupos que possam reduzir o valor da empresa.* [...] *A maior parte do direito societário pode ser entendida como reação às três principais fontes de oportunismo endêmicas à forma de S/A: conflitos entre administradores e acionistas, conflitos entre acionistas controladores e não controladores e conflitos entre acionistas e as outras contrapartes contratuais da companhia, incluindo particularmente credores e empregados. Esses três conflitos genéricos podem ser proveitosamente caracterizados como o que os economistas chamam de 'problemas de agência'.* [...] *O leitor poderá objetar que esses três tipos de custo de coordenação e conflito de agência não são exclusivos da forma de S/A. Afinal, qualquer*

Todavia, não raro os ditos conflitos entre sócios e administradores deságuam no Poder Judiciário, dos quais dois chamam particular atenção no âmbito das sociedades limitadas, a saber: (i) a prestação de contas; e (ii) a intervenção judicial na administração social.

Em razão de externar e executar a vontade social, materializando no mundo real as ações da sociedade[127], o administrador obriga-se a prestar contas aos demais sócios dos atos que pratica na gestão da sociedade.

Daí o art. 550, do CPC, conferir o direito de exigir contas àquele que afirmar ser titular de referido direito. E os sócios da sociedade limitada, por força do disposto no art. 1020, do CC, têm direito de requerer ao administrador que preste contas justificadas dos atos de gestão.

O maior entrave procedimental na ação da prestação de contas que envolve sócios e a administração social é a delimitação do ônus da prova. Explica-se. A despeito do regramento disposto no CPC 550 – ao autor cabe especificar as razões pelas quais exige as contas (§1º) e ao réu impugná-las de forma específica (§3º) – é bem comum, na prática forense, o administrador simplesmente apresentar defesa genérica, deixando de efetivamente prestar as contas exigidas.

forma de empresa de propriedade conjunta suscita custos de coordenação e gera conflitos entre seus proprietários, administradores e terceiros contratantes. Essa objeção procede [...]". In Kraakman, Reinier et al. *Anatomia do direito societário*: uma abordagem comparada e funcional. São Paulo: Editora Singular, 2018. p. 32-33.

127 "*A administração tem vínculo orgânico ex lege com a sociedade, porque o administrador é a própria sociedade atuando. Reconhece-se, então, a doutrina da presentação de Pontes de Miranda, porque é a própria sociedade quem age por meio do administrador, afastando-se o conceito civilista de representação, porque nessas situações o representante age em nome de terceiro* [...]". In Diniz, Gustavo Saad. *Curso de direito comercial*. São Paulo: Atlas, 2019. p. 155.

Neste contexto, por meio de convenção extraprocessual, é possível ajustar as regras de ônus da prova, inclusive delimitando-se um prazo para a produção da prova:

> Diga-se uma lide entre sócios e sócios administradores em que se esteja discutindo a higidez de uma determinada prestação de contas. É possível definir-se no negócio jurídico processual que nesta matéria o ônus recairá sobre os sócios administradores, independentemente de quem a invoque. Essa pré-fixação provavelmente contribuiria para a agilidade no processo e também para a redução de custos. Indo-se mais além, seria possível definir-se, por exemplo, o prazo para que a prova pudesse ser produzida[128].

Antevendo a situação corriqueira do administrador prestar contas de forma genérica ou incompleta, vislumbra-se a possibilidade dos sócios e a sociedade previamente ajustarem a nomeação de um contador ou empresa de auditoria para apresentação das necessárias contas, estabelecendo-se na avença um prazo para apresentação do trabalho[129] e renunciando as partes à possibilidade de insurgência recursal.

A intervenção judicial na administração social, por sua vez, é situação que carece de uma disciplina legislativa, em especial do ponto de vista processual[130]. As inúmeras hipóteses de

[128] Ribeiro, Márcia Carla Pereira; Caramês, Guilherme Bonato Campos (Coord.). *Direito empresarial e o CPC/2015*. 2. ed. Belo Horizonte: Fórum, 2018. p. 236.

[129] Nesta hipótese, conforme já se aludiu, o contador ou a empresa de auditoria deverá figurar na convenção extraprocessual na qualidade de interveniente-anuente.

[130] *"O fato é que, infelizmente, encontrar fundamento material para o objeto estudado no art. 49 do CC não representa maiores repercussões práticas, afinal, o dispositivo trata, ampliativamente, da simples autorização para a nomeação de um gestor provisório, a qual já poderia ser extraída do antevisto poder geral de cautela (arts. 300 e 301 do CPC). Remanescem, pois, aflições de ordem interpretativa – para os estudiosos e aplicadores do*

intervenção judicial na administração[131]-[132], portanto, carecem de um regramento a respeito da forma com que a intervenção se concretizará.

É neste contexto que a convenção extraprocessual pode se revelar poderoso instrumento de regulamentação procedimental da intervenção judicial nas sociedades limitadas, conferindo celeridade e eficácia à tutela jurisdicional.

Com efeito, é possível e até mesmo desejável que, por meio de convenção extraprocessual, sócios e sociedade regulamentem questões como (i) os níveis de intervenção[133]; (ii) as funções e atividades a serem desenvolvidas pelo administrador; (iii) as hipóteses legitimadoras da intervenção; (iv) a indicação dos critérios e daqueles que poderão assumir a função de interventor;

Direito – e expectativa para os jurisdicionados e seus causídicos, por não saberem o que esperar do desenrolar processual da intervenção judicial, pois desde as mínimas questões materiais – v.g., o pedido está bem alicerçado juridicamente? – até o rito, tudo parece duvidoso". In Leite, Marcelo Lauar. *Intervenção judicial em conflitos societários.* Rio de Janeiro: Lumen Juris, 2019. p. 193.

131 "*Não há, todavia, como enumerar, de forma exaustiva, as hipóteses de cabimento da intervenção judicial na administração de sociedade. Isso porque o instituto deve ser utilizado sempre que se demonstrar essencial para a salvaguarda dos interesses dos sócios, da sociedade ou de credores que com ela contratam, assim como é admissível para a tutela de outras classes que gravitam em torno da atividade explorada*". In Spinelli, Luis Felipe; Scalzilli, João Pedro; Tellechea, Rodrigo. *Intervenção judicial na administração de sociedades.* São Paulo: Almedina, 2019. p. 65.

132 A doutrina aponta inúmeras hipóteses legitimadoras da intervenção judicial na administração, entre as quais se destacam, entre outras, (i) desinteligência entre sócios; (ii) acefalia ou vacuidade administrativa; (iii) irregularidades na contabilidade; (iv) delegação irregular da gestão; (v) embaraço à liquidação de participação societária; (vi) violação dos deveres dos administradores.

133 Também aludidos pela doutrina como "escalas de intervenção", trata-se de se definir, à luz do caso concreto, pela "*designação de um mero observador, de um ou vários administradores, ou de vários administradores*", bem como de se delimitar suas "*missões, tarefas e atribuições, as quais não podem ser maiores que as outorgadas aos administradores pela lei ou o contrato social*". In Leite, Marcelo Lauar. *Intervenção judicial em conflitos societários.* Rio de Janeiro: Lumen Juris, 2019. p. 218.

(v) os parâmetros de remuneração do interventor nomeado; e (vi) as hipóteses que permitem a destituição do gestor provisório.

Embora haja projetos de lei em trâmite perante o Poder Legislativo para a regulamentação da intervenção judicial em sociedades[134], enquanto perdurar a omissão legislativa, a regulamentação procedimental via convenção processual remanesce como alternativa para melhor prestação jurisdicional.

Conclusões

Principais conclusões

A partir do estabelecimento de premissas conceituais, este trabalho procurou demonstrar que a tutela jurisdicional em processos judiciais pode ser melhor prestada para solução de conflitos societários por meio das convenções processuais. Para tanto, buscou-se delinear uma estrutura argumentativa coesa e didática com os propósitos que o estudo procurou atingir.

Em um primeiro momento, buscou-se elencar, tendo como referência o conceito de relação jurídico-societária, os problemas tipicamente societários. A partir desta perspectiva, constatou-se que os conflitos societários decorrem de tensões originadas nos estratos de imputação da aludida relação jurídico-societária (ordenamento societário, ordenamento patrimonial e ordenamento empresarial). Referidos conflitos, quando levados à instância judicial para solução pelo Estado, deparam-se com um aparato jurisdicional incapaz de prover uma tutela jurisdicional eficaz e célere.

Constatada a inadequação e morosidade da tutela jurisdicional societária, buscou-se, em um segundo momento, evidenciar que o negócio jurídico processual atípico – positivado na novel

[134] Para um panorama a respeito dos projetos de lei envolvendo o tema, confira: LEITE, Marcelo Lauar. *Intervenção judicial em conflitos societários*. Rio de Janeiro: Lumen Juris, 2019. p. 32-35.

legislação processual – pode ser utilizado como instrumento de aprimoramento da aludida tutela jurisdicional.

Para tanto, demonstrou-se que o negócio jurídico processual é espécie de fato jurídico processual de caráter negocial e que visa à criação, modificação ou extinção de situações jurídicas processuais (poderes, deveres, ônus e faculdades). Delimitado o conceito de negócio processual, realizou-se uma classificação, evidenciando que podem ser unilaterais ou bilaterais, podendo estes últimos assumir a forma de contratos processuais ou de acordos ou convenções processuais. Os acordos processuais, por sua vez, podem ser formalizados em momento anterior ao litígio judicial (convenção extraprocessual) ou após sua instauração (convenção processual).

Neste contexto, desenvolveram-se, ainda que brevemente, alguns dos mais relevantes aspectos em torno das convenções processuais, a saber, a vinculação do juiz e seu controle de validade; a possibilidade de vinculação de terceiros; e a perspectiva de revogação ou resilição das convenções.

Após, em um terceiro momento, analisou-se a conveniência e viabilidade de se instituir convenções extraprocessuais em contratos sociais de sociedades limitadas, com a finalidade de se alterar regras do procedimento e de determinadas situações processuais na eventualidade de litígios societários.

Assentada a possibilidade de se formalizar convenções extraprocessuais nos atos constitutivos de sociedades limitadas, passou-se a desenvolver o alcance e os limites de tais negócios jurídicos. Daí porque se seguiu a discussão a respeito das hipóteses em que se exige a vinculação de sócios e da própria sociedade, bem como da possibilidade de vinculação de terceiros.

Por fim, mas não menos importante, realizou-se breve excurso sobre a casuística da convenção extrajudicial societária, demonstrando em que medida referido instituto pode ser utilizado em processos judiciais que discutem penhora de quotas sociais, apuração de haveres e intervenção judicial na administração social.

Muito embora se revele poderoso instrumento de aprimoramento da tutela jurisdicional societária, a convenção extraprocessual societária em verdade demanda uma verdadeira mudança de cultura jurídica por parte do mercado, das empresas, dos advogados e do Poder Judiciário[135].

É preciso, de um lado, que sócios e administradores percam o receio de antever situações de potencial conflito e discuti-las de maneira racional objetiva, buscando ao menos um consenso no que se refere ao modo como tais conflitos, se judicializados, serão resolvidos. De outro, é imperioso que o Poder Judiciário, resguardadas as normas de ordem pública, reconheça maior liberdade às partes no regramento do procedimento e das situações jurídicas processuais.

Àqueles que se dispuserem a tanto, certamente colherão frutos em suas respectivas áreas de atuação: os particulares terão a seu favor maior vantagem competitiva, especial e principalmente numa situação de conflito; e o Poder Judiciário, ao seu turno, terá ganhos na racionalização procedimental (a saber, com uma tutela jurisdicional mais célere e com menor chance de inconformismo recursal).

Referências

ADAMEK, Marcelo Vieira Von; NOVAES FRANÇA, Erasmo Valladão. *Da ação de dissolução parcial de sociedade:* comentários breves ao CPC/2015. São Paulo: Malheiros, 2016.

[135] "[...] mas é geral o ceticismo dos estudiosos em relação à ampla utilização pelas partes desses mecanismos inovadores. Para tanto seria indispensável uma improvável guinada cultural não só dos advogados, mas também dos sujeitos em litígio, que neste país não são propensos a dialogar com os adversários". In DINAMARCO, Cândido Rangel; LOPES, Bruno Vasconcellos Carrilho. *Teoria geral do novo processo civil.* São Paulo: Malheiros, 2016. p. 125.

BARBOSA MOREIRA, José Carlos. Convenções das partes sobre matéria processual. *Revista de Processo*, São Paulo, v. 33, p. 182-191, jan./mar. 1984.

CABRAL, Antonio do Passo. *Convenções processuais*. 2. ed. Salvador: Jus Podivm, 2018.

CABRAL, Trícia Navarro Xavier. Convenções em matéria processual. *Revista de Processo*, v. 241, p. 489-516, mar./2015.

CÂMARA, Helder Moroni. *Negócios jurídicos processuais*: condições, elementos e limites. São Paulo: Almedina, 2018.

CAMARGO, André Antunes Soares de. *Aspectos jurídicos do ambiente empresarial brasileiro*. São Paulo: Almedina, 2018.

CALMON DE PASSOS, José Joaquim. *Esboço de uma teoria das nulidades aplicada às nulidades processuais*. Rio de Janeiro: Forense, 2002.

CORDEIRO, Adriano Consentino. *Negócios jurídicos processuais e as consequências do seu descumprimento*. 2016. 268f. Tese (Doutorado em Direito) – Universidade Federal do Paraná, Curitiba, 2016.

DIDIER JÚNIOR, Fredie. *Curso de direito processual civil*: introdução ao direito processual civil, parte geral e processo de conhecimento. 17. ed. Salvador: Jus Podivm, 2015.

_____; CUNHA, Leonardo Carneiro da; BRAGA, Paula Sarno; OLIVEIRA, Rafael Alexandria de. *Curso de direito processual civil*: execução. 8. ed. Salvador: JusPodivm, 2018.

_____; NOGUEIRA, Pedro Henrique Pedrosa. *Teoria dos fatos jurídicos processuais*. 2. ed. Salvador: Jus Podivm, 2012.

DINAMARCO, Cândido Rangel; LOPES, Bruno Vasconcellos Carrilho. *Teoria geral do novo processo civil*. São Paulo: Malheiros, 2016.

DINIZ, Gustavo Saad. *Curso de direito comercial*. São Paulo: Atlas, 2019.

_____. *Estudos e pareceres da pessoa jurídica e da atividade empresarial*. São Paulo: LiberArs, 2013.

_____. *Grupos societários*: da formação à falência. Rio de Janeiro: Forense, 2016.

FORGIONI, Paula A. *A evolução do direito comercial brasileiro*: da mercancia ao mercado. 4. ed. São Paulo: RT, 2019.

FRANÇA, Erasmo Valladão Novaes. *Conflito de interesses nas assembleias de S/A*. 2. ed. São Paulo: Malheiros Editores, 2014.

_____. *Temas de direito societário, falimentar e teoria da empresa*. São Paulo: Malheiros, 2009.

FRAZONI, Diego. *Arbitragem societária*. São Paulo: RT, 2019.

GAJARDONI, Fernando da Fonseca et al. *Execução e recursos*: comentários ao CPC de 2015. 2. ed. Rio de Janeiro: Forense, 2018.

_____. et al. *Processo de conhecimento e cumprimento de sentença*: comentários ao CPC de 2015. 2. ed. Rio de Janeiro: Forense, 2018

_____. et al. *Teoria geral do processo*: comentários ao CPC de 2015. Rio de Janeiro: Forense, 2015.

GONÇALVES NETO, Alfredo de Assis. *Direito de empresa*. 5. ed. São Paulo: RT, 2014.

KRAAKMAN, Reinier et al. *Anatomia do direito societário*: uma abordagem comparada e funcional. São Paulo: Editora Singular, 2018.

LARENZ, Karl. *Metodologia da ciência do direito*. 3. ed. Lisboa: Fundação Calouste Gulbenkian, 1997.

LEITE, Marcelo Lauar. *Intervenção judicial em conflitos societários*. Rio de Janeiro: Lumen Juris, 2019.

MACEDO, Elaine Harzheim; RODRIGUES, Ricardo Schneider. Negócios jurídicos processuais e políticas públicas: tentativa de superação das críticas ao controle judicial. *Revista de Processo*, São Paulo, v. 273, p. 69-93, nov./2017.

MACKAAY, Ejan; ROUSSEAU, Stéphane. *Análise econômica do direito*. 2. ed. São Paulo: Atlas, 2020.

MARQUES, Cláudia Lima; BENJAMIN, Antonio Herman Vasconcellos; BESSA, Leonardo Roscoe. *Manual de direito do consumidor*. 2. ed. São Paulo: RT, 2009.

MEDINA, José Miguel Garcia. *Novo código de processo civil comentado*. 5. ed. São Paulo: RT. 2017.

NERY Jr., Nelson; NERY, Rosa Maria de Andrade. *Código civil comentado*. 10. ed. São Paulo: RT, 2013.

NERY, Rosa Maria de Andrade. *Introdução ao pensamento jurídico e à teoria geral do direito privado*. São Paulo: RT, 2008.

NOGUEIRA, Pedro Henrique. *Negócios jurídicos processuais*. 3. ed. Salvador: Jus Podivm, 2018.

PEREIRA, Guilherme Setoguti J. *Enforcement e tutela indenizatória no direito societário e no mercado de capitais*. São Paulo: Quartier Latin, 2018.

RIBEIRO, Márcia Carla Pereira; CARAMÊS, Guilherme Bonato Campos (Coord.). *Direito empresarial e o CPC/2015*. 2. ed. Belo Horizonte: Fórum, 2018.

RODRIGUES JUNIOR, Otávio Luiz. A doutrina do terceiro cúmplice: autonomia da vontade, o princípio *res inter alios acta*, função social do contrato e a interferência alheia na execução dos negócios jurídicos. *Revista dos Tribunais*, São Paulo, v. 821, p. 80-98, mar./2004.

SALOMÃO FILHO, Calixto. *O novo direito societário*: eficácia e sustentabilidade. 5. ed. São Paulo: Saraiva, 2019.

STRECK, Lenio Luiz; NUNES, Dierle; CUNHA, Leonardo Carneiro da. (Orgs.). *Comentários ao código de processo civil*. São Paulo: Saraiva, 2006.

SPINELLI, Luis Felipe; SCALZILLI, João Pedro; TELLECHEA, Rodrigo. *Intervenção judicial na administração de sociedades.* São Paulo: Almedina, 2019.

TELLECHEA, Rodrigo. *Autonomia privada no direito societário.* São Paulo: Quartier Latin, 2016.

SZTAJN, Rachel; VERÇOSA, Haroldo Malheiros Duclerc. A incompletude do contrato de sociedade. *Revista de Direito Mercantil, Industrial, Econômico e Financeiro,* São Paulo, v. 42, n. 133, p. 7-20, jul/set. 2003.

YARSHELL, Flávio Luiz; PEREIRA, Guilherme Setoguti J. (Coord.). *Processo societário.* São Paulo: Quartier Latin, 2012.

______. *Processo societário II.* São Paulo: Quartier Latin, 2015.

SOBRE OS AUTORES

Lucas Manzoli de Almeida

Formação acadêmica: Colégio Friburgo, São Paulo. Faculdade de Administração de Empresas da The University of Montevallo Business School, Montevallo, formado em 2010. Faculdade de Direito da Universidade Presbiteriana Mackenzie, São Paulo, formado em 2014. Pós-Graduação em Direito Societário pelo Instituto de Ensino e Pesquisa – Insper, São Paulo, em 2020. Membro: Ordem dos Advogados do Brasil.

Luiz Fernando Lockmann e Souza

Graduado em administração de empresas pela FGV-EAESP e direito pela PUC-SP. Pós-graduado (LLM) em Direito Societário pelo INSPER. Mestrando em Direito Corporativo pela Universidade de Stanford (LLM). Advogado especializado nas áreas de direito societário, gestão patrimonial e fusões e aquisições.

Pedro Moura de Almeida

Graduado pela Faculdade de Direito do Recife (UFPE). Pós-graduado (LLM) em Direito Societário pelo INSPER. Pós-graduado (LLM) em Direito Tributário pelo INSPER. Advogado nas áreas de direito societário e fusões e aquisições (M&A).

Verena Reverdy Lemos

Graduada pela Universidade do Estado do Rio de Janeiro. Pós-graduada (LLM) em Direito Societário pelo INSPER. Advogada nas áreas de direito societário e fusões e aquisições (M&A).

Vinicius Cavarzani

Graduado pela Faculdade de Direito da Universidade Estadual Paulista (UNESP). Mestre em Direito pela Faculdade de Direito da Universidade Estadual Paulista (UNESP). Pós-graduado (LLM) em Direito Societário pelo INSPER. Advogado na área de direito societário.